高野隆・河津博史=編著

刑事法廷弁護技術
Criminal Trial Advocacy

日本評論社

はしがき

　2009 年に施行された裁判員制度は、日本の刑事裁判に大きな変化をもたらした。それまで、刑事裁判における事実認定は、職業裁判官によって独占されていた。そこでは、直接主義・口頭主義の原則は、すっかり形骸化されていた。法廷は、捜査資料を中心とした証拠書類を受け渡し、当事者が書面を読み上げ、裁判官がそれを聞き置く場面と化していた。法廷が開かれるのは数週間に 1 度のペースであり、裁判官は数多くの事件を同時並行的に処理していた。実際の判断形成の心理的プロセスとは異なった、判決書における判決理由の書き方が「事実認定」と呼ばれ、その方法が教育され、裁判官の間で受け継がれてきた。

　裁判員制度の施行により、事実認定は普通の市民が参加して行われるものとなった。証人尋問を中心とした証拠調べが行われ、当事者には、裁判員が法廷で聴いて理解することのできる弁論をすることが求められるようになった。裁判員は 1 つの事件だけを担当し、法廷は連日的に開かれるようになった。こうした変化は、裁判員制度対象事件以外の刑事裁判にも、徐々に影響を及ぼしつつあるが、その一方で、裁判員の参加する刑事裁判において旧来の刑事裁判と異なる結果が生じることに抵抗する力には、依然大きいものがある。日本の刑事裁判は、いまだ過渡期にあるとみるべきである。

　筆者らは、裁判員法が成立した 2004 年以降、日本弁護士連合会裁判員制度実施本部（当時）のメンバーとして、裁判員制度に対応した法廷技術の研究をし、各地で開催された研修の講師を務めるなどしてきた。2006 年には「自由と正義」に連載された「裁判員裁判と法廷弁護の技術」の執筆に参加した。2007 年には「わが国初の体系的弁護技術書」である『法廷弁護技術』（日本弁護士連合会編）の初版が刊行され、2009 年には第 2 版が刊行された。同書は、中国語版（『法庭辯護技術〔第 2 版〕』）も台湾で刊行されている。

　本書は、それらの成果の上に立ちつつ、裁判員制度が施行された 2009 年

i

以降の新しい刑事裁判の経験や国内外の各種の研究結果を踏まえ、新たに書き下ろした法廷技術の基本書である。法廷技術は、目標とする判決に事実認定者を導くための技術である。法廷で聴いて理解できる主張・立証をすることは、その必要条件であるが、十分条件ではない。目標とする判決に事実認定者を導くためには、裁判官の判決理由の書き方ではなく、事実認定者の判断形成の心理的プロセスに対応する必要がある。本書は、そのような立場から、法廷での立ち居振舞い、ケース・セオリーとケース・ストーリーの作り方、そして公判の各場面における弁護活動のあり方を解説するものである。

　弁護人が法廷技術を修得することは、公正な刑事裁判を実現するための必要条件である。事実認定者の判断形成の心理的プロセスに関する研究は、事実認定者の信念や先入観が証拠の認知や記憶を歪め、判断を誤らせることを明らかにしている。効果的に証拠を見聴きさせ、語りかけることにより、被告人にとって重要な証拠が不当に軽視されたり、曲解されたりすることを防止することは、弁護人の重要な役割である。本書が、法廷技術の普及を通じて、公正な刑事裁判の実現に少しでも寄与することを願う。

　本書の成立について、感謝すべき方々は多い。とりわけ、日本評論社の武田彩さんには、厳しいスケジュールの中で、執筆が遅れがちな筆者らを叱咤激励しつづけ、細かな編集作業をしていただいた。イラストレーターの高橋千史さんには、われわれの意図を端的に表現するオリジナル・イラストを作っていただいた。心より感謝申し上げたい。

2018 年 1 月

高野　　隆

河津博史

目次

はしがき　i

第 *1* 章　法廷での立ち居振舞い ……………………………………… 1

第 *2* 章　ケース・セオリーとケース・ストーリー ……………… 13

第 *3* 章　冒頭手続 ……………………………………………………… 29

第 *4* 章　冒頭陳述 ……………………………………………………… 39

第 *5* 章　主尋問 ………………………………………………………… 63

第 *6* 章　被告人質問 …………………………………………………… 99

第 *7* 章　証拠を採用させるための尋問 ………………………… 113

第 *8* 章　記憶喚起のための尋問 ………………………………… 127

第 *9* 章　反対尋問 ……………………………………………………… 145

第 *10* 章　弾劾尋問 …………………………………………………… 171

第 *11* 章　再主尋問 …………………………………………………… 207

第 *12* 章　専門家尋問 ………………………………………………… 211

第 *13* 章　異議 …………………………………………………………… 243

第 *14* 章　最終弁論 …………………………………………………… 259

第 *15* 章　最終陳述 …………………………………………………… 301

索引　303

執筆者紹介　308

iii

はしがき i

第1章　法廷での立ち居振舞い …………………………… 1

　I　事実認定者への態度　1
　II　検察官に対する態度　4
　III　被害者参加人に対する態度　5
　IV　依頼人に対する態度　6
　V　感情のコントロール　7
　VI　服装　7
　VII　姿勢・動き・音声　9
　VIII　語り　9
　IX　記録　11

第2章　ケース・セオリーとケース・ストーリー ……………… 13

　I　ケース・セオリー　13
　II　ストーリー・モデル　14
　III　ケース・ストーリー　17
　IV　ケース・ストーリーの作り方　19
　V　TT法　21
　VI　テーマ　27

第3章　冒頭手続 …………………………………………… 29

　I　冒頭手続の目的　29
　II　人定質問から被告人の意見陳述まで　30
　III　弁護人の意見陳述　36

第4章 冒頭陳述 ･･････････････････････････････････････ 39

Ⅰ 冒頭陳述の目的 39

Ⅱ 語るべきこと 41

Ⅲ 語るべきでないこと 46

Ⅳ 語り方 48

Ⅴ ビジュアル・エイド 51

Ⅵ 書面の配布 52

〔サンプル〕 53

第5章 主尋問 ･･･ 63

Ⅰ 主尋問の目的 63

Ⅱ 証人の選択と順序 65

Ⅲ 主尋問の構成 66

Ⅳ どう訊くか 75

Ⅴ 尋問メモ、リハーサルなど 96

第6章 被告人質問 ･････････････････････････････････････ 99

Ⅰ はじめに 99

Ⅱ するか、しないか 101

Ⅲ 反対尋問対策 105

Ⅳ 検察官、裁判官からの被告人質問要求にどう対処するか 106

第7章 証拠を採用させるための尋問 ･･･････････････ 113

第8章 記憶喚起のための尋問 ･･･････････････････････ 127

Ⅰ 記憶喚起とはなにか 127

Ⅱ 誘導 127

Ⅲ 呈示 129

第9章　反対尋問 ……………………………………………… 145

 Ⅰ　反対尋問の目的　145

 Ⅱ　効果的な反対尋問の構造：SFE の法則　151

 Ⅲ　スタイル：基礎ルール　160

 Ⅳ　スタイル：応用ルール　165

 Ⅴ　準備と本番　168

第10章　弾劾尋問 ……………………………………………… 171

 Ⅰ　弾劾尋問とはなにか　171

 Ⅱ　偏見、利害関係、動機　174

 Ⅲ　前科・前歴・非行　178

 Ⅳ　相反する事実　183

 Ⅴ　文献　186

 Ⅵ　自己矛盾供述　188

第11章　再主尋問 ……………………………………………… 207

 Ⅰ　再主尋問の目的　207

 Ⅱ　質問の事項と方法　207

 Ⅲ　再主尋問の効果と判断　210

第12章　専門家尋問 …………………………………………… 211

 Ⅰ　専門家証人とはなにか　211

 Ⅱ　主尋問　215

 Ⅲ　反対尋問　233

第13章　異議 …………………………………………………… 243

 Ⅰ　意義の目的と準備　243

 Ⅱ　異議申立ての判断　244

 Ⅲ　異議申立ての方法　248

Ⅳ　事実認定者の質問に対する異議申立て　253

Ⅴ　冒頭陳述及び論告に対する異議申立て　255

Ⅵ　異議を申し立てられたときの対応　256

第14章　最終弁論 259

Ⅰ　最終弁論の目的　259

Ⅱ　語るべきこと　260

Ⅲ　構成　264

Ⅳ　語り方　265

Ⅴ　ビジュアル・エイド　268

Ⅵ　書面の配布　269

〔サンプル〕269

第15章　最終陳述 301

Ⅰ　最終陳述の目的　301

Ⅱ　最終陳述の内容と方法　301

索引　303

執筆者紹介　308

■ 第1章 ■
法廷での立ち居振舞い

　法廷における刑事弁護人の仕事は、依頼人である被告人の隣に座っている
だけではない。われわれは立ち上がって発言しなければならない。ときには
法廷の中を動き回らなければならない。われわれの発言や動きはすべて依頼
人のために行われるものであり、それ以外の目的はない。しかし、依頼人の
運命を決めるのはわれわれではない。事実認定者すなわち裁判官と裁判員で
ある[1]。事実認定は証拠によって行われる。しかし、証拠は真空の闇の中か
ら飛び出すわけではない。われわれが準備しわれわれが法廷で提供しなけれ
ばならない。法廷におけるわれわれの仕事は、われわれの発言や動きを通じ
て、事実認定者をこちらに同調させて、われわれが目標とする依頼人に有利
な判決を獲得することである。事実認定者はわれわれの立ち居振舞いを見て
聞いて、われわれの依頼人の運命を決めるのである。

　次章以下で公判の各手続における技術を論じることにするが、それらはい
ずれも立ち居振舞いの技術という側面がある。ここでは法廷とその周辺にお
けるわれわれの立ち居振る舞い方の基本を述べることにしよう。

I　事実認定者への態度

　われわれは、法廷に登場するすべての関係者に対して礼節をもって接する

1　裁判官と裁判員は、事実認定の他に法令の適用も刑の量定も行う（裁判員法6条1項）。
　裁判官はその他に法令の解釈や訴訟手続に関する判断を行う（同条2項）。したがって、
　彼らを「事実認定者」と呼ぶのは正確ではない。とりわけ、有罪無罪の認定手続と量刑
　審理が分離されておらず、1個の公判ですべてが行われる、わが国の特殊な公判手続を
　考えると、「事実認定者」というのはミスリーディングですらある。しかしながら、本
　書の叙述は主として事実関係が争われる事件における法廷弁護活動を念頭においており、
　他に適切な表現も見当たらないので、慣例に従い「事実認定者」と呼ぶことにする。

べきである。とりわけ事実認定者に対してはそうである。その理由を詳論する必要はないだろう。裁判官と裁判員はそれぞれ法的・手続的な裁定をくだし、かつ、有罪無罪の判断を行い、刑を決めるのである。彼らが依頼人の人生を決めるのである。その判断者に礼節をもって接するのは弁護人の当然の義務である。彼らが入廷するときは必ず起立しなければならない。起立するだけではなく、彼らの方を向き、彼らとアイ・コンタクトをとらなければならない。そして、事実認定者全員が着席するのを確認してから着席する。着席したらすぐに頭をあげて、開廷を宣言する裁判長を注視する。これらのことは依頼人にもあらかじめ伝えておこう。

　裁判長に向けて発言するときは、必ず「裁判長」と言って立ち上がり、裁判長の目を見て話す。座ったまま発言してはいけない。日本の法廷慣行では裁判官を個人名で呼ぶことはあまりない。しかし、それが絶対に許されないわけではない。「裁判長」「右陪席裁判官」「左陪席裁判官」という言い方がふさわしい場面が多いかもしれないが、「山田裁判長」「加藤裁判官」と親しく呼びかける場面があっても良い。裁判員については個人名を出してはならない。「裁判員○号さん」と呼ぶ。

　単に儀礼的な態度をとるだけではもちろん足りない。法廷における仕事ぶりにおいて、すなわち弁護活動の実践において礼節をもって彼らに接しなければならないのである。どんな場合も時間を厳守しなければならない。検察庁は裁判所に隣接していることが多いので、検察官は開廷間際に法廷に入ってくることが多い。われわれは開廷時刻の 15 分前には法廷に到着しているようにしよう。やむを得ない事情によって遅刻するときはその旨を速やかに連絡するのは当然として、その事情を簡潔に法廷で説明しよう。裁判官や裁判員にその事情が伝わっていないことがあるからである。「時間にルーズな弁護士」という烙印を押されないようにするためにもそれは必要である。

　裁判長の訴訟指揮や裁定には従わなければならない。証人尋問中に相手方の異議が認容されたら、その質問を繰り返してはならない。同じ意味を適法に言い換えることができる場合を除いて、単純に表現を変えて同じことを尋ねるというやり方も禁物である。それは相手方にもう一度異議を言うチャンスを与えるだけではなく、事実認定者の裁定をかいくぐろうとする不誠実な法律家であるという印象を与えることにもなりかねない。

　礼節をもって接するということは卑屈になったり媚びへつらうこととは違う。入廷する裁判官や裁判員とアイ・コンタクトを取るといっても、微笑み

かけたりするのは禁物である。そんなことをすれば彼らは目をそらし、二度とあなたを見てくれないかもしれない。目を見て僅かに頷くのが良い。裁判長がこちらに有利な裁定をしてくれたからといって、決して「ありがとうございます」などと言ってはいけない。頷くのもやめたほうが良い。むしろ、有利な決定はポーカーフェイスで、法と常識と正義にかなった当然の裁定として迎えるべきである。

　裁判長がこちらに不利な裁定をした場合どうするか。やはりポーカーフェイスが良い。そして、その裁定が違法であると考える場合には、立ち上がって異議を申し立て、簡潔にその理由を述べる。そうしたからといって「礼節をもって接する」というルールに反したことにはならない。ここでもそうすることが法と常識と正義にかなっているのだというあなたの確信を示すことが重要である。立場上そうしているに過ぎないという投げやりな態度・事務的な態度は禁物である。逆に、感情的になったり攻撃的な姿勢で異議申立てをしてもいけない。そもそも、一度裁定をくだした同じ裁判官が自らの決定を違法だとして取り消すことはほとんど期待できない。ここで異議申立てをするのは、基本的には上訴審のためである。それとともに、1つの誤った裁定に対してこちらの毅然とした態度を示すことによって、その後の手続や裁判官の態度に影響を与えるという効果がある。そのためには、こちらが単なる立場や感情によって行動しているのではなく、法に従って行動しているのだというメッセージを伝えることが重要なのである。

　われわれが事実認定者に見られる機会は法廷の中だけではない。裁判所の建物の中で彼らに出会うことはよくある。法廷の外で裁判官や裁判員に会ったら、挨拶以上の会話をすべきではない。先方もそれを避けるはずである。裁判員と挨拶以上の会話をしてしまったら、こちらから裁判所にその事実を告げるべきである。そして、裁判所の適切な判断に委ねるべきである。

　知らないうちに事実認定者に見られていることもある。裁判所の建物の中で依頼人と会話をするときには特に気をつけよう。依頼人にも裁判所の建物の中には裁判官や裁判員がいて、見られている可能性があるということを注意しておくべきである。知り合いの弁護士と担当事件について会話するときには、近くに裁判官や裁判員がいないことを確認するか、裁判所の中ではそうした会話をしない方が良い。

　現代はインターネットであらゆる情報を瞬時に検索できる時代である。裁判員の中にはあなたの名前をグーグルやヤフーで検索する人が1人や2人必

第1章　法廷での立ち居振舞い　3

ずいるだろう。あなたが書いたブログやSNSの書き込みは彼らに閲覧されているであろう。現に係属中の事件についてブログやSNSに書くときは特に慎重になる必要がある。要するに、われわれの発する言葉や映像などの情報は世界中の人に見られる可能性があることを念頭において、情報発信しなければならないということである。

II　検察官に対する態度

　検察官も弁護人もそれぞれの依頼人を代弁する法律家として仕事をしている。検察官の依頼人は国家であり、弁護人の依頼人は国家から訴追された個人である。わが国の刑事裁判は当事者主義の訴訟であるから、法律家は法廷においてそれぞれ代弁する依頼人の立場に立って論争をしなければならない。事実認定者はそのことを理解した上で、それでもなお単なる代弁者の役割を演じているに過ぎない法律家の主張に与することは決してない。事実認定者はわれわれが誠実に論争を行うことを求めている。例えば、法廷で熱心に論争し、相手の尋問に異議を述べたりしているのに、休廷時間に親しく談笑しているというのは、裁判員には理解し難いことであろう。われわれの依頼人にも理解し難いだろう。単に理解し難いだけではなく、われわれの誠実さに対する疑問を抱かせる危険性がある。したがって、たとえ小学校からロースクールまでずっと同級生だった人であっても、少なくとも裁判所の建物の中にいる間は、相手方と馴れ馴れしくしてはならない。

　法廷における論争は格闘技ではないし、喧嘩口論でもない。論争は理性的になされるべきである。そして重要なのは、公判廷においては相手方と直接論争してはならないということである。相手方の尋問や陳述に異議を述べる場合は、裁判長に向かって、裁判長の目を見て異議とその理由を述べるべきである。決して、相手方の方を向いて行ってはならない。先方の異議に対して意見や反論を述べるときも同じである。先方が血相を変えてこちらに向かって話しかけてきたとき、そちらには一瞥もくれずにゆっくりと立ち上がり、裁判長の目を見て受け答えするのである。裁判長は検察官よりあなたの方が理性的な法律家であることを理解するであろう。

　相手方の失策を冷笑してはならない。言い間違いや聞き違いは誰にでも起こり得ることである。相手方の失策に対してあなたが冷淡な反応をすれば、次にあなたがミスをしたときに今度は事実認定者が冷淡な反応をするかもし

れない。相手がミスを犯したときは、むしろ無表情でいる方がよい。

III　被害者参加人に対する態度

　被害者参加人やその代理人弁護士に対する態度も、基本的には検察官に対する態度と同じである。被害者参加人に礼節をもって接することは、被害者参加人に同情することではない。冒頭意見陳述や最終弁論のときなどに、「はじめに亡くなられた○○さんの冥福をお祈りします」などという発言をするのは、かえって被害者参加人の反発を買い、さらに事実認定者にその言動の誠実さを疑わせる契機になりかねない。要するに、「わざとらしい」と感じさせる可能性が高い。

　残念ながらわが国の刑事公判は有罪無罪の審理と量刑の審理が分離されていない。有罪が決定されるより前に被害者参加人やその代理人弁護士が公判に参加して意見陳述をしたりする。無罪を主張する被告人を参加人が「嘘つき」と呼んで激しくなじったり、嗚咽しながら生前の親族の思い出を語る。その上で「極刑」を求めたり「一生刑務所に入れておいて」と峻烈な処罰感情を吐露する。決して動揺してはいけない。この場面でもあなたは理性的な法律家として依頼人に寄り添い続けなければならない。むしろこのときこそ依頼人に最も近く寄り添わなければならない。決して依頼人から遠ざかってはいけない。このときこそ依頼人の手や肩に触れてあげよう。依頼人の中にはこの不条理な場面にどう対処していいかわからず、被害者参加人を睨みつけたり、天井を仰ぎ見たりする人がいる。それは傍目には「ふてぶてしい態度」に見えたりする。依頼人にこの場面に対処する方法をあらかじめ具体的に指導しておくべきである。例えば、背筋を伸ばして裁判長や裁判員の方を見ているように指導する。

　有罪を認める事件、量刑だけが争点の事件ではどうするか。これはなかなか難しい問題である。しかし、依頼人に寄り添わなければならないという点は、自白事件でも否認事件と変わるところはない。決して依頼人を責めるような態度をとってはならない。それはあなたの仕事ではない。有罪を認める事件で、自分の犯罪を心から悔やみ反省している被告人であっても、法廷に現れた被害者参加人にどう対処していいかわからないという人が多いであろう。ここでもわれわれは依頼人にその対処方法をあらかじめ指導しておくべきである。事案によって正しい対処はさまざまであろうが、1つの選択肢と

して、参加人の方を見て軽く会釈し、あとは頭を垂れてじっとしているというのはどうだろうか。

取り乱した被告人の態度はこちらの予想を超える反響を裁判官や裁判員に与える危険性がある。不測の事態が起こりそうなときは、休廷を申し入れるなどの臨機の対応が必要である。

IV　依頼人に対する態度

弁護人は被告人のために存在する。事実認定者はわれわれが被告人のために活動することを期待している。われわれは依頼人である刑事被告人の代弁者であり、客観的あるいは中立的な法律専門家ではない。われわれ自身が依頼人を1人の人間として敬意をもって扱わなければならない。依頼人を決して「被告人」という記号で呼んではならない。「依頼人」「クライアント」と呼ぶのも避けたほうが良い。

人に言及する最も適切な方法はその人の名前で呼ぶことである。だから、「山田さん」「山田太郎さん」と名前で呼ぼう。状況に応じて、下の名前（「太郎くん」「花子さん」）で呼ぶこともあり得る。呼び捨て（「山田」「山田太郎」）は、現代の日本の社会生活では、親しい友人か組織内の人物を外部に向けて言及する場合にしか使わない。被告人と弁護人の関係で使うのは適切とはいえない。

弁護人が被告人を冷淡に扱うのを見た事実認定者は被告人に同情するかもしれない。しかし、決してそのために被告人に有利な判断をすることはない。むしろ逆である。投げやりな弁護活動をする弁護人を事実認定者が信頼することはない。その結果、事実認定者は被告人に不利な判断をするのである。被告人があなたに話しかけようとするとき、あなたは被告人の肩を抱き親しく話し合うべきである。そうしたときに、あなたが彼から身を遠ざけようとするのを目撃した事実認定者は、きっとこう思うはずである──「弁護人ですらあいつを毛嫌いしているのだ。よっぽどの極悪人に違いない」と。どんな場合でも、被告人の言い分を疑っているような態度を見せてはいけない。

被告人は公判の冒頭に意見陳述をするとしばらく出番がないことが多い。しかし、彼女は法廷の中に常に存在し事実認定者に見つめられている。所在ない様子や居眠りしている姿を見せるべきではない。顔を上げて手続を注視して積極的に関与している被告人の姿を見せるべきである。そうあるべきこ

とを依頼人に助言しなければならない。依頼人が疲れている様子が見えるときには、休息を与えるために休廷を申し入れるべきである。

V　感情のコントロール

われわれは依頼人のために熱心な弁護活動をすることが求められている。熱心な弁護活動をするということと依頼人と一体化することとは同じではない。プロフェッショナルとして依頼人から適切な距離をおくことが必要である。そうでなければプロの法律家としての適切な判断をすることができなくなる危険性がある。

しかし、前述したように、われわれは客観的あるいは中立的な専門家ではない。冷静であるということと事務的であることとは全く異なる。クール過ぎてはいけない。事実認定者の前で被告人を突き放すような態度、被告人の言い分を信じていないような態度を弁護人が一度でも示したら、その悪影響を払拭するのは極めて難しい。

繰り返し依頼人から話を聞き、現場に行き、証拠を検討していく中で、依頼人の話が真実であることを確信するだけではなく、彼女のおかれた理不尽な立場に感情的に肩入れしてしまうことがある。彼女を有罪とするために次々に攻撃してくる検察官に対し激しい憤りを感じ、彼女を犯罪者と名指しする検察側証人に心底敵意を感じることがある。こちらの言い分をきちんと受け止めない裁判官に対して絶望を感じることがある。「ふざけるな！」「馬鹿野郎！」と叫びたくなる。

もちろん法廷では決して声を荒げてはいけない。感情的な言動は法廷技術の敵である。法廷で理不尽なことが起きていると感じたときこそ、われわれには冷静さが必要である。実力のある弁護人は、決して自分の確信を言葉で語ることはしない。彼らは自分の確信を態度で示すのである。

VI　服装

かつての日本では弁護士も法服を着て出廷していた。現代の法廷にはドレスコードはない。どんな服装をしようと自由である。最近の企業ではカジュアルな服装が受け入れられている。ジーパンにTシャツ、スニーカーで出勤するビジネス・パーソンも珍しくはなくなった。しかし、われわれの職場

第1章　法廷での立ち居振舞い　7

である法廷における服装の自由化はそこまで進んではいない。それには理由があるだろう。法廷はソフトウェアの開発をしたり、投資の相談をしたりするところではない。被告人の運命を決める場所である。被告人は人生の危機に直面し、それを乗り越えるためにあなたに依頼したのである。「クールビズ」はわが国のエネルギー政策の1つであるが、真夏の法廷でノー・ネクタイが正しいかどうかは、なお慎重な吟味が必要である（もちろん、室温の高い法廷で体調を崩し、法廷活動に支障が生じるようなことがあってはならない）。

　裁判員は裁判員選任手続で初めてあなたを見る。特に「第一印象」は重要である。一度作られた第一印象は公判中も継続する。そして、あなたの第一印象を裁判員はあなたの見た目で作り上げるのである。

　ジーパン、Tシャツやカクテルドレスで法廷に行くべきではない。地味な色彩のビジネス・スーツにビジネス・シューズが良い。高すぎるヒールはやめたほうが良い。事実認定者にあなたの服装に注目させるのではなく、あなたの法廷活動に注目させるべきである。それが基本である。しかし、服装はその人の個性の一部であることは否定できない。地味すぎて活力を感じさせないような服装は、あなた自身の活力のなさを表現してしまうかもしれない。あなたの個性や活力を適度に表現する服装を選ぶべきである。

　事件の種類によって服装に気をつけなければならないこともある。例えば、交通事故や殺人事件のように被害者が亡くなった事件の公判に真っ赤なネクタイを締めて立てば、「非常識」の烙印を押されてしまうかもしれない。かと言って、黒のネクタイが正しいかと言えば、必ずしもそうではないだろう。われわれはあくまでも被告人のための弁護士なのである。過度に被害者を意識することは依頼人との距離を大きく見せてしまうことにつながるのである。

　依頼人の服装についても注意しなければならない。依頼人にも地味な色彩のビジネス・スーツとビジネス・シューズで来るように言い、高すぎるヒールや派手な装飾品は外してくるように注意しなければならない。必要があれば事前に現物をチェックすべきである。身柄拘束されている依頼人がスーツを持っていないときには、差し入れなければならない。靴については拘置所が革靴に見えるスリッパを貸与しているが、事実認定者はそれがスリッパに過ぎないことを見破るであろう。そもそも、身柄拘束中の被告人は法廷の中で青い制服を着た拘置所の職員に挟まれて着席する。ネクタイやベルトを着けることも許されない。こうした制約はそれ自体が、被告人が危険人物であるというメッセージ（有罪シグナル）になっているのであり、事実認定者に

大きな予断を与えている。この問題を回避するには、公判開始前に依頼人の保釈を得るしかない。

Ⅶ　姿勢・動き・音声

　心理学者は、言語というものが人と人のコミュニケーション手段のごく一部に過ぎないことを指摘している。あなたが言葉を発しないときにもあなたは事実認定者にメッセージを発し続けているのである。あなたの姿勢、動き、表情、音声がボディ・ランゲージとしてメッセージを発し続けている。「動作は言葉より雄弁である」というのは真実である。法廷に入る前にこのことを理解しよう。

　自分の姿勢や動きの特徴、癖を知ろう。また、声の大きさや特徴も知っておくべきである。冒頭陳述や尋問の練習をするときにビデオ録画して自分を見てみよう。それまで全く気づかなかった自分の癖を発見できるであろう。「えー、あのー」という耳障りな夾雑音、証人が答えるたびに激しく振られる首、常に左右に揺れ動く上体などの癖は、法廷技術にとっての障害物であり、克服されなければならない。

Ⅷ　語り

　法廷は劇場ではないし、演説会場でもない。テレビドラマや映画に登場する弁護士のように喋る必要はないし、そうすべきではない。われわれはカメラの向こうにいる何十万人に向けて語るのでもなければ、公会堂に腰かけている数百人の聴衆に語るのでもない。われわれが語る相手はわずか数メートル先のテーブルに座っている1人ないし9人の個人である。われわれの語りは「芝居」や「演説」というよりも、「会話」に近いものでなければならない。そのことを意識しよう。

　法廷における弁論はスピーチというよりは、法壇というテーブルを挟んで事実認定者に個人的に語りかける会話である。それは覚えてきたセリフを吐き出すものではない。文章を読み上げるのでもない。その時その場で語りたいトピックを意識しながらもその場で自然に湧き出る思考を言葉にするのである。文法的な誤りや主語述語のずれなどはあまり気にしなくて良い。相手の目を見て、1人ひとりにメッセージが届くのを確認しながら語ることが重

第1章　法廷での立ち居振舞い　9

図 1-1

要である。

　普通の日本語（Plain Japanese）で語ろう。法律用語や教科書に書いてあるような表現は極力避けよう。証拠の採否や手続的な決定を巡って法的な意見を述べる場合でも、普通の日本語で表現することが可能なのであれば、そうすべきである。裁判員はあなたが普通の日本語で難しいことを説明してくれたことに感謝の念を持つはずである。しかし、そのためには法的な概念についての深い理解がなければならない。

　取り扱う事件によっては、普通の会話には登場しない言葉を使わなければならないことがある。手紙やＥメールに現れたわいせつ表現を取り上げなければならないこともある。性的な場面や画像を説明しなければならないこともある。そうした場面では躊躇を見せてはいけない。あなたの法廷活動に依頼人の人生がかかっているのである。そうする必要があるならば、あなたは法廷の中で四文字言葉を連発しなければならない。それはあなたの権利であると同時に職業上の義務である。躊躇をせず平然とポーカーフェイスで行えば、誰もそれを止めないだろう。

　法廷ではジョークやダジャレは禁忌である。あなたがダジャレを言えば、

事実認定者は興ざめするであろう。それどころか、あなたが依頼人のために全力を尽くしていないと感じ、あなたの法廷活動の誠実さを疑うかもしれない。

しかし、ジョークやダジャレとユーモアは全く別物である。あなたのユーモアのセンスある一言が、あなたと事実認定者との距離を一気に縮めるということがある。相手方や相手方証人が失言したり、過剰な言動をするときはチャンスである。相手方が証人に対して秒単位で時間の経過を尋ねるということがあった。このとき異議の理由として「推測」「意見」「証言の基礎がない」ということが可能であるが、あえてそうした法律的な表現を使わずに、「証人はストップウォッチではありません」と言った。すると、裁判員や傍聴人の一部から笑い声が起こった。裁判官も微笑んだ。この表現によって素人でも異議の理由を直感的に理解することができたはずである。それと同時に、弁護人への共感が醸成されたはずである。裁判官も当然異議を認めた。

IX　記録

わが国の公判記録は甚だ不完全なものである。法廷のやりとりのほとんどは記録されない。されるとしても、尋問調書を除いて、逐語的な記録は残されない。あなたが法廷で述べた言葉やそれに対する裁判官の応答などはほとんど記録されない。されたとしても、要約されオリジナルな表現は勝手に改変されている。あなたが「被告人」という表現を意識的に避けているのに、裁判所書記官は、「山田太郎さんは」というあなたの発言を勝手に「被告人は」と書き換えてしまう。これはとても不愉快で不条理なことであるが、今のところ改善の兆しはない。

この現状への対処の方法はいくつかある。記録に残しておきたい重要な事項については公判調書への記載請求（刑事訴訟規則44条2項）をする。公判調書の内容は謄写するなどして必ずチェックし、不正確な点や、重要な事項が抜け落ちていることを発見したときには、調書異議の申立てをする（刑事訴訟法51条）。

冒頭陳述や最終弁論を正確に記録に残してもらうためにはどうすべきか。裁判所によっては速記官を在廷させたり、録音反訳をしたりして逐語的な記録を作成することもある。しかし、多くの裁判所は、われわれに「要旨」の提出を求め、提出に応じない場合は勝手に「骨子だけの要旨」を作るなどと

第1章　法廷での立ち居振舞い　11

言う。日本の裁判所には、残念ながら、法廷で起こった出来事の正確な記録を作るのは自分たちの大切な仕事であるという発想は今のところない。公判記録というものが国民の歴史の一部であるという自覚もない。

　法廷で述べたことを思い出しながら逐語的な記録を自分で作成して、裁判所に提出するという選択肢もある。明治から大正にかけて活躍した日本の法廷弁護士の中には、自ら速記者を雇って、弁論の逐語的な記録を作った人もいた。

　いずれにしても、法廷技術の目的は記録を作ることではない。公判の記録は上訴審のためのものである。記録づくりのために法廷技術が萎縮してしまうとすれば、それは本末転倒である。

■ 第 2 章 ■

ケース・セオリーと
ケース・ストーリー

I　ケース・セオリー

　すべての法廷弁護活動は、目標とする判決に事実認定者を導くために行われる。われわれは、事件ごとに、無罪判決、執行猶予判決、懲役刑の判決（死刑判決の回避）といった目標を設定し、事実認定者をその判決に導くために、弁護活動を行う。事実認定者を目標とする判決に導くためには、彼らがその判決をすべき理由が必要である。当事者の一方が目標とする判決をすべき理由を、**ケース・セオリー**（*Theory of the Case*）という。

　事実認定者は、証拠に基づいて事実を認定し、法令を適用して判決をすることが求められている。したがって、ケース・セオリーは、「証拠」「事実」「法令」そしてそれらをつなぎ合わせ、判決を導く「論理」によって、構成されることになる。

　事実認定者は、法廷に提出された証拠の一部ではなく、すべての証拠能力のある証拠に基づいて、事実を認定し、判決をすることが求められている。したがって、すべての証拠を合理的に説明できる論理を含んでいることが、優れたケース・セオリーの必要条件である。もし、すべての証拠を合理的に説明できる論理が見出せないときは、目標の設定を再検討すべきである。

　事実認定者の判断は、ほとんど自覚されていないが、彼らの感情や信念の影響を強く受けている。したがって、事実認定者の感情や、核となる信念と適合するものであることも、優れたケース・セオリーの条件である。

　ケース・セオリーが事実認定者に受け容れられたとき、目標とする判決に事実認定者が導かれることになる。事実認定者が受け容れやすいのは、シンプルであり、信じることが容易な内容のケース・セオリーである。

　弁護人は、公判が始まる前に、ケース・セオリーを確立する必要がある。

第 2 章　ケース・セオリーとケース・ストーリー　**13**

冒頭手続から最終陳述まで、すべての法廷弁護活動は、一貫して、事実認定者にケース・セオリーを受け容れさせるという目的に従って行われるべきである。依頼者の言い分をそのまま事実認定者に伝達し、検察官の主張や証拠に場当たり的な批判を加えるような法廷弁護活動は、効果的ではない。ケース・セオリーを確立し、事実認定者にそれを受け容れさせるという目的を自覚して、集中した法廷弁護活動を行うことが、目標とする判決が導かれる可能性を最大化するのである。

II　ストーリー・モデル

　われわれは、ケース・セオリーを何を基準にどのように構築すべきか。われわれは、事実認定者に向けてわれわれのケース・セオリーをどのように表現すべきか。これらの問に答えるためには、われわれの事実認定者がどのような心理的プロセスを経て争点に対する判断をするのかを知らなければならない。事実認定者はどのように事実を認定するのか。事実認定者は何を基準に当事者の主張の真偽を判断するのか。

　1980年代以降にアメリカで盛んに出版されるようになった陪審研究によると、陪審員は公判が開始されるのと同時に1つの作業仮説として事件の物語を構築し始める。公判で見聴きした証言や陪審員自身の一般的な知識によって、彼らは1つの物語を構築し、それを受け容れ、受け容れられた物語に従って事実を認定するのである[1]。対立する当事者——検察官と弁護人——がそれぞれの主張を物語として提供しているのであれば、陪審員はその2つの物語を比較検討する。

　　法廷において陪審員が一般に向き合うことになるのは、係争中の犯罪（中心行為）についての2つの対立する物語の文脈の中で意味を与えられている、争いのない証拠である。陪審員は2つの物語の両方が真実であることはあり得ないことを知っているから、自己の任務は、知られて

1　ランス・ベネット、マーサ・フェルドマン（北村隆憲訳）『法廷における〈現実〉の構築——物語としての裁判』（日本評論社・2007［原著1981]）; Nancy Pennington and Reid Hastie, The Story Model for Juror Decision Making, in Reid Hastie ed. Inside the Juror: The Psychology of Juror Decision Making (Cambridge University Press, 1993), pp. 192-221.

いる諸事実をより完全により整合的にそして不確かな推論を最小限にするような理解を可能にするのがどちらの物語であるかを発見することであることを認識している[2]。

　陪審員は、当事者の提供する2つの物語のどちらかを選択するというだけではない。彼らは自ら物語を構築する。複数の物語の中から、信頼できると考えられる証拠と自らの知識・経験と整合する「ベストな」物語を選択し、それに従って結論を導くのである[3]。物語の優劣を評価する際に陪審が考慮するのは、①証拠をカヴァーする程度（coverage of evidence）、②首尾一貫性（coherence）、そして、③独自性（uniqueness）である。すなわち、その物語が公判に現れた証拠の多くを説明するものであればあるほど受け容れられやすい；物語は一貫し、ありがちなものであり、完全性のあるものでなければならない；前後矛盾しているもの、あり得ないもの、不完全なものは受け容れられない；そして、可能な物語が唯一のものであれば、陪審員は自信をもってそれを受け入れる；可能な物語がいくつもあれば、陪審員はその何れにも疑問を抱きやすい[4]。

　アメリカではこのストーリー・モデルに則った法廷技術書が出版されるようになった。現在アメリカでよく読まれている法廷技術書には必ず、ストーリー・テリングの重要性が記述されている[5]。全米法廷技術研究所（National Institute of Trial Advocacy; NITA）などの教育機関もストーリー・モデルに基づく実務教育を展開している。

　　ストーリー・テリングは、歴史が始まって以来、人々が他者とコミュニケートする方法であり続けた。文字が発明されるずっと前から、ストーリー・テリングは、他者に情報を伝える手段であり、歴史を語る方法であった。人々は本能的に、他者とコミュニケートする際にストーリー・

2　ベネット他・前掲注1、109頁。

3　Pennington, et. al., *supra* note1, at 198.

4　*Id.*, at 198-199.

5　Thomas A. Mauet, Trial Techniques and Trials, 10th. ed. (Wholters Kluwer, 2017), p.25; Steven Lubet, Modern Trial Advocacy: Analysis & Practice, 5th ed., (NITA, 2015), pp.1-3; D. Shane Read, Winning at Trial (NITA, 2007), pp.4-9; Carol B. Anderson, On Advocacy (LexisNexis, 2003), pp.121-125; キース・エヴァンス（高野隆訳）『弁護のゴールデンルール』（現代人文社・2000）49～50頁。

第2章　ケース・セオリーとケース・ストーリー　15

テリングを用いるのであり、また、情報を整理し、理解し、そして記憶するために物語という枠組みを利用するのである。公判中に陪審員も同じことをする。もしも法律家が、証拠を明確で簡潔な物語として整理しなければ、陪審員が自らそうするであろう。それが人間の本性である[6]。

　わが国の裁判員裁判では、一般市民である裁判員の他に法律の専門家である裁判官も事実認定を担当する。しかし、裁判員だけではなく、職業裁判官もストーリー・モデルに従って事実認定をしていることは明らかである。職業裁判官も、公判中に事件の証拠と自らの知識や経験に基いて、事件のストーリーを構築し、選択し、選択されたストーリーに沿う判断をしているのである。試みに、裁判官に、担当している事件の説明を求めてみるがいい。彼らは物語を語り始める。決して「検察官の主張する間接事実は……」などという説明はしないだろう。

　わが国では長い間職業裁判官が事実認定を独占してきた。その過程で職業裁判官は、論理的な判決文を効率的に作成する技法を編み出した。それが「間接事実による主要事実の認定」という方法である。訴因を構成する主要事実（殺意、犯人性、共謀、因果関係など）ごとに、過去の先例などを参考に、予想される情況証拠を整理して、それらの全部ないし主要部分が認められるならば、その事実を認定して良いという、いわば1つの「論理パズル」を用意して、その枠組の中で事実の説明をするのである。これは「事実認定」ではない。事実認定の過程を記述するものでもない。裁判官の結論を説明するための作文技術に過ぎない。

　この作文技術に則ってわれわれの法廷技術を組み立てることはできない。さらに、この技法には大きな問題がある。この技法は事実認定に関する過去の裁判例でどのような状況証拠が主要事実の認定を支えたのかを分析することを通じて開発された。しかし、そもそも判決文は具体的な事件における裁判官の判断の正当性を説明する文書に過ぎない。事件にはそれぞれ個性がある。季節も場所も人物も異なる出来事を標準化して、その枠内でしか証拠を検討しないというのは、事件の個性を無視した事実認定である。例えば、「包丁で脇腹を刺した」という命題で表現される出来事には数え切れないほどのバリエーションがある。1つとして同じものはない。人も場所も時刻も、そ

6　Mauet, *supra*, p.25.

して加害者と被害者の関係も、その動作も、何もかもが異なる。これを「殺傷能力のある兇器で身体の枢要部を攻撃した」という命題に一括りにして、殺意を認定するというのはあまりにも微視的で類型的なものの見方である。この技法は、事件の個性や当事者の行動の背後にある事件の真相から事実認定者の目を覆ってしまう危険がある。複雑怪奇な事件の実相を踏まえた個性的な事実認定をするには、それなりの社会経験や熟練が必要であろう。しかし、こうした論理パズルならば社会経験の乏しい未熟な若者でもできる。しかし、その代償はあまりにも大きいと言わなければならない。

　弁護側がこの枠組に乗ることは危険である。間接事実は検察側の主張をベースに組み立てられるからである。「間接事実による主要事実の認定」という技法は、ほとんどの場合、検察側のストーリーを土台にして作られている。弁護側が主張できるのは、検察側の主張を「認めるか、認めないか」でしかない。こうして検察側は訴訟で力を注ぐべきターゲットを絞ることが可能になる。

　裁判員は普通の市民である。「間接事実による主要事実の認定」という教育を受けていない。裁判員裁判は普通の人々の常識的な証拠評価を事実認定に活かそうというものである。われわれ法律家が間接事実という技法をベースにした主張立証を展開しても裁判員には理解されないだろう。そうした訴訟戦略をとれば、結局のところ評議の場で職業裁判官が裁判員をリードすることになるだろう。

　本書は、裁判員制度の趣旨に忠実に、それを活かすことを通じて、依頼人にとって最善の弁護活動といえる法廷技術を示すことを目的としている。われわれは、人間の本性とも言うべきストーリー・モデルに従って法廷技術のあり方を検討し、実践すべきである。

III　ケース・ストーリー

　われわれは普通の人々が普通に行う事実認定の心理的枠組みに基礎をおいてケース・セオリーの説明を行うべきである。普通の人々は決して「間接事実による主要事実の認定」というやり方をしない。彼らは事実を「経験則」による「論理パズル」によって解明しようとはしない。彼らは過去の出来事を物語として把握するのである。歴史的な事件も自分の経歴も、人は一貫した物語として理解し、記憶にとどめ、そして語るのである。したがって、裁

判における当事者のケース・セオリーを事実認定者に理解し共感してもらうためにする説明として、もっとも効果的な方法は物語を語るということになる。われわれは、兇器の性状や傷害の部位というミクロの世界ではなく、「そのとき相手が死んでもいいとは思わなかったという物語」を構築すべきなのである。相手の暴力が急迫不正のものであったか、被告人の反撃行為が相当の範囲だったかどうかという数量的・局所的な議論ではなく、「そのときの彼には殴り返すしか方法はなかった。それを法は許している」という物語を語るべきなのである。検察側の有罪ストーリーに対抗してわれわれは無罪ストーリーをケース・セオリーの説明として対置することになる。このストーリーのことを**ケース・ストーリー**（*Story of the Case*）という。

　検察官は訴因を構成するすべての事実を合理的な疑いを挟まない程度に証明しなければならないのであるから、訴因の全要素の存在を説明し尽くす「完全な有罪の物語」を語らなければならない。これに対して、弁護側は、被告人の無罪を証明する必要はないのであるから、「完全な無罪の物語」を構築する必要はない。検察側の物語の完全性に疑問を投げかけるに足りるものであればよいのである。検察側の証拠の一部に欠陥があることを指摘するだけで足りることもあるし、動かしがたい事実や証拠の意味を弁護側のケース・セオリーに基づいて再定義することで、検察官の主張する物語が数ある可能性の1つに過ぎないことを示せば足りることもある。弁護側の物語は、そうした意味で、事件や証拠の一部に光を当てる「部分的な物語」でも良いのである。しかし、検察官側ストーリーの要素のいくつかを個別的に攻撃したり、再定義したりするだけでは不十分であったり、説得力に欠けるということもある。問題となる被告人の行為の意味を全面的に再構成する、一貫した物語を構築しなければならないこともある。

　ケース・ストーリーは事件の説明ではあるが、起訴状に書かれている事実そのものの説明とは限らない。ストーリーであるから主人公がいる。その主人公は必ずしも被告人とは限らない。被害者とされる人物の攻撃性や無謀さを示すエピソードがケース・ストーリーの中核になることもある。捜査機関の行動がケース・ストーリーとなることもある。違法収集証拠の排除が問題となるときには、ケース・セオリー自体が「有罪の決め手となった証拠物は著しく違法な手続で押収された」というものであるから、その説明としてのケース・ストーリーの主人公は捜査官であるということもあるだろう。共犯者が捜査官の利益誘導や脅迫に基づいて被告人を巻き込む自白をしたという

ケース・セオリーでは、共犯者と捜査官の物語をケース・ストーリーとして語ることになる。

　事実認定者は当事者双方のストーリーのうちどちらが真実に近いのかを証拠に基づいて判断することになる。刑事裁判では被告側は自分のケース・ストーリーが真実である合理的な可能性を立証すれば良い。事実認定者は当事者の主張するストーリーのいずれとも異なる第三のストーリーが真実であるという結論に到達することもあり得るだろう。

IV　ケース・ストーリーの作り方[7]

　ケース・ストーリーは証拠に基づくものでなければならない。言い換えると、有利不利にかかわらず、証拠の存在を過不足なく説明できるものでなければならない。不利な証拠を無視したストーリーは役に立たない。不利な証拠をきちんと説明できるストーリーでなければならない。したがって、依頼人の語る話だけに基づいて物語を作ってはいけない。相手方が提出する証拠を踏まえた、一貫性のある話でなければならない。

　証拠を説明するストーリーは1つとは限らない。事件本体の物語と証拠の収集過程（捜査）の物語というように、多層的なストーリーが存在することは珍しくない。鍵となる事実が明確にどちらと断定できず、いわば2とおりの可能性が考えられるということもある。こうした場合、極力1つの物語を選択するべきである。相矛盾する2つのストーリーを「主位的・予備的」と順序をつけて主張するのは禁物である。例えば、犯人ではないというストーリーを語る一方で、犯人だとしても精神障害により心神喪失であったというストーリーを提出すると、いずれのケース・ストーリーも説得力のないものになる。ここにおいて、われわれはどのストーリーが最も説得的であるかという専門的な判断と選択をすることになる。その判断は依頼人の意思を無視することは許されないが、依頼人の選択に任せれば良いというものではない。専門家であるわれわれが証拠を十分に検討した上でどの選択が最も適切であるかについて助言をした上で、依頼人に選択させるべきである[8]。

7　ケース・ストーリーは、ケース・セオリーの主要な部分であり、表現方法である。ケース・ストーリーを作ることは、ケース・セオリーを作ることにほかならない。ここでは便宜上、ケース・ストーリーの作り方として説明する。

われわれが事実認定者全員の前で最初にケース・ストーリーを語るのは冒頭陳述のときであるから、ケース・ストーリーは公判開始前にできていなければならない。公判前整理手続が始まり検察官手持ち証拠の開示を受け、依頼人である被告人や関係者から話を聞き、専門家の助言を受けるなど、必要な事実調査を行った上で考えることになる。弁護側の予定主張の提出は必ずしもケース・ストーリーを作った後というわけではない。弁護側の予定主張のスタイルは事件ごとに異なり得る。その段階で一貫した物語として主張すべき場合もあるし、項目的な主張にとどめておくべき場合もあるだろう。さらに証拠開示を得るために蓋然的な主張をしなければならない場合もある。ケース・ストーリーは冒頭陳述で語るべき物語であるから、一貫した明確なものでなければならない。公判前整理手続の過程でストーリーを作り直すということもある。むしろ、証拠を検討するたびに練り直すことが必要である。

　ケース・ストーリーをどのように作るか。まず、繰り返し指摘しているように、有利不利を問わずすべての証拠を説明できるものでなければならない。特に不利な証拠をどう説明するかが重要である。したがって、依頼人の説明だけで作ってはいけない。すべての証拠といっても、些細なディテールにこ

8　依頼人自身に自己の最善の利益を適切に判断する能力がないと思われる場合がある。このようなときでも、弁護人は依頼人と協議をして何が最も適切な防御であるかについてその同意を得る努力をするべきである（弁護士職務基本規程 22 条 2 項）。努力をしても同意を得られない場合、例えば、依頼人が犯人であることは証拠上明らかであるにもかかわらず、重篤な妄想性障害のために「私は犯人ではないし、狂ってもいない。近隣住民の陰謀によって犯人に仕立て上げられたのだ」と言って、責任能力に関する主張（心神喪失又は耗弱）をすることに強力に反対している場合、どうするか。「被告人としての重要な利害を弁別し、それに従って相当な防御をすることのできる能力を欠く状態」にある（最三小決平 7・2・28 刑集 49 巻 2 号 481、484 頁）として、公判手続の停止（刑訴法 314 条 1 項）を求めるという選択もあり得るが、裁判所がそれを認めるとは限らない。被告人に後見人やそれに代わる保護者がいるのであれば、「適切な方法」（弁護士職務基本規程 22 条 2 項）として、彼らの合意を得るというやり方もある。しかし、後見人や保護者がいない場合にはこの方法はとれない。被告人の選択（犯人性を否定し、責任能力に関する主張はしない）が不合理であり、本人の最善の利益に沿うものではないと考えるのであれば、弁護人は、刑事訴訟における被告人の保護者としての役割に基づいて、本人の意思に反して心神喪失・心神耗弱の主張ができるだけではなく、そうする義務があるとわれわれは考える。なお、この結論には争いがある。武井康年・森下弘編著『ハンドブック刑事弁護』（現代人文社・2005）32 〜 36 頁を参照。アメリカではわれわれと同様の見解が有力である。See, e.g., People v. Merkouris, 46 Cal. 2d 540, 297 P. 2d 999 (1956); ABA Criminal Justice Mental Health Standard 7-4.2（c）.

20

だわる必要はない。まず、決定的に有利な証拠は何か、そして、決定的に不利な証拠は何かに着目しよう。それらに基づく骨太のストーリーをまず考えてみよう。そうすることで、重要なディテールと不要なディテールの選別もできるだろう。

　証拠の信用性に関する事実というのもストーリーの一部になり得る。検察側の目撃証人はなぜ事実に反する証言をするのか、その説明がストーリーの一部として重要になることもある。つまり、われわれの方法論においては、「補助事実」は「主要事実」や「間接事実」よりも重要性が低いなどということはないのである。ケース・ストーリーは証拠の物語でもあり得るのだ。

　ケース・ストーリーは１人で作るよりも、複数の人間が議論しながら作るほうが良い。１人だとどうしても１つの考えに拘泥しがちになるが、複数の人間がブレイン・ストーミングをすると、さまざまなアイデアが生まれ、その中からより良いものを選択するということも可能となる。複数の弁護人がいるならば必ずブレイン・ストーミングをすべきである。どうしても単独でケース・ストーリーを考えなければならないときでも、そのストーリーを誰か（できれば素人の人）に聞いてもらい、その意見や感想を尋ねるべきである。素人の率直な意見は証拠の見直しと説得的なストーリーの構築のために有益である。

V　TT法

　われわれが実践している方法を紹介する。これは文化人類学者（東京工業大学教授）川喜田二郎（1920 ～ 2009）が発案した「KJ法」からヒントを受け、その方法論の一部を応用して、刑事裁判のためのケース・ストーリーを構築するメソッドとして作業手順を具体化したものである。KJ法は、もともと、文化人類学者である川喜田がフィールド・ノートを整理して論文を作成する際のメモ作りの方法であった。フィールド・ノートを情報やアイデアごとに細かな断片（付箋・カード）にしていき、その断片をグループにまとめたり、グループに「表札」を付け、関係線を引いたり、グループをさらに大きなグループにまとめたりする。こうした作業を繰り返すことで、論文のアイデアが生まれ、情報に新たな価値が生まれる。川喜田はこの方法が研究者の論文作成だけではなく、さまざまな分野で行われるブレイン・ストーミングの進め方や発想法、問題解決法として有益であることを発見した。そう

第2章　ケース・セオリーとケース・ストーリー　21

して、その普及のために生涯努力した[9]。

　TT法では、「証拠」あるいはそこから言える具体的な「事実」を基本的な情報単位とする。加えてその事実や証拠が訴訟の帰趨に与える影響の「説明」をもう１つの情報単位と考える。この「証拠・事実」と「説明」がTT法における基本単位（断片）である。これをグループ化し命名して関係づけることでケース・ストーリーへと導かれるのである。できあがったチャートは冒頭陳述だけではなく、証人尋問や最終弁論を考える上でも有益である。作業は一人でやることもできるし、複数の人間がブレイン・ストーミング形式で行うこともできる。付箋やポスト・イットを用意してそれをホワイト・ボードに貼り付けて行うこともできるが、KJ法のために作られた付箋ソフトを使ってコンピュータ上で行うこともできる。後者の方法は一度作ったチャートをデータとして保存しておき、何度もやり直すことができるので便利である。われわれは、IdeaFragment2というフリー・ソフト[10]を利用している。

　作業手順は次の３段階——収集→統合→関係づけ——である。

A　収集
(1)　有利な事実とその理由
　まず、こちらに有利な証拠やそこから確実に言える事実（「**有利な事実**」）をピックアップして、ピンク色の付箋[11]に書き出す。ここで「有利」か「不利」かの判断は直感的な判断で良い。同じ事実が有利にも不利にもなることはしばしばある。直感的に有利と考えられる証拠や事実を選別できればそれで良い。書き出す事実はできるだけ具体的なものにする。評価や意見を伴うものは避ける。また、１つの紙には１つの事実だけを書くようにする。例えば、「高橋三郎と長沢小百合の家族は親しい間柄だった」ではなく、「三郎は平成21年12月ころ長沢小百合と知りあった」「三郎は３回長沢宅に遊びに行った」「三郎は幸博（小百合の息子）におもちゃをあげた」というようにする。

　１つの有利な事実をピンクの付箋に書いたら、すぐに**その理由**——なぜその事実が有利なのか——を黄色の付箋に書き出す。ここで書き出す「理由」

9　KJ法の入門書として、川喜田二郎『発想法』（中央公論社・1967）と同『続・発想法』（中央公論社・1970）がある。

10　http://nekomimi.la.coocan.jp/freesoft/ideafrg2.htm でダウンロードできる。

11　色の選択は各人の好みで良い。

図 2-1

三郎は3か月前から長沢家の人と交際	三郎は小百合や正人や子どもと食事したり遊んだり	三郎は1年前から亀田建設で働いていた	月収17万円
知り合いの家に空き巣に入らない	小百合に恨みなどない	定職あり（空き巣に入る動機なし）	お金に困っていない
	三郎と長沢家の人々は仲良し		

小百合は事件翌日「犯人の顔は見ていない」「後ろ姿しか見ていない」と言った	小百合は事件翌日「あごひげ」に言及していない	4・7に三郎が逮捕されたことを警察に聞かされた（？）	「三郎の作業着から血痕出た」と刑事に聞かされた（？）
「犯人の顔を見た」は信用出来ない	「あごひげが特徴的で印象に残った」は信用できない	小百合は三郎が犯人だと思い込んだ	
	小百合はあとから記憶を変えた		

は単なる説明や評価ではなく、ある程度具体性をもったものにする方が良い。例えば、「動機がない」ではなく、「親しく交際していた（だから空き巣に入る動機がない）」というように表現する（図2-1）。

　紙に事実や理由を書き出すときは略号や記号を用いて、できるだけ短い表現——文章になっている必要はない——で内容を一瞥して読み取れるようにする。「事実」を書き出したらすぐに「理由」を書き出す。「事実」→「理由」の順番で繰り返す。しかし、両者は1対1の関係ではなく、既に書き出した理由が別の事実に対応することもしばしばあるので、その場合は理由の書き出しを繰り返す必要はない。逆に、1つの事実が複数の理由を伴う場合もある。その場合は、可能な理由を1つずつ別の紙に書き出していく。

(2) 不利な事実とそれへの反論・説明

　次に不利な事実や証拠（**「不利な事実」**）を青い付箋に書き出す。ここでも重要なのは具体的な事実を拾い上げることであり、1つの付箋に1つの事実を書くことである。要求される具体性の程度は事案による。例えば「三郎の作業着から小百合の血痕が発見された」という程度で良い事件もあれば、「三郎の作業着の右肩に人血が付着していた」「人血のDNA型が小百合のそれ

第2章　ケース・セオリーとケース・ストーリー　**23**

図 2-2

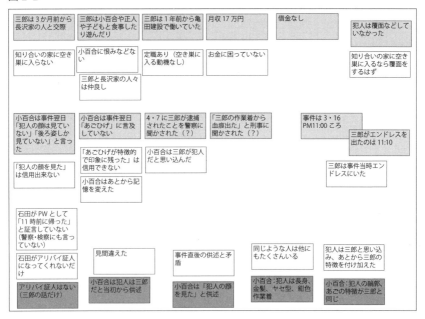

と一致した」という具合に分ける必要がある事案もある。

不利な事実を青色の付箋に書いたら、続けて、その事実があっても訴訟に勝てる**理由や反論**を黄色の紙──有利な事実の「理由」を書いたのと同じ色の付箋──に書き出す。例えば、「三郎の作業着から小百合の血痕が発見された」という不利な事実に対応するものとして、「事件の後に小百合宅を訪れた際に血痕が付着した」という説明・反論を黄色の付箋に書く。

ここでも理由は具体的なものにするように心がける。「有利な事実の理由」が「不利な事実があっても勝てる理由」と一致する場合もある。例えば、有利な事実を集めている段階で、「三郎は事件後に小百合宅を訪れた」「小百合宅廊下には小百合の血痕があった」という事実が挙げられ、その理由として「事件後に小百合宅を訪れた際に血痕が付着した」が既に書き出されている場合もあるだろう。この場合は、理由が共通なので、不利な事実を検討する段階では理由の書き出しを省略すべきことになる（図 2-2）。

有利・不利は直感的に決める。この段階ではできるだけ多くの事実と理由を集めることが重要である。可能性があるものは捨てずに残すようにする。ブレイン・ストーミングの場合には参加者の意見を尊重し、それを批判しな

いで残すようにする。選別や修正は次の「統合」の段階で行う。

B　統合

　断片を全般的に見直す。「事実」（ピンク、青）よりも「理由」（黄色）の方が抽象度が高いので、「理由」を中心に見ていくと効率的である。似ているもの、関連がありそうなものをまとめていく。黄色の周囲に関係するピンクと青も配置する。1つのグループに集約できる場合は、線で囲む。そしてそのグループにグリーンの付箋で**「表札」**を付けて命名する。例えば、「建設会社に勤めていた」「月額17万円の収入」というような事実や「定期的に十分な収入がある」という「理由」をグループ化して「経済的に強盗をする動機がない」という名前（「表札」）をつける。

　決して無理にグループ化してはいけない。どのグループにも属さない「一匹狼」的なものがあっても良い。複数の「理由」を見比べて、グループ化が適切だと思える時にグループを作れば良い。

　抽象的な枠をまず決めてそこに「事実」や「理由」を振り分けるようなことをしてはいけない。例えば「動機」「殺意」「事後の言動」というような枠を決めて、そこに事実を入れていくやり方をすると、「間接事実による主要事実の認定」パターンの思考に陥り、その事件特有の物語を作るという目的にそぐわない。あくまでも「理由」や「事実」の側から何が発想できるかを考える。

　「表札」には「動機」「言動」というような抽象的でニュートラルなものではなく、「強盗する動機がない」「犯人ならあり得ない行動」というように、具体的なメッセージを簡潔に書くようにする。

C　関連づけ

　グループ化し「表札」を付けた集団（グループ）どうしの関係を線で表現する。論理的な関係、原因・結果の関係、対立関係、時系列などを線や矢印などで表現する。IdeaFragment2では関係線に説明（ラベル）を書き込むことができる。

　グループどうしの関係も1対1とは限らない。1つのグループが複数のグループと関係することはしばしばある。また、これまで登場しないアイデアをこの段階で思いつくことがよくある。その際には新しい「事実」や「理由」の断片を書き出すことになる。

第2章　ケース・セオリーとケース・ストーリー　25

図 2-3

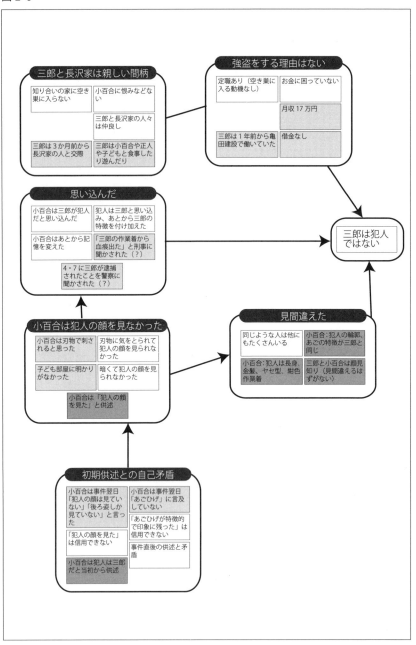

関連づけが終わった段階でチャートができあがる（図2-3）。

一連の操作の過程で、断片の取捨選択を行う。説得力がない、不合理である、現実的でない、細かすぎるなどの理由で捨てた方が良い事実や理由は捨てる。逆に、新しい事実や理由が浮かび上がることがある。表現を変えたほうが良い断片もある。そうした修正をしながら統合化の作業を行う。

物語作りの観点からすると、グループを大まかな時系列にしておくと便利なことが多い。しかし、時系列にこだわり過ぎると図解がわかりづらくなることがある。

D　文章化

できあがった図解（「TTチャート」）をA3サイズぐらいの大きさで印刷する。IdeaFragment2の場合はそのままカラープリントすれば良い。ポスト・イットとホワイト・ボードを使った場合は、板面を写真に撮ってプリントする。統合された理由と事実はそれ自体で既に1つのストーリーになっている場合が多い。それを文章化してみる。

文章化する際に、事実と理由を具体的に語るようにする。決して説明や議論にならないようにする。

TTチャートは証拠に密着したケース・ストーリーを作る道具として非常に便利である。しかし、それだけではなく、証人尋問の準備や最終弁論の準備のためにも役に立つ。公判中TTチャートを手元におき随時参照できるようにしておくべきである。また、証拠調べが進むにつれて内容を微調整する必要が出てくることがある。

VI　テーマ

ケース・ストーリーはケース・セオリーを説明する物語である。それは事実の連続である。一貫性のあるシンプルなものが望ましいとしても、事案によってはある程度複雑であることは避けられない。ストーリー全体を印象深い、簡潔な言葉で要約できれば、事実認定者により良く記憶してもらうことができる。さらに、その言葉が人の心を揺さぶり行動を起こす動機を与えるようなものであれば、事実認定者はこちらのケース・ストーリーの正当性を理解してくれるだろう。事実認定者は、法律的・論理的に正しいだけでなく、

感情的にも正しいと思える判決をしようとする。感情的な要素の影響力は、彼らが自覚しているよりも大きい。こうした要素をもった短い言葉を見出さなければならない。ケース・ストーリーの構築とともにわれわれはそのストーリーにふさわしい、最も効果的なテーマを発見しなければならない。

　テーマのサンプルをいくつか挙げよう。

・「"目撃者"は警察に"犯人"を教えられた」（犯人性を争う殺人事件など）
・「真犯人はまだ街にいる」（同上）
・「あのとき一発パンチを繰り出さなければ、山田さんは殺人事件の被害者になっていた」（正当防衛を主張する事件）
・「法は自分の命を守ることを罰しない」（同上）
・「加藤さんが亡くなったのは自業自得」（同上）
・「この事件の被害者は２人いる。亡くなった加藤桂子さんと、彼女を包丁で刺した山田太郎さんの２人。山田さんは統合失調症という病気を発病して、人生を台無しにされた犠牲者である」（精神障害による心神喪失を主張する事件）
・「検察ストーリー」（検察が見立てを間違った事件）
・「東京地検特捜部は、根拠のない『妄想』を抱いて大規模な捜査を行ったものの、結局、嫌疑を裏づける証拠を得ることができず『敗北』した。本件は、その残滓である」（同上）
・「妄想から始まった事件は、最後まで実在しない」（同上）

■ 第3章 ■
冒頭手続

Ⅰ　冒頭手続の目的

　わが国の刑事公判では、まずはじめに次の手続が行われる。

1) 被告人の人定質問（刑訴規則 196 条）
2) 起訴状朗読（刑訴法 291 条 1 項）
3) 被告人の意見陳述（同 4 項）
4) 弁護人の意見陳述（同）

　これらの手続に「儀式」として以上の実質的な意味があるのかははなはだ怪しい。人定質問は出頭した被告人がその本人に間違いないかを確かめる手続であるが、氏名や住所を答えさせることで、人違いがわかるという例があるのだろうか[1]。起訴状はあらかじめ被告人に送達されているし、その内容は裁判官も裁判員も承知しているはずである[2]。公判前整理手続が行われる事件では、被告人や弁護人が訴因に対してどのような答弁をし、防御をするのか、事件の争点がどこにあるのかは、公判が開始されるよりも前にわかっているはずである。それでは、これらの手続が被告人の同一性の確保、審判対象や争点の明確化としての意味を持たないとしたら、われわれはここで何を目指すべきなのだろうか。

　冒頭手続は、われわれ弁護人とその依頼人である被告人が、初めて裁判員

---

[1] 被告人が住所や本籍を言い間違えても、裁判長は「起訴状には＊＊＊と書いてありますが、それでよろしいですか」などと誘導して、終わる。そして、公判調書には「人定質問＊＊＊生年月日、職業、住居及び本籍は起訴状記載のとおり」と記録される。

[2] 裁判長は、裁判員や補充裁判員に対して、その権限や義務、刑事裁判のルールなどの説明をする際に（裁判員法 39 条、裁判員規則 36 条）、事件の概要を説明するのが普通である。

第3章　冒頭手続　29

と出会う場であり、その肉声を彼らの耳に届ける最初の機会である[3]。公判開始直後のこの段階で被告人と弁護人が肉声を発し、事件についての意見を述べる機会が与えられるというのは、法廷弁護にとって重要な機会と捉えるべきである。われわれの法廷弁護活動は冒頭手続——その冒頭である人定質問——から始まっているのである。

II 人定質問から被告人の意見陳述まで

弁護人の隣に座っていた依頼人は、開廷直後に法廷中央の証言台の前に立つように促される[4]。ここから先、人定質問から意見陳述までは一連の流れである。ここでどのように振る舞うべきかについて、われわれはどのようなアドバイスをすべきだろうか。裁判員は「被告人はどんな人なんだろう」という素朴な好奇心を抱いている。第一印象というものは長続きする。そして、裁判員にとって第一印象の基礎となるのは法廷にいる被告人の「見た目」だけである。これは避けがたいことである。この避けがたい現実を依頼人にきちんと説明しよう。服装等については第1章で述べたので、ここではそれ以外のことを述べる。

態度

証言台の前に立つとき、われわれの依頼人はどのような態度であるべきか。冒頭手続における被告人の態度が裁判の結果に影響を与えることがないのであれば、これはどうでも良いことかもしれない。しかし、それはあり得ない。刑事裁判は科学の実験やジグソーパズルではない。刑事裁判は法廷という空間において展開される人間同士のコミュケーションである。社会的コミュニケーションにおいて、「態度」はときに「言語」以上に重大な影響を及ぼすのである。放火殺人を自認している被告人が堂々と胸を張り周囲を睥睨するような態度をとれば、彼がどんなに反省の弁を述べたとしても、事実認定者は、彼を「反省がない。事件と向き合っていない」などと批判することになるだろう。逆に、自分は犯人ではないと言って無実を主張している被告人が、

---

3 裁判員選任手続で弁護人は裁判員と会う。被告人がそこに立ち会うこともあり得る（裁判員法 32 条）。しかし、わが国の裁判員選任手続は非公開であり（同法 33 条 1 項）、弁護人や被告人が事件についての意見や説明を行う機会はない。

4 裁判官の中には、当事者席で起立させるだけの人もいる。

おどおどとうつむき、公判中一度も裁判員と目を合わせなかったとしたらどうだろう。彼女の無罪主張に疑問を抱く裁判官や裁判員がいるかもしれない。

　法廷において被告人が採るべき態度は、一言で言えば、ケース・セオリーによるのである。われわれのケース・セオリーはさまざまである——事件性がそもそもない；犯人ではない；暴力は加えたが、正当防衛である；事実は間違いないが、精神疾患のために心神喪失であった；有罪であるが、示談が成立しており、執行猶予が相当である；本人の生育歴に問題があり、改善更生の可能性があるから、死刑は避けられるべきである……。ケース・セオリーが異なるということは、その裁判に対する依頼人のコミットメントの仕方が異なるということであり、事実認定者の前での態度も異なって当然である。これは極めて自然なことであり、事実認定者もそうした自然な予期・期待を持って法廷に臨んでいるのである。そうした予期や期待からかけ離れた態度を目の当たりにした事実認定者がわれわれのケース・セオリーの信憑性に疑問を持つということは大いにあり得ることである。

　依頼人は公判廷というものに慣れていない。とりわけ最初の公判期日が始まったばかりの頃は、彼らはみな不安と緊張に圧倒されている。どこに立ち、誰を見たらいいのか、そしてどのように振る舞ったら良いのかわからない。要するに、彼らは訴訟に対する自らのコミットメントにふさわしい、自然な態度をとることができない心理状態にある。だから、われわれ弁護人が彼らに自然な態度は何であるのか、自然な振舞いをするにはどうしたら良いのかを教えてあげなければならないのである。

　無罪を主張する被告人は正々堂々と胸を張り、裁判官や裁判員とアイコンタクトをとりながら直立するというのが自然であろう。少なくとも、終始うなだれているべきではない。危険運転致死罪で有罪を自認する被告人は、検察官の横あるいは傍聴席にいる遺族に向けて深く一礼してから、証言台の前に立ち、沈鬱な表情で裁判長を見上げるべきである。重要なのは自然な振る舞いということである。型にはまった態度やわざとらしく丁寧な振る舞いはかえって逆効果であろう。アドバイスは抽象的ではいけない。「堂々と」というだけではどうしていいかわからない。「裁判長の目を見て背筋を伸ばして立つ」というように具体的にする。事前に練習をしておくべきである。

　依頼人の多くはこうしたアドバイスをきちんと理解し、ごく自然に法廷で適切な立ち居振舞いをする。妄想型統合失調症の妄想・幻覚による殺人事件の被告人であっても、公判開始までに投薬治療を受けてその症状が収まり、

第3章　冒頭手続　31

われわれの助言にしたがって行動できることが多い。そうした被告人の場合は、法廷では極めて理性的に振る舞っている彼の姿と、事件前後の支離滅裂な行動との対比を示すことが法廷弁護活動の1つの焦点となる。

しかし、ときには、われわれのアドバイスを聞き入れない（あるいは聞き入れる能力のない）被告人もいる。それはわれわれの問題なのか、依頼人の問題なのかを見極める必要ある。懇切丁寧に助言しても改善がない場合、それは依頼人に精神疾患等の問題があるということになる。その場合、ケース・ストーリーの一部にそれを取り込む（精神疾患が事件当時から継続している）とか、訴訟能力についての疑問を提起するというような適切な法的対処が必要になる。休廷を比較的頻繁にとるだけで対処できることもあろう。いずれにしても、被告人のアンバランスな立ち居振舞いが彼らの不利に作用しない戦略を弁護人は考え、実践しなければならない。

人定質問

人定質問をするのは裁判長であるから、裁判長の目を見て自分の氏名、生年月日、住所、本籍、職業等を言えばそれで良い。

緊張していることから、ど忘れということは良くある。あらかじめ練習しておくべきである。

意見陳述

「裁判長は、……被告人に対し、終始沈黙し、又は個々の質問に対し陳述を拒むことができる旨その他裁判所の規則で定める被告人の権利を保護するため必要な事項を告げた上、被告人及び弁護人に対し、被告事件について陳述する機会を与えなければならない」（刑訴法291条4項）。この規定から明らかなように、被告事件についての意見陳述は、被告人と弁護人の権利であり、義務ではない。ここで裁判長ができるのは被告人と弁護人に「陳述する機会を与え［る］」ことであり、被告人に質問したり、弁護人に釈明を求めたりすることではない。裁判長にはそうした権限はないし、仮に裁判長が質問をしてきても、被告人にも弁護人にもそれに答える義務はない。

しかしながら、例えば「公訴事実について何か言いたいことがあれば述べることができます」というような中立的な機会の告知をする裁判長は、残念ながらほとんどいない。刑事裁判官の中には、被告人に陳述の「機会を与える」というよりは、この手続を自ら被告人に「質問する機会」であると誤解

している人がいる。実際にも、公訴事実の内容を逐一問いただす裁判長がいる。そして、その結果を「被告人質問調書」として記録に残すということが行われている。

　ここでは、被告人は、事件についての**意見**を述べるのであって、事実に関する**供述**をするのではない。法律の原則に立ち返って、裁判長の問の形式や内容にこだわることなく、訴因に対する被告人自身の意見を簡潔に述べさせることが肝要である。有罪か無罪かの答弁だけにとどめておくべき事案もある。

【答弁のみの陳述】

「私は無罪です。」

「私は有罪です。」

　しかし、公判前整理手続の中で弁護側が予定主張を提出している事件では、弁護側のケース・セオリーに沿った意見陳述をこの段階でしておくのが得策である。公判の冒頭で、被告人自身がなぜ無罪なのかを事実認定者に誠実に訴えることは、意味のあることである。公判を通じて最も訴えたいことを簡潔に述べる。サンプルをここに挙げておく。

【犯罪事実を争う場合】

「私はそのようなことをしていません。」

「私は、そのようなことをしていませんし、○○さんとそのようなことを共謀したこともありません。」

【犯罪事実の一部を争う場合】

「私は包丁を示して『うるさいぞ』とは言いましたが、『金を出せ』とは言ってません。財布を盗るために包丁を示したのではありません。○○さんが落とした財布を盗んだのは間違いありません。」

「私の自動車で○○さんを轢いてしまったことは間違いなく、そのために○○さんがなくなったことも事実です。しかし、赤信号をことさらに無視したということはありません。」

第3章　冒頭手続　**33**

【故意や認識、目的を争う場合】

「△△さんを殺すつもりはありませんでした。」

「私のバッグの中に覚せい剤があるなどと考えたことはないです。」

【正当防衛を主張する場合】

「相手がいきなり何度も殴ってきたので、身を守るために殴り返しただけです。」

　必ずしも被告人自身に「私は無罪です」と言わせる必要はない。被告人の直後に弁護人による意見陳述の機会があり、そこで弁護人が「～さんは無罪です」という結論を述べれば良い。ここでは、無罪の前提として被告人自身が訴えたいことをできるだけ短い言葉で語れば良い。しかし、これには例外がいくつかある。

【違法収集証拠の排除の結果無罪となる場合】

　この場合に被告人に事実関係を語らせるべきでないことは明らかであろう。また、違法捜査の内容を被告人に語らせるのも避けるべきである。「私は無罪です」という無罪の答弁だけをさせることになる。その後の弁護人の陳述の中で、違法捜査によって獲得された証拠が排除される結果被告人は無罪となることを説明すれば良い。

【心神喪失による無罪を主張する場合】

　この段階で被告人に事実関係を語らせることは、たとえ簡潔なものであっても、避けるべきである。例えば、「はい、私は○○さんを包丁で刺殺しました」と言ったとする。これだけでは殺人の自認と変わりはなく、あまり意味はない。そして、これが統合失調症の幻覚や妄想に影響されたことを被告人自身が適切に説明することは不可能に近い。「『殺せ』という声が聞こえたので、刺しました」とか「○○さんが『殺すぞ』と執拗に攻撃してくるので、包丁で刺しました」という事件当時の幻覚や妄想をそのまま動機として語らせることにも大きな問題がある。妄想や幻覚がどのような内的体験であるかを知らない事実認定者には、この被告人の説明の意味が十分に伝わるという保障はないからである。この場合も被告人の意見陳述としては「私は無罪です」というものにとどめておき、引き続く弁護人の意見陳述の中で、心神喪

失による無罪の基礎となる事実を簡潔に説明するということになるだろう。

【訴因が複雑な場合、被告人の説明能力に問題がある場合】

　訴因の内容が多岐にわたっていたり、防御の内容が複雑な場合、あるいは被告人自身の言語能力に問題があるような場合は、有罪・無罪の答弁だけを被告人にさせて、それ以上の説明は弁護人が行う。

【有罪を自認する場合】

　「間違いありません」と簡潔に述べる。

　心神耗弱、自首減刑などの主張は被告人自身に主張させるのではなく、その後に行われる弁護人の意見陳述で主張すれば良い。

　さて、以上に例示したような被告人の簡潔な事実の訴えや端的な無罪の答弁だけでは満足しない裁判官がいる。先に指摘したように、そうした裁判官は、この手続を「被告人の意見陳述の機会」（被告人の権利）ではなく、自らの「被告人質問の機会」（裁判官の権利＝被告人の義務）として捉え、起訴状に記載された事実関係について詳しい「認否」をさせようとする。東京高裁昭和 25 年 6 月 19 日判決は、冒頭手続の段階で裁判長が被告人に質問したことについて「犯罪事実に関する他の証拠が取調べられない前に、被告人の自白が裁判官の耳に入り、そのために裁判官に事件についての予断をいだかせる可能性を生じる。されば原審における前示訴訟手続は、刑事訴訟法 301 条の趣旨に反するばかりでなく、延いては刑事訴訟法が旧刑事訴訟法における被告人訊問の制度を廃止して、第 291 条及び第 292 条の規定を設けた精神にも反する」として、これを違法とした（東京高判昭 25・6・19 高刑特報 9-14、15）。しかし、その半年後最高裁大法廷は、同様の事案について「刑事訴訟法の精神に添わぬきらいがないではないが、然しこのために本件審理が直ちに違法であるとは断定し得ない」と判断した（最大判昭 25・12・20 刑集 4-13-2870、2872。栗山、藤田裁判官の反対意見がある）。被告人の意見陳述の際あるいはその直後に裁判長が被告人に質問すること自体が違法な手続となる可能性があるのである。仮にそれが法の精神に添わないが違法とまではいえないとしても、被告人にはその質問に答える義務はない。

　したがって、依頼人の意見陳述に満足せずに被告人に質問をしようとする裁判長に対しては、まず刑訴法 291 条 4 項及び 301 条に違反するとして異議

を申し立てよう。その異議が棄却されたら、「〜さん（被告人）の意見陳述はもう終わりました。」と述べて、被告人にそれ以上何も答えさせないようにする[5]。これは黙秘権の行使ではない。意見陳述は被告人の権利であって義務ではない。どのような陳述をするかは被告人の自由である。裁判長が満足するまで語らなければならない理由はどこにもないのである。この場面でこうした事態が起こり得ることについては、あらかじめ依頼人に説明しておく必要がある。

　被告人には、メモを読み上げるのではなく、裁判官や裁判員とアイコンタクトを取りながら、ゆっくりと述べるように指導しよう。もちろん、あらかじめ練習をしておくべきである。

Ⅲ　弁護人の意見陳述

　弁護人の意見陳述は、単なる事実上の主張だけではなく、有罪無罪の結論に至る説明を含むものでなければならない。

【犯罪事実がない場合】

　「〜さんは起訴状に書かれているようなことをしていません。〜さんは無罪です。」

　「〜さんは自ら起訴状に書かれていることを行ったことはありません。また、△△さんにそれをやらせたこともありません。〜さんは無罪です。」

【犯罪事実の一部を争う場合】

　「〜さんは包丁を示して『うるさいぞ』とは言いましたが、『金を出せ』とは言ってません。包丁を取り合っているうちに○○さんに怪我をさせてしまったことは間違いありません。そして、その際に○○さんが落とした財布を盗りました。〜さんは財布を盗るために暴行をしたのではありませんから、強盗致傷罪は成立しません。〜さんの罪は傷害罪と窃盗罪にとどまります。」

　「〜さんがその運転する自動車で○○さんを轢いてしまったこと、そのた

---

[5]　「答えません」という返答もしない──意見陳述後は一切沈黙する──ようにあらかじめ指導しておく。

めに○○さんがなくなったことは間違いありません。しかし、彼は前方の交差点の赤信号をことさらに無視したわけではありません。したがって、本件の訴因である危険運転致死罪について～さんは無罪です。」

【故意や認識を争う場合】

「～さんは、○○さんを殺す意思はありませんでした。～さんの罪は殺人未遂ではなく、傷害罪です。」

「～さんが羽田空港に持ってきたバッグの中に覚せい剤が入っていたことを彼女は知りませんでした。ですから彼女は無罪です。」

【正当防衛による無罪】

「～さんは○○さんを殴りました。しかし、それは○○さんが執拗に～さんを攻撃してきたために、～さんが自分の命と身体の安全を守るためにやむを得ずにした反撃です。正当防衛が成立しますから、～さんは無罪です。」

【心神喪失による無罪】

「～さんはこの事件の当時、妄想型統合失調症の急性期でした。○○さんから殺されるという妄想に悩まされ、彼の『殺すぞ』という幻聴に追い立てられていました。統合失調症という病気によって心神喪失状態となった結果であり、～さんに刑事責任を負わせることはできません。～さんは無罪です。」

【違法収集証拠排除による無罪】

「～さんの有罪の根拠とされる科学捜査研究所の鑑定は、憲法を無視した警察の捜査の産物であり、証拠として認めることはできません。したがって、～さんを有罪とする証拠はなく、彼は無罪です。」

【有罪を認める場合】

「～さんは、本件の当時、妄想性障害を患っていました。△△さんから長年にわたって迫害を受けているという強固な妄想に突き動かされて本件は行われたのであり、～さんは善悪の判断にしたがって行動する能力が著しく損なわれた状態にありました。彼の刑は減刑されなければなりません。」

「確かに、～さんが起訴状に書かれた犯罪を行ったことは事実です。しかし、

彼はその直後に警察に出頭し、自己の犯罪を自ら申告しました。自首が成立しますので、その刑は減軽されるべきです。」

「～さんが長年連れ添った奥さんを手に掛け殺してしまったことは間違いありません。しかし、その背景、その動機には同情すべき点が多々あります。」

　弁護人の意見陳述も簡潔なものであるべきである。事件の背景事情や、動機などの詳細をここで語るべきではない。こちらのケース・ストーリーをこの段階で詳細に語る必要はないし、語るべきではない。この直後に検察官と弁護人の冒頭陳述が行われる。その段階で弁護側のケース・ストーリーを語れば良い。冒頭手続段階で詳細な説明をすれば、弁護人の冒頭陳述はその繰り返しになってしまうであろう。同じことを繰り返し聞かされるのは退屈であり、熱心に聞こうとする意欲を削いでしまうからである。

■ 第4章 ■

冒頭陳述

I　冒頭陳述の目的

　弁護人の冒頭陳述は、単に、被告人の言い分を事実認定者にわかりやすく伝えるためにするものではない。その事件についての弁護人の個人的な見解を披露するためにするものでもない。単に、証拠調べが事実認定者にわかりやすいものとなるようにするためのものでもない。すべての法廷弁護は弁護人が目標とする判決に事実認定者を導くためのものであり、冒頭陳述も、目標とする判決に事実認定者を導くためにするものである。

　事実認定者は、彼らが正しいと思う判決をしようとする。法廷において、弁護人がすることができるのは、事実認定者に語りかけ、証拠を見せ、聴かせることである。われわれは、事実認定者に語りかけ、証拠を見せ、聴かせることによって、われわれが目標とする判決をすることが正しいと、彼ら自身に判断させなければならない。

　冒頭陳述は、事実認定者が証拠を見聴きする前に、彼らに直接語りかけることのできる場面である。それは、裁判員にとって、その事件に関する具体的な情報を得る最初の機会となる。人はみな、さまざまな信念や先入観を持っており、事実認定者も、それぞれの信念や先入観を持ってその法廷に着席している。人は既に獲得している信念や先入観と整合するように新しい情報を処理しようとする。人には、仮説を検証する際、仮説に合致する証拠を選択的に認知し、重視する傾向（確証バイアス）がある。事実認定者は、彼らの信念や先入観のフィルターを通して検察官と弁護人の冒頭陳述を解釈し、その事件についての仮説を形成する。そして、事実認定者が見聴きする証拠は、それまでに形成されている仮説と整合するように解釈される傾向を持つことになる。仮説には、「そうかもしれない」という程度のものもあれば、「そうに違いない」という程度のものもある。仮説の強度が大きくなればなるほ

第4章　冒頭陳述　39

ど、それと整合するように証拠が解釈される傾向も大きくなる。仮説は新しい情報に基づいて修正されることもあるが、補強されることの方が多く、仮説が長い間維持されればされるほど、修正への抵抗は強くなる。

　冒頭陳述が証拠の解釈に大きな影響を及ぼすものであり、判決結果を左右する重要性を有することは、代表的な法廷技術書で共通して指摘されている[1]。アメリカ合衆国で行われたある実験では、70パーセントの陪審員が、冒頭陳述の直後の判断を公判の最後まで維持したと報告されている[2]。弁護人の冒頭陳述の時期について、検察官の冒頭陳述の直後に行った場合と、検察官立証の終了後に行った場合とを比較した実験では、冒頭陳述の形式や証拠の内容にかかわらず、早い時期に行った方が被告人側に有利な判断が示される可能性が高いという結果が報告されている[3]。

　われわれの冒頭陳述は、目標とする判決に事実認定者を導くためにするものである。われわれが語り終えた段階で、その判決をすることが正しいのではないか、という仮説を事実認定者に形成させることが、冒頭陳述の課題となる。そのような仮説を形成させることに成功すれば、事実認定者が見聴きする証拠は、その仮説と整合するように解釈される可能性が大きくなる。われわれがそれに失敗した場合、証拠は検察官の冒頭陳述と整合するように解釈されるおそれが大きい。被告人という立場に置かれた人物に対する先入観は、無罪方向の証拠の価値を矮小化する。日本の検察官は有罪判決が得られる高度の見込みがある場合に限って起訴しているはずだという信念は、無意識のうちに、有罪方向の証拠の隙間を埋め、無罪方向の証拠を無視させる働きをする。そうした被告人に不利な条件を克服し、証拠が公正に評価されるようにするために、弁護人が効果的な冒頭陳述をすることは、特に重要である。

1　Lubet, S.: Modern Trial Advocacy: Analysis and Practice 5th ed.（Boulder: National Institute for Trial Advocacy, 2015），p.385; Mauet, T. A.: Trial Techniques and Trials 10th ed.（New York: Aspen Law & Business, 2017），p.75; Waites, R. C.: Courtroom Psychology and Trial Advocacy（New York: ALM Pub, 2003），p.317; Read, D. S.: Winning at trial（Louisville: National Institute for Trial Advocacy, 2007），p.65.

2　Diamond, S.S., Casper, J.D., Heiert, C.L., & Marshall, A.: Juror reactions to attorneys at trial. Journal of Criminal Law and Criminology, Vol. 87（1996），pp.17-47.

3　Wells, G.L., Wrightsman, L.S., & Miene, P.K.: The timing of the defense opening statement: Don't wait until the evidence is in. Journal of Applied Social Psychology, 15（1985），pp.758-772.

II 語るべきこと

1 ケース・セオリーの核心部分

弁護人が目標とする判決をすることが正しいのではないか、という仮説を事実認定者に形成させるためには、その根拠となる情報を伝え、受け容れ、記憶してもらう必要がある。その要素となるのは、「事実」と、その事実を支える「証拠」と、その事実に適用することにより目標とする判決を導く「法令」である。われわれは、そのような事実と証拠と法令を「証拠により証明すべき事実その他の事実上及び法律上の主張」（刑訴法 316 条の 30）として語るべきことになる。それらの「事実」と「証拠」と「法令」は、われわれのケース・セオリーの核心部分にほかならない。

2 事実

語るべき事実

われわれが冒頭陳述で語るべき事実は、目標とする判決をすることの正しさの根拠となる事実である。事案によっては、証拠の証明力を減殺又は増強する効果を持つ事実を語ることも必要となる。事実認定者は、法律的に正しいだけではなく、感情的にも正しいと思える判決をしようとする。われわれは、そのような意味での正しさの根拠となる事実も語るべきである。そこには、被告人の人間性を示す事実や、事案によっては被害者とされる人物の人間性を示す事実も含まれる。人の感情の中でも、恐怖は、特に判断に対する影響の大きいものであることを意識しておくべきである。

語るべき事実を選別するにあたっては、検察官が設定した事件の時間的・場所的範囲に捉われるべきではない。その判決の正しさの根拠となる事実は、検察官が設定した範囲の外側にも存在し得る。捜査が及んでいない外国で起こった事実、はるか昔に起こった事実や、捜査の過程で起こった事実について、語るべき場合もある。

目標とする判決をすることの正しさの根拠となる事実を語るということは、被告人に不利な事実には触れず、有利な事実だけを語ればよいという意味ではない。検察官の冒頭陳述で語られた被告人に不利な事実について、弁護人が冒頭陳述で触れないことは、弁護人が目標とする判決をすることが正しいのではないか、という仮説の形成の妨げとなる。弁護人が不利な事実を無視

第 4 章　冒頭陳述　41

し、有利な事実だけを語ることは、弁護人の情報源としての信頼性も低下させる。われわれは、不利な事実にも触れつつ、その事実が目標とする判決の妨げとならないことを語る必要がある。

　われわれは、目標とする判決の正しさの根拠となる重要な事実を選別して、語らなければならない。重要な事実に限定するべきなのは、人が適切に処理し、記憶することのできる情報の数量には限界があるからである。その限界を超えたとき、本当に重要な情報が受け容れられず、記憶されないという現象が起こる。本当に重要な情報を受け容れ、記憶してもらうためには、伝達する情報の数量を限界以下に留める必要がある。法廷弁護士の間では、経験的に、主張する事実や言及する証拠の数を 3 つに限定するのが適切であると考えられてきた。心理学の研究では、人が容易に記憶することのできる情報量は、4 ないし 7 項目程度であると指摘されている[4]。

ストーリーを語る

　事実を聴き手に受け容れ、記憶してもらうためには、事実を断片的に述べるのではなく、ストーリーとして語ることが効果的である。ストーリーは、通常、人物を中心として、時系列で語られる。ストーリーは人から人に対する情報伝達の手段として優れており、人はストーリーを好み、ストーリーを聴いて育ち、ストーリーを日常的に楽しんでいる。一貫性のあるストーリーは、それ自体受け容れられやすい。ストーリーは、断片的な事実よりも、記憶されやすいものである。

　「ストーリーを語れ」という原則は、公判のあらゆる場面に妥当するが[5]、冒頭陳述は、最も直接的にストーリーを語るべき場面である。裁判員にとって、冒頭陳述は、その事件に関する具体的な情報を得る最初の機会である。前提知識の乏しい聴き手に対して語りかけ、その内容を受け容れ、記憶してもらうためには、ストーリーを語ることが最適である。

　冒頭陳述で語られるべきなのは、われわれが目標とする判決をすることの正しさの根拠となる事実によって構成されるストーリーである。それは、われわれのケース・ストーリーの主要な部分である。ケース・ストーリーの主

4　キャロル・B・アンダーソン（石崎千景、荒川歩、菅原郁夫訳）『裁判員への説得技法　　法廷で人の心を動かす心理学』（北大路書房・2014）48 ～ 51 頁。
5　キース・エヴァンス（高野隆訳）『弁護のゴールデンルール』（現代人文社・2000）49 頁。

人公は、常に被告人であるとは限らない。刑事裁判は被告人の言い分を申し述べるものだという発想は、いったん捨てるべきである。被害者とされる人物、共犯者とされる犯罪組織や捜査機関を主人公としたケース・ストーリーも考えられる。目標とする判決をすることの正しさの根拠を受け容れ、記憶してもらうために、最も効果的な人物をケース・ストーリーの主人公に据えるべきである。ストーリーの視点の変更は、頻繁に行うと聴き手の理解を妨げることから、必要な場合に限って行うべきである。

〔サンプル〕では、冒頭陳述の前半で、被害者とされる鈴木さんを主人公とした、20年前から始まるストーリーが語られ、死亡結果との因果関係が認めらないというケース・セオリーを構成する事実が示されている。そして、被告人である佐藤さんが登場して以降は、鈴木さんが亡くなるまでの間、一貫して佐藤さんの視点でストーリーが語られ、正当防衛が成立するというケース・セオリーを構成する事実が示されている。

事実認定者は、法律的に正しいだけではなく、感情的にも正しいと思える判決をしようとするから、そのような感情に働きかけるテーマも、冒頭陳述で語られるストーリーに織り込まれるべきである。テーマとストーリーは、ばらばらのものであってはならない。

〔サンプル〕では、「自業自得」「鈴木さんは死の危険をいくらでも避けることができたのに、あえて自分の死を招いた」「鈴木さんの死の責任を佐藤さんに押しつけるのは不公平だ」というテーマが語られている。鈴木さんの「自業自得」であるとするならば、佐藤さんを処罰するのは酷であり、無罪とするのが感情的にも正しいと思えるであろう。他方、亡くなった被害者を非難することは、当然ながら大きなリスクを伴う。亡くなった被害者に非があるはずはないと信じ、又は信じたいと思っている人は、被害者を非難する弁護人の情報源としての信頼性を否定して対処しようとするおそれがある。この事件では、「自業自得」であったことの具体的な根拠を説得的に示すことができたからこそ、このようなテーマ設定が可能であった。また、このような内容を語る際には、姿勢、アイ・コンタクトや声のトーンを含めた語り方にも、相当な注意を払わなければならない。亡くなった被害者を非難するテーマを設定することが一般的に有効というわけではない。

3　証拠

弁護人が目標とする判決をすることが正しいのではないか、という仮説を

事実認定者に形成させるためには、われわれが語る事実が証拠によって支えられていることを伝え、受け容れ、記憶してもらう必要がある。弁護人が事実を語るだけでは、その事実があるのか否かは不明であるから、仮説は形成されにくい。証拠の存在が語られることにより、われわれが語った事実の存在する蓋然性を伝えることができれば、仮説が形成される可能性は大きくなる。また、冒頭陳述で重要な証拠に言及することにより、証拠調べに先立ってその証拠を意識させ、その証拠についての記憶が促進される。冒頭陳述で事実と証拠との関係を明らかにすることは、裁判員法55条が要請するところでもある。

　ここでは、事実を支える証拠が存在することを伝えるのであり、証拠の内容の引用や評価をすることは適切でない。例えば、「○○さんが○○という事実を証言するでしょう」というように、簡潔な証拠の予告にとどめるべきであって、証言内容を詳細に引用したり、信用性の議論をしたりすべきではない。

　われわれは、目標とする判決をすることの正しさの根拠となる重要な事実を支える重要な証拠を選別し、どのような証拠が、どのような事実を証明するのかを語るべきである。重要な証拠に限定するべきなのは、前記のとおり、人が適切に処理し、記憶することのできる情報の数量には限界があるからである。

4　法令
判決を導き出す法令

　弁護人が目標とする判決をすることが正しいのではないか、という仮説を事実認定者に形成させるためには、われわれが語った事実に法令を適用したときに、その判決が導き出されることを伝え、受け容れ、記憶してもらう必要がある。

　例えば、正当防衛による無罪判決を導こうとする事案においては、正当防衛の要件がどのように規定され、それらがどのように解釈され、どの事実がそれに該当するのかを語るべきことになる。心神喪失による無罪判決を導こうとする事案においては、心神喪失という要件がどのように解釈され、どの事実がそれに該当するのかを語るべきである。

証明基準

　裁判員裁判において無罪判決（一部無罪判決を含む）を目標とするときは、冒頭陳述で、合理的な疑いを差し挟む余地のない程度の立証という証明基準を、弁護人の主張として語るべきである。証明基準は、冒頭陳述で語られなければならない、事実上常に不可欠な被告人側の主張の要素であると考えられている[6]。無罪判決は「犯罪の証明がない」（刑訴法336条）とき、すなわち証明基準を充たさないときに言い渡されるのであるから、証明基準は、無罪の判決を導き出すために適用することが必要な法令に含まれている。そして、証明基準は、有罪か無罪かの結論を直接左右するものであり、無罪判決をすることの正しさの根拠として、極めて有力なものである。裁判員は、裁判員選任手続において、裁判長から証明基準の説明を受けているが、さまざまな説明の中の1項目として耳にしたに過ぎず、それだけで受け容れ、記憶することは困難である。冒頭陳述において、無罪判決をすることが正しいのではないか、という仮説を形成させるためには、証明基準を語ることが必要である。適切に語られる限り、証明基準が無罪判決をすることが正しいのではないかという仮説の形成の妨げとなることはない。

　裁判員等選任手続において、裁判長から裁判員に対し、証明基準についての適切な説明が行われた場合は、それを引用して語ることが最も効率的である。一般に、裁判員等選任手続では、「裁判では、不確かなことで人を処罰することは許されませんから、証拠を検討した結果、常識に従って判断し、被告人が起訴状に書かれている罪を犯したことは間違いないと考えられる場合に、有罪とすることになります。逆に、常識に従って判断し、有罪とすることについて疑問があるときは、無罪としなければなりません」という説明がなされている。常識に従って判断し「間違いない」と考えられなければ有罪とすることはできず、「疑問」があるときは無罪としなければならないという基準に加えて、「不確かなことで人を処罰することが許されない」という趣旨も、語るべきである。無罪判決をすることが正しいのではないか、という仮説を形成させるためには、証明基準の趣旨を十分に理解し、受け容れてもらうことが重要である。

　証明基準は、抽象的に語るだけではなく、どのような「疑問」が生じるのかを具体的に語ることが、無罪判決をすることが正しいのではないか、とい

6　Lubet, *supra* note 1 at p.424.

う仮説を形成させるために、効果的である。裁判官裁判においては、ほとんどの裁判官は証明基準の運用水準について強固な信念を持っており、それが冒頭陳述によって変更されることは期待できない。したがって、裁判官裁判において、証明基準そのものを主張する意義は乏しい。しかし、どのような「疑問」が生じるのかを具体的に語ることは、裁判官裁判でも有効であると考えられる。

〔サンプル〕では、ストーリーを語った上で、争点を示し、争点について疑問が残れば無罪としなければならないという証明基準とその趣旨に言及し、具体的な「疑問」の内容を示している。無罪判決をすることが正しいのではないか、という仮説の根拠となる事実に加えて、証明基準を示すことは、その仮説をより強固にするものである。

III　語るべきでないこと

1　評価や議論

　事実認定者が聴いて理解することが困難なことは、語るべきではない。冒頭陳述は、裁判員にとって、事件に関する具体的な情報を得る最初の機会であり、裁判官も裁判員もまだ証拠を見聴きしていない。事実認定者が見聴きしていない証拠の証明力についての評価や議論をしても、彼らは理解することが困難である。弁護人が理解困難な評価や議論を語ることは、弁護人が目標とする判決をすることが正しいのではないか、という仮説の形成を妨げるものである。

　事実で語ることができるときに、評価で語るべきではない。弁護人が評価を語ることによって、事実認定者も同じ評価をするに至ると期待することはできない。必要なのは、評価の根拠となる事実を語り、その事実が証拠によって支えられていることを伝えることである。

2　証明されない事実や証拠の誇張

　証拠によって証明することができず、検察官によって反証されてしまう事実を語るべきではない。「証拠とすることができず、又は証拠としてその取調を請求する意思のない資料に基いて、裁判所に事件について偏見又は予断を生ぜしめる虞のある事項」を述べることは許されない（刑訴法316条の30、296条但書）。そのような事項にはあたらない場合であっても、弁護人

が冒頭陳述で語った事実が存在しないことが明らかになったとき、弁護人の情報源としての信頼性は低下し、それは、あらゆる証拠と事実の評価に影響する。

証拠を誇張することも、同様に、するべきではない。それが明らかになったとき、すべての有利な証拠は誇張されている疑いを向けられることになる。

3　あり得ないものとして拒絶される事実

事実認定者の多数があり得ないものとして拒絶するような事実を語るべきではない。人は、核となる信念と矛盾する新しい情報を受け容れようとしない。冒頭陳述によって、事実認定者の核となる信念を修正するよう説得することは、ほぼ不可能である。事実認定者があり得ないものとして拒絶するような事実が語られた場合、彼らは、その情報源の信頼性を否定することによって、処理しようとする。弁護人にとって、冒頭陳述で情報源としての信頼性を否定されることは、致命的である。

4　証明基準の不正確な引用や過度の依存

証明基準の不正確な引用や証明基準への過度の依存はすべきでない。証明基準について弁護人がそれをより高度のものとする独自の解釈を主張しても、それが受け容れられる可能性は、ほとんどない。弁護人が独自の解釈を主張することや、証明基準に強く依存した主張をすることは、言外に、有罪の証拠が揃っているというメッセージを伝えることになる。そのようなメッセージを伝えることは、無罪判決をすることが正しいのではないか、という仮説の形成を妨げ、逆に、有罪判決をすることが正しいのではないか、という仮説の形成を促してしまう。

5　語り過ぎ

語り過ぎるべきではない。聴き手が注意力を維持することができる時間には限界があるし、処理することのできる情報の数量にも限界がある。処理することのできる限界を超えた情報を伝えようとすることは、本当に伝えるべき情報が受け容れられず、記憶されないという結果を招く。弁護人が目標とする判決をすることが正しいのではないかという仮説を形成させるために必要でないディテールは、冒頭陳述で語るべきではない。

〔サンプル〕では、鈴木さんの状態について、詳細な数値まで語られている。

第4章　冒頭陳述　47

これは、そのようなディテールを語ることが、根拠のある事実を語っていることを伝え、無罪判決をすることが正しいのではないか、という仮説を形成させるために必要だったからである。

前提とする事実関係が検察官の主張と重なっている場合、検察官の冒頭陳述を繰り返すような冒頭陳述をするべきではない。それは、弁護人が目標とする判決をすることが正しいのではないか、という仮説を形成させるために、伝えるべき重要な情報ではないからである。

IV　語り方

1　言葉

冒頭陳述は、基本的に口頭で情報を伝達する場面である。口頭で情報を正確に伝達するためには、すべての聴き手が耳で聴いて理解できる言葉で語る必要がある。したがって、できる限り平易な日本語を用いなければならない。同音異義語がある場合は、なるべく他の言葉に言い換えるべきである。法律家の業界用語は用いるべきでない。専門用語は、できる限り平易な日本語に言い換える必要がある。どうしてもその専門用語を用いなければならないときは、その意味を平易な日本語で説明しなければならない。

語るべき事柄の呼称・表現は、われわれが目標とする判決に事実認定者を導くという目的に照らして適切に選択し、公判を通じ一貫して用いるべきである。被告人や被告人側の証人については、通常、人間性を与えるため、「さん」付けの氏名で呼ぶべきである。被害の発生を争っているときに、「被害者」などと呼ぶべきではない。ケース・セオリーやテーマを想起させる言葉は、キーワードとして意識的に反復すべきである。

耳で聴いて理解してもらうためには、簡潔なセンテンスを用いるべきである。人はセンテンスごとに意味を理解しようとするから、1つのセンテンスで1つの意味を伝えるようにすべきである。まわりくどい表現や冗長なセンテンスは、聴き手を混乱させ、誤解を与えるものである。前提知識の少ない事実認定者に対しストーリーを語るべき冒頭陳述では、修飾語を最小限にして、単純な名詞と動詞のセンテンスで事実を語ることが、特に重要である。

2　音声

法廷では、すべての事実認定者に伝わる音声を発しなければならない。明

瞭な発音、聴き取りやすい大きさ、聴き取りやすい早さで語る必要がある。センテンスごと、トピックごとに、適切な間を置いて語ることも重要である。

　重要な情報を語るときは、それが重要な情報であることを聴き手に伝えるために、音声をコントロールするべきである。間を置く、声を大きくする、ひそめる、ゆっくりと語る、一語一語区切る、ジェスチャーを加える等の方法がある。強調を多用しすぎると、本当に重要な情報を強調することにならないので、注意が必要である。

3　スタイル

　基本的に、すべての事実認定者からほぼ等距離になる法廷の中心から、彼ら全員に語りかけるべきである。弁護人席は、反対側の端に座る裁判員からは、かなりの距離がある。足を肩幅に開き、リラックスして自然体で立つと、安定感がある。手は、身体の前で両手を重ねるのが自然に見える。

　原稿を朗読するのではなく、聴き手とのアイ・コンタクトを心がけながら、彼らに語りかけるべきである。人は、他人の話を聴くとき、その人物の態度を観察し、情報源としての信頼性を判断している。原稿を棒読みしている人物は、通常、情報源として信頼されない。確信を持って、自分の言葉で語りかけることが、情報源としての信頼性を示すために必要である。聴き手とのアイ・コンタクトは、情報が伝わっているか、理解されているかを観察するためにも有用である。聴き手が理解していないことが表情にあらわれたとき、言い換えたり、説明を加えたりして、理解が得られるようにすべきである。

　弁護人が何にも頼らず、流暢な冒頭陳述をすることができれば、確信を持って、自分の言葉で語りかけていることを端的に示すことができる。それが難しい多くの弁護人にとって最適な方法は、簡潔なアウトラインを用いながら語りかけることである。

　冒頭陳述の間、無目的な動作をするべきでない。法廷をうろついたり、頭を振りながら話したり、手で神経質に書面をめくり続けるような無目的な動作は、聴き手の気をそらし、語り手の情報源としての信頼性も低下させる。動作は、話題を変えるときに移動するなど、目的を持って行うべきである。

4　記憶

　弁護人が目標とする判決をすることが正しいのではないか、という仮説を事実認定者に形成させるためには、その根拠となる情報を記憶してもらわな

第4章　冒頭陳述　49

ければならない。しかし、初めて耳で聴いた情報を記憶することは容易ではない。重要な情報を記憶してもらうためには、どのように情報を伝達すれば、記憶されやすいかを知る必要がある。

事実認定者に記憶させるべき重要な情報は、冒頭陳述の最初と最後に述べるべきである。人は、見聴きしたことのうち、最初と最後に見聴きしたことを最も良く記憶する傾向にある。これらは、初頭効果（primacy effect）及び新近効果（recency effect）と呼ばれている。したがって、冒頭陳述の最初と最後には、テーマや最も重要な証拠について語るべきである。最初と最後に意味のないことを語るのは無駄であり、不利なことを語るのは致命傷となりかねない。あえて不利な事実に言及するときも、最初と最後は避けるべきである。

事実認定者に記憶してもらうべき重要な情報は、意識的に反復して語るべきである。繰り返し耳にしたことは、人の記憶に残りやすいからである。例えば、テーマを冒頭陳述の最初、中盤、最後に言及することによって、そのテーマを強調し、事実認定者の記憶に残すことができる。反復するべき情報は、厳選しなければならない。すべてを強調することは、何も強調しないのと同じだからである。

〔サンプル〕では、冒頭で「自業自得」というテーマが語られている。初頭効果により、このテーマは、事実認定者の記憶に残ることになる。しかし、「自業自得」という言葉は、その後、あえて反復していない。これは、亡くなった人物を非難するニュアンスを含むことから、繰り返し口にすることが不適切であり、かつ冒頭で述べるだけで十分印象に残る言葉だからである。冒頭陳述の最後では、具体的な「疑問」の内容を示し、「鈴木さんの死の責任を佐藤さんに押しつけるのは不公平だ」というテーマに再び言及している。新近効果と反復の効果によって、このテーマはより強く事実認定者の記憶に残ることになる。

情報のまとまり（チャンク）を作ることによって、より多くの情報を記憶してもらうことができる。人は、例えば電話番号、五十音、アルファベットなど、短期記憶の限界と言われる7を超える数量の情報を、いくつかのまとまりに分けることによって記憶している。冒頭陳述においても、情報をいくつかのまとまりに分け、見出しをつけ、ビジュアル・エイドを活用することによって、より多くの重要な情報を記憶してもらうことができる。

V　ビジュアル・エイド

　初めて接する話を耳から聴くだけで理解することは困難である。それを記憶することは、さらに困難である。冒頭陳述において、事実認定者にその内容を理解し、重要な情報を記憶してもらうためには、ビジュアル・エイドを活用することが必須である。聴覚と視覚という複数の感覚から得られた情報は、よりよく記憶されることになる。

　ビジュアル・エイドは、弁護人が書面に頼らずに冒頭陳述をすることも助けるものである。必ず語るべき重要な情報と関連するものが、そこに表示されているからである。

　ビジュアル・エイドを活用する上で重要なのは、そこに表示すべき情報の選択である。何もかもをビジュアル・エイドに表示することは、ナンセンスである。すべてを強調することは何も強調しないことと同じである。不利な情報をビジュアル・エイドに表示すれば、不利な情報が記憶に残されることになる。

人が視覚で物を読もうとしているとき、聴覚からの情報は遮断されてしまう。事実認定者が読もうとしなければならないような、多くの文字情報をビジュアル・エイドに表示するべきではない。語る言葉に耳を傾けてもらいたいときには、ビジュアル・エイドの表示を消すことも必要となる。

　ビジュアル・エイドの種類としては、パワーポイントに代表されるプレゼンテーションソフト、パネル、フリップボード、ホワイトボード、マグネットシート、メジャー、模型等を挙げることができる。事件や場面に応じて、最適なビジュアル・エイドを選択するべきである。プレゼンテーションソフトは、容易に見やすいものを作成することができ、直前まで修正することができるという利点がある。パネルやフリップボードは、事前に完成させる必要があるが、置き場を選ぶことができ、叩いたり、貼ったり、はがしたりする動作と音で、重要な情報に注目を集めることもできる。ホワイトボードやマグネットシートは、読みやすい字や図を書くことができれば、臨機応変に内容を変更することができるビジュアル・エイドである。メジャーや模型は、われわれが語る事柄を具体的に理解し、記憶してもらうために役に立つ。

　〔サンプル〕では、複雑な医学用語の理解を助け、重要な事実を記憶に残すために、スライドが用いられている。

VI　書面の配布

　弁護人が目標とする判決をすることが正しいのではないか、という仮説を事実認定者に形成させるために、冒頭陳述を書面で読んでもらうという方法は、あまり効果的でない。その方法では、事実認定者がそれ以前から獲得している信念や先入観の影響を、より強く受けることになるからである。したがって、後で書面を読んでもらうことを期待して、それを朗読するような冒頭陳述をするべきではない。

　他方、事実認定者の記憶には限界があり、冒頭陳述で得た情報の記憶を保持し続けることは、困難である。検察官は、冒頭陳述の要旨を記載した書面を事実認定者に配布している。これに対し、弁護人が書面を配布しなければ、事実認定者は、手元に置かれた検察官の冒頭陳述をなぞりながら証拠を見聴きする危険が大きい。また、弁護人が目標とする判決を実現するためには、その判決を支持する事実認定者が評議において優勢を保ち、評決で勝たなければならない。評議は、弁論終結後に限らず、弁論終結前にも行われること

がある[7]。われわれが目標とする判決をすることが正しいのではないか、という仮説を形成した事実認定者の意見表明を支援するためにも、われわれの冒頭陳述の記憶を喚起する刺激となるような書面を配布するべきである。

　書面には、われわれが冒頭陳述で語った重要な事実、証拠と法令を記載すべきである。事実認定者が評議における議論で活用しやすいよう、一覧性のある形式で、それらの情報を整理して簡潔に記載する必要がある。冒頭陳述で用いたビジュアル・エイドを再現することは、冒頭陳述の記憶を喚起するために効果的である。

〔サンプル〕

　次のサンプルは、裁判員裁判で正当防衛が認められ、無罪判決が言い渡された傷害致死被告事件の弁護人の冒頭陳述である。

　　亡くなった方を批判するのは基本的な礼儀作法に反します。私も、その作法に従いたいと思います。亡くなられた方を非難したくはありません。悪口を言うつもりもありません。けれども、この事件を公正に語ろうとするとき、私には、この言葉以外に適切な言葉が思い浮かびません。それは「自業自得」という言葉です。鈴木さんの死は自業自得としか言いようがありません。彼は死の危険をいくらでも避けることができました。にもかかわらず、あえて自分の死を招いたのです。鈴木さんの死の責任を佐藤さんに押しつけるのはあまりにも不公平なことです。

　　鈴木さんは 20 年前に特発性血小板減少性紫斑病と診断されました。特発性血小板減少性紫斑病、略称は英語の頭文字をとって ITP と言います。この病気は、何らかの原因で血小板が異常に少なくなってしまう病気です。血小板というのは血液の成分の１つで、健康な人の場合、１マイクロリットル中に 15 万から 40 万個あります。ところがこの病気にかかった人は、10 万個未満になってしまいます。血小板は、血液が血

7　弁論終結前に行われる中間評議は、それまでに形成された仮説を強化し、以後取り調べられる証拠がそれと整合するように解釈される傾向を強めるという問題があり、検察官の立証が先行する刑事裁判においては、被告人に不利に作用する。このような問題があることから、アメリカ合衆国においては、中間評議は禁止されている。裁判員規則 51 条は、裁判長が、判断は弁論終結後に行うべきものであることを説明するものとしている。

第 4 章　冒頭陳述　53

管から漏れないようにする働きをするとても大切な細胞です。ITP の患者は、この血小板の数が異常に少ないために、体のさまざまな場所から出血します。鼻血や歯肉出血、皮下出血などがよくある症状ですが、頭蓋内つまり頭の中で出血する場合もあります。鈴木さんの場合は、さらに、アルコール誘発性血小板減少症、略称 AIT も併発していました。この病気は飲酒によって血小板がさらに異常に減少してしまう病気です。鈴木さんは素面の状態でも ITP のために血小板数は 5 万を切っていました。さらに、お酒を飲むとさらに減少し、1 万を切ってしまうこともあったのです。

特発性血小板減少性紫斑病

Idiopathic Thrombocytopenic Purpura ITP

正常値　15 万〜 40 万　　ITP　10 万未満

アルコール性血小板減少症

Alcohol-Induced Thrombocytopenia AIT

　鈴木さんは、平成 28 年 7 月から平成 29 年 10 月まで亜細亜医科大学病院の血液内科で通院治療を受けていました。主治医は山本教授でした。山本先生は、鈴木さんにたびたび酒をやめるように指導していました。しかし、鈴木さんは酒をやめませんでした。カルテを見ると、鈴木さんの血小板の数がもっとも多かった時の数値は 4 万 8000 です。これはアルコールを 5 日間辞めていたためです。これでも正常値にははるかに足りません。鈴木さんの禁酒は長続きしませんでした。たびたび飲酒をしたために、血小板の数は 1 万を切りました。カルテの記載では 3000 というときもありました。
　鈴木さんに酒をやめるように忠告したのは医師だけではありません。

家族も彼に酒をやめるように繰り返し言いました。彼の奥さんも娘さんも、酒をやめるように厳しく言っていました。それでも鈴木さんは酒をやめませんでした。奥さんは、「酒をやめなければ別れる」と通告しました。それでも鈴木さんは酒を飲み続けました。平成28年12月には奥さんに離婚届を出されてしまいました。しかし、それでもなお、鈴木さんは酒をやめませんでした。鈴木さんは、酒を飲んだことを家族に知られないように、飲んだ時には自宅に帰らずに、秋葉原駅近くの「国際ホテル」に泊まっていました。

　鈴木さんは酔うと攻撃的になります。怒りっぽくなります。秋葉原2丁目にある「串焼きりこ」は鈴木さんの行きつけの飲み屋の1つです。この店でも鈴木さんは、酔って怒鳴ったり、従業員に喧嘩をふっかけたりしたことがあります。鈴木さんは大切な常連さんですが、飲んだら早めに帰ってほしい客なのでした。

　平成29年12月1日、鈴木さんは、この日も午後6時半頃から「きりこ」で焼酎を飲み始めました。酒が進むうちに、鈴木さんは店内で怒鳴り声を上げるようになりました。カウンターで一緒に飲んでいた男性に「もういい、帰れ」と怒鳴りました。また、繰り返し電話をかけて相手を誘い、断られたようで、大声で「馬鹿野郎」と何度も怒鳴りました。鈴木さんが「きりこ」を出たのは午後10時15分ころでした。

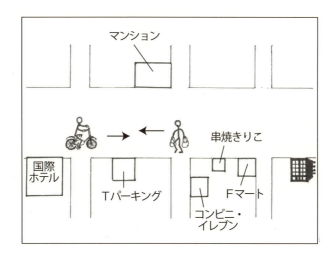

第4章　冒頭陳述　55

「きりこ」を出た鈴木さんはすぐそばのコンビニ・イレブンで買い物をしました。レジ袋を左右の手にぶら下げた鈴木さんは、酒を飲んだ時に常宿にしている「国際ホテル」に向かって、歩いて行きました。そして、前方から自転車に乗った男性がやって来ました。この男性が佐藤さんです。

　佐藤さんは、42歳の出版デザイナーです。芸能プロダクションの経営もしています。この通り沿いにあるマンションの7階に自宅兼事務所があります。平成29年12月1日夜10時20分過ぎころ、佐藤さんは、この通りを自転車に乗って「国際ホテル」の方からFマートに向かっていました。11時から、テレビで所属タレントが出演するバラエティ番組が始まります。佐藤さんはFマートでタバコを買ってその先の自宅にもどり、その番組を見る予定でした。

　Tパーキングの辺りに差し掛かると、前方から男性が歩いてきました。それが鈴木さんです。佐藤さんは道路の右側を走っていました。鈴木さんにぶつからないようにハンドルを左に切りました。すると、鈴木さんも左に移動しました。ぶつかりそうになったので、佐藤さんは急ブレーキをかけました。

　鈴木さんは、「おい、この野郎。お前、何なんだ」と怒鳴りました。佐藤さんは「ちょっと待てよ。オメエだろ、わざとやってきたの」と言い返しました。すると、鈴木さんは、「おい、何だ、この野郎」と大後で怒鳴りながら、自転車にまたがった佐藤さんの右側によってきました。レジ袋を両手に持ったまま自分の肩や胸を佐藤さんにぶつけてきました。佐藤さんは鈴木さんをなだめました。しかし、鈴木さんはどんどんエスカレートしていきます。鈴木さんは、両手に持っていたレジ袋を地面に置いて、「何、小僧、ガキ」と大声で喚き散らしながら、佐藤さんの首や肩を掴んできました。佐藤さんは、これ以上この男にかかわるのはまずいと思いました。そこで「わかった、わかった。ここで俺たちが喧嘩してもしょうがない。おやじも帰れよ」と言って、なんとか鈴木さんの手を払いのけて、急いで自転車に乗ってその場を走り去りました。その背後からは、「ぶっ殺してやる。このガキ！」という鈴木さんの叫び声が聞こえました。

　佐藤さんは、自転車でマンションの前に来たとき、タバコを買い忘れたことに気づきました。UターンしてFマートの脇に自転車を止め、

セカンドポーチを持って店の入口に行こうとしました。その時です。交差点の方から「このガキ、見つけたぞ！」と叫びながら、血相かえて、勢い良く突進してくる鈴木さんの姿が目に入りました。

鈴木さんはいきなり佐藤さんに殴りかかりました。佐藤さんは、左手にセカンドポーチを持ったまま、両腕でパンチが当たらないように防御しました。鈴木さんは左右のパンチを何度も繰り出しました。鈴木さんの拳は佐藤さんの両腕や胸や腹に当たりました。鈴木さんは足で佐藤さんのすねを蹴りました。何度も蹴ってきました。佐藤さんは右足で鈴木さんの左もも付近を前蹴りして、鈴木さんとの間の距離をとろうとしました。それでも鈴木さんは体を突っ込んで何度も何度も佐藤さんを左右の拳で殴りました。佐藤さんは両腕を使って鈴木さんのパンチが顔に当たるのを防ぎました。そうした中で、鈴木さんが振りかぶって右手のげんこつで殴りかかってきたとき、佐藤さんは、とっさに右の拳でパンチを繰り出しました。鈴木さんのパンチが佐藤さんに当たる前に、佐藤さんの右の拳が鈴木さんの左頬をヒットしました。鈴木さんは、よたよたと後ろに下がり、路面に勢い良く尻餅をつき、さらに後頭部から背後に倒れました。その様子を見て、佐藤さんが驚いて、近寄ってみると、鈴木さんは口から血の混じった泡を吹き、いびきをかき始めました。

佐藤さんは、通りがかりの人に「救急車を呼んでくれ」と頼み、鈴木さんの気道を確保したり服の前を開いたりして救護措置を取りました。鈴木さんは、救急隊によって、付近の病院に救急搬送されました。病院では脳挫傷、硬膜下血腫と診断され、脳の緊急手術を受けました。しかし、翌12月2日昼前に鈴木さんは亡くなりました。

救急車で病院に到着した時の鈴木さんの状態は次のとおりです。

病院到着時の状態

血小板の数：8,000/μl
　（正常値 150,000 〜 400,000）

血圧：200/93mmHg（高血圧）

血中アルコール濃度：2.73mg/mL
（高度酩酊状態）

　鈴木さんの血小板の数は、わずか8000/μlでした。血圧は上が200下が93と、高血圧状態でした。そして、血中アルコール濃度は1リットルあたり2.73mgという高濃度、いわゆる「高度酩酊状態」でした。次に脳の状態を見ます。

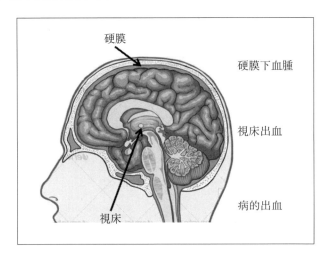

　緊急手術当時の記録やその後の解剖の結果によると、鈴木さんの脳には非常に広い範囲で硬膜下血腫がありました。脳の中の出血はそれだけ

ではありませんでした。脳の中心部である視床にも出血がありました。
硬膜下血腫というのは脳の外側にできる出血です。硬膜のというのは頭
蓋骨のすぐ下にあります。その下の出血です。硬膜下血腫は頭部打撲に
よって生じることが多いタイプの出血です。しかし、血小板減少症によ
っても硬膜下血腫が生じることがあります。視床出血というのは脳の中
心部分に生じる出血です。視床は脳の中心部分にあります。この部分の
出血は頭部打撲のような外傷によって生じることはありません。視床出
血は、明らかに、血小板減少症や高血圧症のために生じた病的な出血な
のです。硬膜下血腫が頭部打撲によって生じたものだとしても、これほ
ど急激に広範囲にわたって拡大したのは、血小板減少症が原因なのです。
すなわち、鈴木さんのこの時の脳の出血は、頭部打撲のために生じたと
いうよりは、ITPによる病的な出血だったのです。鈴木さんは、硬膜下
血腫と視床出血によって亡くなりました。しかし、これは、後頭部の打
撲のためではありません。鈴木さんのITPが改善しており血圧が正常
であれば、そして、鈴木さんが大量の飲酒をしていなければ、たとえ外
傷性の硬膜下血腫が多少生じたとしても、手術によって一命を取り留め
ることは十分にあり得ました。彼は死ぬことはなかったのです。
　この裁判で皆さんが解決するべき問題は2つあります。

問題　1

鈴木さんは、
佐藤さんが殴ったせいで死んだのか

血液の病気のために死んだのか

疑問が残れば無罪

　1つは、鈴木さんが亡くなったのは、佐藤さんが殴ったせいなのか、

第4章　冒頭陳述　59

それとも鈴木さんの血液の病気や飲酒のせいなのか、という問題です。

問題　2

佐藤さんが鈴木さんを殴ったのは、鈴木
さんの暴力から身を守るためのやむを得
ない行為だったか（正当防衛）

疑問が残れば無罪

　もう1つは、佐藤さんが鈴木さんを殴ったのは、鈴木さんの攻撃から
自分の身を守るためにやむを得ずにした行動、すなわち正当防衛ではな
いのか、という問題です。
　この2つの問題は、法律家がやるべき法律解釈の問題ではありません。
これらの問題はいずれも、皆さんが自分たちの常識にしたがって判断で
きる問題です。皆さんが常識的に判断しなければならない問題です。今
日皆さんがこの法廷に集まったのは、これらの問題を証拠に基づいて判
断するためです。
　これは刑事裁判です。国対個人の裁判です。国が個人を犯罪者である
として訴え、個人を刑務所に入れようとしているのです。罪のない個人
が誤って犯罪者とされ、刑務所に入れられるようなことがあってはなり
ません。刑事裁判では罪を証明する責任は検察官にあります。被告人は
自分が無罪であることを証明する必要はありません。国の代理人である
検察官が被告人の有罪は間違いないと証明しない限り、被告人は無罪と
されなければなりません。有罪であることに疑問が残るときは無罪とし
なければなりません。それが刑事裁判の大切なルールなのです。
　本件の問題に即して言えば、佐藤さんが殴ったせいで鈴木さんが亡く
なったことは間違いないということを検察官が証明しない限り、佐藤さ

んは無罪とされなければなりません。佐藤さんが殴ったせいで亡くなっ
たのではないのではないか、病的な出血のために亡くなったのではない
かという疑問が残れば、佐藤さんは無罪とされなければならないのです。

　また、佐藤さんが鈴木さんを殴った行為が正当防衛でない、佐藤さん
が自分の身を守るためではなく積極的に攻撃するつもりで殴ったことは
間違いないということを検察官が証明しない限り、佐藤さんは無罪とさ
れなければなりません。正当防衛なのではないか、佐藤さんは鈴木さん
の理不尽な攻撃に対して自分の身を守るために反撃したのではないかと
いう疑問が残れば、佐藤さんは無罪とされなければならないのです。

　これから行われる証拠調べを通じて、鈴木さんは佐藤さんが殴ったせ
いではなく、脳の病的な出血のために亡くなった、という疑問が現れま
す。証拠調べをすすめるにつれて、佐藤さんが鈴木さんを殴ったのは、
鈴木さんの理不尽な暴力から自分の身を守るためのやむを得ない行動だ
った、という疑問が皆さんの心に湧いてくるはずです。鈴木さんは佐藤
さんのせいで亡くなったのではありません。鈴木さんは自ら進んで死の
危険を犯し、そして亡くなったのです。鈴木さんの死亡の責任を佐藤さ
んに負わせるのは不公平です。佐藤さんは無罪です。ありがとうござい
ました。

第4章　冒頭陳述　61

■ 第 5 章 ■

主尋問

I 主尋問の目的

　主尋問とは、証人尋問を申請した当事者が最初に行う尋問のことである（刑訴規則 199 条の 2 第 1 項 1 号）。この場合証人は尋問者である弁護人に対して友好的であるか、少なくとも弁護側に有利な事実を積極的に法廷で語ることを決意した人である[1]。

　「裁判は主尋問によって勝つ」と言われている[2]。民事裁判と違って、刑事裁判では訴因を構成する事実の証明責任はすべて相手方（検察側）にあり、弁護側の主尋問がなくても、あるいはそれに失敗しても、必ずしも敗訴（有罪）になるとは言えない。検察側の主要証人に対する反対尋問に成功を収めれば、それだけで勝訴（無罪）判決を獲得できることもないわけではない。しかし、訴因事実を前提として積極的抗弁（affirmative defense）によって無罪を主張する事件[3]では、主尋問によって積極的にこちらに有利な事実を提出することに成功しなければ無罪判決はあり得ない。さらに言えば、このような事件ではなく、訴因事実のみが争点となっている事件においても、弁護側が冒頭陳述で主張したケース・ストーリーの立証がうまくいかなければ、敗訴の可能性は高まる。反対に、主尋問で語られた物語が信頼できるもので

1　いわゆる「敵性証人」を証人請求して尋問を行わなければならないことがあるが、その尋問は形式的には主尋問と呼ばれるが、実質的には反対尋問であり、そこで要請されるのも反対尋問の技術である。したがって、本章では敵性証人に対する主尋問は取り上げない。

2　Robert E. Keeton, Trial Tactics and Method, 2d ed. (Little Brown, 1973), p.10; Peter Murray, Basic Trial Advocacy, (Maine Law Book Company 1995) at p.107; Steven Lubet, Modern Trial Advocacy: Analysis and Practice, 5th ed. (NITA, 2015), at p.45.

3　正当防衛などの違法性阻却事由や心神喪失などの責任阻却事由によって無罪であることを主張する事件。

第 5 章　主尋問　63

あり事実認定者の共感を得られるものであるならば、勝訴の可能性は格段に高まる。すなわち、たとえ刑事裁判であっても主尋問に成功することは、勝訴を獲得する上で極めて重要な要素なのである。

A ケース・ストーリーを語らせる

主尋問の主たる目的は、証人に、弁護側のケース・ストーリーの全部又は一部を語らせ、それを真実の物語として事実認定者に受け入れさせることである。第2章で述べたように、事実認定者は自ら事件の物語を構成する。彼らは、自ら構成した物語に従って証拠を評価し、最終判断を下す。主尋問の目的はわれわれの証人の語る物語を事実認定者の物語として受け入れさせることである。

B 証拠の許容性を基礎づける

こちらのケース・ストーリーを直接語るのではなく、証拠物や証拠書類の同一性や真正、伝聞例外該当性など、証拠の許容性を基礎づけるための尋問を行う証人がいる。こうした証人に対する尋問については、第7章で取り上げる。

C 相手方証人の弾劾

こちらのケース・ストーリーとは無関係に、相手方のケース・ストーリーを弾劾するために主尋問が行われる場合もある。例えば、検察側の主要証人の証言の信ぴょう性を攻撃するためにする証人尋問である。

このように、主尋問は必ずしもケース・ストーリーを語らせるために行うというわけではない。しかし、いずれの尋問を行う場合であっても、われわれはケース・ストーリーを意識していなければならない。常に「何のためにこの証人を尋問するのか」「何のためにこれを訊くのか」という問いに明確な答えを用意し、尋問を通じてこれらの問いに対する答えを事実認定者に明確に伝えなければならない。ケース・ストーリーを明確に意思していないと、相手方証人の証言を弾劾するために、こちらのケース・ストーリーと矛盾する証言をさせてしまうという事態も起こりかねない。

また、証人に自分に有利そうなことをできるだけたくさん語らせようという発想で、長時間にわたってさまざまな事柄を尋問する例が見受けられる。

このような尋問は散漫で退屈であるのみならず、危険である。とりわけ、証言録を後から精査するのではなく、法廷における尋問の現場で心証を形成する集中審理の公判では、尋問が終わったときに証人の語った物語を事実認定者が鮮明に記憶に留めていなければならない。「この証人はいろいろなことを言ったが、結局何が言いたかったのか」と事実認定者に怪しまれるような尋問をしてはならない。要するに、われわれは一人の証人に語らせる主題を厳選するべきであり、その選別の基準としてケース・ストーリーを明確に意識しなければならない。

II　証人の選択と順序

　われわれのケース・ストーリーのどの部分をどの証人に語ってもらうか。そして、どのような順番で証人を配列させるのか。抽象的にいうならば、物語を構成する出来事を直接体験し、その体験をもっとも説得的かつわかりやすく語る能力のある証人を、最もわかりやすい順番で尋問するということである。初頭効果・新近効果という観点[4]から、インパクトのある証人は最初と最後に配置するべきである。証拠の許容性に関する証言だけをする証人のようにあまり重要でない証人は、中間に配置するべきである。しかし、常にこの配置にこだわることはできない。ある人の証言は別の人の証言を聞かないと理解できないという場合がある。その場合には、論理的な順序に従って証人の順番を組み立てるほかない。また、一般的に言って、ストーリーというものは時系列に沿って聞いたほうがわかりやすい。しかし、常に時系列で行わなければならないというわけではない。事件の核心部分を事実認定者に理解してもらってから、そこに至る事実経過を聞いてもらった方がわかりやすい場合もある。

　しかし、現代の日本の実務では、証人の配列や尋問時間について当事者には十分な権限が与えられていない。英米の陪審裁判では、検察側の立証段階（prosecution's case in chief）と弁護側の立証段階（defense's case in chief）とは截然と区別され、弁護人は検察側立証が終了（rest）した後に自己側の証人尋問を開始することになる。それぞれの立証段階において証人として誰を召喚するのか、どのような順序でどのくらいの時間尋問するのかは各当事

4　初頭効果と新近効果については本書第4章50頁以下を参照。

第5章　主尋問　65

者に任せられている。これに対して、これらについてわが国の弁護人には十分な自由は与えられていない。証人の配置や尋問時間について裁判官は執拗に容喙してくる。公判前整理手続が行われる事件[5]では、原則として、公判前整理手続が終結するまでに証人申請を行わなければならない（刑訴法316条の32第1項）。当事者が関連性があり尋問が必要だと考えても、裁判所は「必要性がない」と言って証人申請を却下することがしばしばある。1つの出来事を複数の証人によって多角的に立証しようとしても、認められないことが多い。尋問時間を厳しく制限する裁判官が少なからずいる。証人尋問の時間や順序は、当事者の意向とは関係なしに、分刻みで決められてしまうのが普通である。しかも、検察側と弁護側の立証段階の区別をつけることもなく、検察官の証明予定事実をベースにした「争点」ごとに証人尋問の順番が決められることもある。この実務のもとでは、弁護側のケース・ストーリーを自己の証人に一貫して語らせるということは困難である[6]。

　こうした実務に対して異議申立てをすることは正しい。しかし、この傾向は今後もしばらくは続くであろう。われわれとしては、こうした制約の中で、こちらのケース・ストーリーを裁判員に理解してもらうために効果的な順序で証人が配列されるように、そして、十分な尋問時間を確保するように裁判所を説得するなど、工夫を重ねるしかない。

　被告人に対する尋問（被告人質問）は多くの場合最後に配置することが賢明である。なぜなら、被告人は弁護側にとって最も重要な証人であることが多く、また、被告人は他のすべての証人の証言を聞いた後に尋問を受けることで、他の証言や証拠との不用意な矛盾供述を避けることができるからである。

III　主尋問の構成

　主尋問は5つの要素から成り立っている。すなわち、Aイントロダクション、B自己紹介、C主題、D舞台設定、E動作、そしてFエンディングである。

5　裁判員裁判では必ず公判前整理手続が行われる（裁判員法49条）。
6　この意味でも、冒頭陳述によってケース・ストーリーを印象づけることが重要なのである。

A イントロダクション

　事実認定者とりわけ裁判員は、証人がどんな人なのか、そして、その証人がなぜ登場したのかを知りたがっている。これは人が最初に誰かに出会うときに自然と沸き起こる欲求である。こちら側の証人の話に事実認定者の注意を惹きつけ、それを理解してもらうために、まずこの欲求に答えるべきである。まずはじめに、証人が誰であり、証言台に登場した理由を証人自身に語ってもらおう。

　　弁護人：名前を述べてください。
　　証　人：山田太郎です。
　　弁護人：お年は？
　　証　人：35歳になりました。
　　弁護人：お仕事は何をしていますか。
　　証　人：会社員です。
　　弁護人：お住まいはどちらですか？
　　証　人：埼玉県春日部市に住んでいます。
　　弁護人：山田さんにこの法廷にご足労いただいた理由を裁判員の皆様にご説明いただけますか。
　　証　人：平成29年10月30日に自宅の近くのスーパー・マルヤで喧嘩があり、たまたまその一部始終を私は見ていたのです。私が見たままを話して欲しいということです。

B 自己紹介

　主尋問の冒頭で、その証人が共感できる人物であり、その話は聞くに値するものであることを印象づけなければならない。証人が専門家である場合は、彼女がこれから証言しようとする専門領域について十分な学識経験を有しており、その意見が価値のあるものであること[7]を事実認定者に知ってもらわなければならない。

　証人の身分や経歴というような予備的な事項は誘導尋問することが可能であるが（刑訴規則199条の3第3項但書1号）、事実認定者の共感を得るという目的のためにはできるだけ誘導は避け、証人自身に自己を語らせるべき

7　これらは専門家証言の証拠能力の要件の1つでもある。第12章参照。

第5章　主尋問　67

である。尋問者が証人の経歴を読み上げて証人が「はい、そうです」と答えるだけでは、記録に残すためのただの儀式に過ぎない。それでは事実認定者に何の印象も残すことができず、証人と事実認定者との間の共感は生まれない。

　ほとんどの証人はそれまで法廷で証言するという経験をしたことがない。あらかじめ打合せをしていたとしても、法廷の雰囲気に圧倒され、非常に緊張している。そうした証人に対して、自分の経歴というような簡単に答えられる質問をいくつかして答えてもらうことを通じて、ウォーミングアップをしてもらうという効果もある[8]。

　　弁護人：本題に入る前に、あなたの経歴について伺います。出身はどちら
　　　　　　ですか。
　　証　　人：静岡県裾野市の出身です。
　　弁護人：学校はどちらを出ていますか。
　　証　　人：県立××工業高校を平成 17 年 3 月に卒業しました。
　　弁護人：学校を出てからどのようなことをしましたか。
　　証　　人：○○自動車販売会社に 3 年勤めました。
　　弁護人：その後は？
　　証　　人：平成 20 年 4 月から△△建設で現場監督をするようになりました。
　　弁護人：仕事の内容はどのようなものですか。
　　証　　人：建築現場の職人の手配と現場監督です。
　　弁護人：ご家族は？
　　証　　人：妻と中 3 と小 5 の娘がいます。

　このようなありふれた自己紹介によっても、事実認定者の心の中に証人がわれわれと同じ社会人であり、平均的な家庭人であるというイメージが作られ、彼らとの間の共感が生まれるのである。

　証人が普通の人の共感を得られそうもない部類の人物――例えばヤクザ者とか受刑者――である場合はどうか。そのような人物でも自己紹介は必要である。むしろ、偏見をもたれやすい属性の人物こそ、その偏見を払拭するために自らを語る必要がある。自身の経歴と境遇を率直に語るその姿勢が真摯

8　Murray, *supra* note 2, p.118.

なものである限り、事実認定者はその証人の話に耳を傾けようとするだろう。しかし、前科は通常の場合証言のテーマや証人の信用性とは無関係であり、むしろ予断偏見をもたらしやすい事項であるから、主尋問でそれを訊き出す必要はないし、反対尋問で訊かれたら適切に異議を申し立てるべきである。

C　主題

　次に、証人が語るべき主題を明確にする。尋問が何を目指しているのかを事実認定者に明確に伝えるのである。これは証人尋問における「見出し」である。尋問者が端的に主題を語るだけで良い。「……についてうかがいます」と宣言するだけで十分である。

> 弁護人：山田さん、それではあなたと加藤浩次さん（被告人）との関係についてうかがいます。加藤さんとはいつごろからの付き合いですか。
> 山　田：高校の同級生です。
> 弁護人：高校卒業後はどうですか。
> 山　田：彼は関西方面の会社に就職したので、卒業後はあまり会わなくなりました。
> 弁護人：最近はどうですか。
> 山　田：＊＊＊

　「見出し」を付けるという方法のほかに、尋問の形式で主題を明示することもできる。直前までの尋問群との区別を明らかにするために、少し間を空ける必要がある。間を空けるだけではなく、「それでは……」とか「次に……」というような言葉を入れると、話題の移行が明確に伝わる。

> 問：それでは、平成28年10月1日午後3時頃あなたはどこにいましたか？
> 答：秋葉原駅の近くにある喫茶店にいました。
> 問：何という名前の喫茶店ですか。
> 答：カプチーノです。
> 問：そこで何を見たのですか？
> 答：問題の喧嘩を見ました。

第5章　主尋問　69

主題明示の尋問として次のような例を非常にしばしば見かける。

問：それでは事件当日のことをうかがいます。＊＊＊

問：事件の日である平成28年10月1日の午後3時頃あなたはどこにいま
　　したか？

この尋問にはいくつかの問題がある。証人が事件の関係者であるとは限ら
ない。偶然事件を目撃した傍観者かもしれない。そもそも、事件を語りに来
た証人ではないかもしれない。事件を語る証人だとしても、証人はまだ一言
も「事件」のことを語っていない。これから語るのだ。何も語っていないの
に、「事件」を所与のものとして尋問するというのは不自然であり、誘導尋
問と言える。

主題の立て方がまずいために、主尋問が台無しになってしまうことがある。
アリバイ証人のように日付や時刻が争点になるときは、ここで日付を示して
しまうと、証言の価値が大幅に減殺されてしまう。

弁護人：あなたは平成28年10月1日午後3時頃どこにいましたか。
証　人：職場近くの喫茶店にいました。
弁護人：何という名前の喫茶店ですか。
証　人：カプチーノです。
弁護人：誰かと一緒でしたか。
証　人：加藤浩次君と一緒でした。

これではアリバイ証言としての価値はあまりない。もっとも肝心な日付と
時刻を誘導してしまったからである。こうした主題について肝心の部分を誘
導しないで証言を引き出すためには、例えば次のように質問すればよい[9]。

弁護人：「カプチーノ」で加藤さんを見たのはいつですか。まず、それが
　　　　いつ覚えているかどうかについてだけ、お答えください。

9　キース・エヴァンス（高野隆訳）『弁護のゴールデンルール』（現代人文社・2000）
　　105頁参照。

70

証　人：覚えています。

弁護人：なぜ覚えているのですか。

証　人：その日は私の結婚記念日でした。

弁護人：それでは、あなたが「カプチーノ」で加藤さんを見た日付をお答えください。

証　人：平成 28 年 10 月 1 日でした。

弁護人：あなたが加藤さんを見たときあなたは何をしていたのですか。

証　人：加藤さんとお茶を飲んでました。

弁護人：その時間帯ですが、まず、それを覚えているかどうかお答えください。

証　人：覚えています。

弁護人：なぜ覚えているのですか。

証　人：私は「カプチーノ」の近くの建築現場で仕事をしていたのですが、午後の休憩時間に入ってお茶を飲みに行ったからです。

弁護人：では、何時頃か言ってください。

証　人：午後 3 時から 4 時の間の 1 時間です。

D　舞台設定

　証人が語る物語の中心は出来事である。それは人や物の一連の動き（動作）によって構成される。しかし、動作は真空の中で起こるのではない。動作を生き生きと描くためには、それがどのような情況の中で行われたのかを描く必要がある。まず舞台を設定してから、動作をするのである。動作が行われる場面のイメージを事実認定者の脳裏に作っておいて、それから動作の証言に移る。まず、舞台をつくり、そこで役者に演技をさせるのである。

　舞台設定のない、動作だけの尋問というのは、例えばこんな感じである。

弁護人：加藤さんとどこであったのですか。

証　人：店に入ったら、そこにいたのです。

弁護人：それで？

証　人：「おお、加藤じゃないか」と声をかけました。

弁護人：その後どうしたんですか？

証　人：彼が座っているテーブルに私も座って、一緒にお茶を飲みました。

＊＊＊

周囲の情況についていくつかの情報を付け加えるだけで、証言はイメージ豊かなものとなり、印象深いものとなる。

弁護人：「カプチーノ」はどこにあるんですか。
証　人：JR 秋葉原駅から歩いて 3 分、昭和通り沿いにあります。
弁護人：広さはどのくらいですか。
証　人：テーブル席が 10 個くらい。
弁護人：その時のお客さんの入りはどうでした。
証　人：がらがらでした。3〜4 人ぐらいの客しかいませんでした。
弁護人：それでは、どのようにして加藤さんと会ったのか、説明してください。
証　人：私はコーヒーを飲もうと思って、一人で店に入ったのです。そしたら、加藤くんがいました。
弁護人：加藤さんは何をしていたのですか。
証　人：一人でテーブルに座り、お茶を飲んでました。

舞台設定と動作の順番を変えてはいけない。必ず舞台設定をしてから動作の尋問をするようにしよう。また、動作の証言をさせながら舞台の説明をさせてはいけない。動作の途中で舞台設定が入ると、動作部分の証言の流れがとまってしまう。スムーズに行かず、事実認定者はイメージを作りにくい。

ここであまりディテールにこだわり過ぎてはいけない。それは退屈であり、事実認定者に過剰な負担をかけることになる。ここでは要するに、動作が行われる舞台のイメージを事実認定者に抱いてもらえば良い。現場の詳細な叙述が必要な場合は、一度動作の証言を終えてから、その部分に戻るべきである[10]。

後に説明するように、図面や拡大写真などのビジュアル・エイドを利用すると、イメージを得られやすいし、時間の節約にもなる。あらかじめそのようなビジュアル・エイドを用意して、それを利用して尋問することについて検察官の同意を得ておくべきである（刑訴規則 199 条の 12 第 2 項、同条の 10 第 2 項）。

10　Lubet, *supra* note 2, pp.59-60.

E　動作

　被告人自身に事件の現場での行動を語らせるというように、証人が自分の動作を語る場合もあれば、目撃証人のように他人の動作を客観的に説明する場合もある。アリバイ証人のように、人の動きそのものよりも、いつからいつまでどこに居たのかをリアルに語らせなければならない証人もいる。そして、専門家証人のように、そもそも出来事を語るのではなく、意見とその根拠を語りに来る証人もいる。自身の動作を語る証人の場合には、事実認定者に証人の動きや感情を追体験させることを目指す。目撃証言やアリバイ証人の場合はその人の動きや感情は重要ではない。むしろ邪魔である。この場合は事実認定者を、物や人の動きを捉えるカメラそのものにすることを目指す。どのような証人であれ、証人を通じて事実認定者に出来事を追体験させることを意識しよう。

　正当防衛を主張する被告人に対する主尋問を考えてみよう。

　　弁護人：その男はなんて言いましたか。
　　被告人：「見つけたぞ。この野郎！」と言いました。
　　弁護人：声の調子はどうですか。
　　被告人：大声で怒鳴るような感じでした。
　　弁護人：男はその後どうしました。
　　被告人：私に向かって突進してきました。
　　弁護人：突進してきてどうしました。
　　被告人：いきなり殴りかかりました。

　このような尋問では、被告人自身の体験や感情を事実認定者に伝えることはできない。被告人の体験がまるで分解写真のようにバラバラに分断されてしまっているからである。後述する「大から小へ」のテクニックを使い、まず、被告人自身に1つのシーケンスをそのまま語らせる。それから部分に光を当てるのである。

　　弁護人：男と眼と眼が合った、その後どうなったか説明してください。
　　被告人：男はいきなり「見つけたぞ。この野郎！」と怒鳴りながら、私に
　　　　　　向かって突進してきて、殴りかかってきました。
　　弁護人：「見つけたぞ。この野郎！」と怒鳴ったときの相手の様子は？

第5章　主尋問　73

被告人：真っ赤な顔で、巻き舌、大声で怒鳴ってました。
弁護人：相手はどのように殴りかかってきましたか。
被告人：全速力で走りながら拳を私の顔面に突き出してきました。

　動作の尋問で重要なのは、人や物の動きをスムーズに証言させることである。一連の動きがスムーズでなければ、明確なイメージを創り出すことができない。前述したように、動作の証言の途中で舞台の説明が挿入されると証言の流れが止まってしまう。また、いま挙げた例のように、最初から動作を細分化したり、ディテールにこだわりすぎると、動作の流れが中断してしまう。重要なディテールであるならば、動作の語りを最後まで済ませた後で、そこに戻ればよい。

　主尋問の目的は証人の記憶を一貫性と説得力をもった物語として語らせることである。多くの場合時系列で語る方がこの目的に沿う。しかし、例えば専門家証人の場合のように、項目別に語られないと理解できないという場合もある。

　イントロダクションや自己紹介の尋問は１回で済むが、主題、舞台設定、動作は１回とは限らない。複数の舞台で展開される複数の動作を証言する場合がある。そのような場合には、新しい主題（見出し）を挿入して、証人と事実認定者を新しい舞台へと誘導しなければならない。専門家証人が複数の項目について鑑定意見を述べる場合も、その都度主題を明示して、新しい事項（舞台）についての証人の意見とその根拠を証言させるのである。

F　エンディング

　新近効果という観点から、証言の最後にその証言の鍵となる事項を再確認する尋問をするのが良い。

弁護人：平成28年10月１日午後３時頃、加藤浩次さんはどこにいたということになるんでしょうか。
証　人：「カプチーノ」で私と一緒にいて、私と世間話をしていたということです。
弁護人：その記憶はどの程度確実ですか？
証　人：絶対に間違いありません。

弁護人：あなたは誰かから覚せい剤を日本に運んでほしいと頼まれたこと
　　　　がありますか。

被告人：いいえ、ありません。

弁護人：JFK 国際空港を出発するとき、自分のスーツケースが上げ底に
　　　　なっていることを知っていましたか。

被告人：いいえ、知りませんでした。

弁護人：あなたは、そのスーツケースに違法薬物が入っているかもしれな
　　　　いと考えたことがありますか。

被告人：いいえ、そんなこと思いもよりませんでした。

IV　どう訊くか

1　証人にスポットライトを当てよ

　主尋問の主役は証人である。主尋問において、事実認定者は証人の語る物
語を聞きたいのである。尋問者の説明や意見ではない。尋問者の問は、証人
の語りを引き出すためのきっかけ、刺激にすぎない。尋問者はできるだけ目
立たないようにし、事実認定者の意識が証人に集まるようにしなければなら
ない。よくできた、説得力ある主尋問では、事実認定者の印象に残るのは証
人だけである。尋問者の印象が強く残るような主尋問はできの悪い主尋問で
ある。

　尋問者は事実認定者の視界から消えて、事実認定者の視界の中心には常に
証人がいるようにする。彼らが証人の声や表情や動作を十分に捉えられるよ
うにしなければならない。したがって、証人は事実認定者の方を常に向いて
証言するようにするべきである。尋問者の中には、尋問を始める前に「私は
横から訊きますが、あなたは前の裁判長の方を向いて答えるようにしてくだ
さい」という人がいる[11]。しかし、尋問者の顔を見ないで——顔をそむけて
——証言するというのは不自然である。そのような不自然な姿勢を強要する
ことは、ただでさえ緊張している証人に余計なストレスをかけることにもな
る。証人が尋問者の方を向いていても事実認定者が証人の表情を十分捉える

---

[11]　同様の注意をする裁判長もいる。

第5章　主尋問　75

図 5-1

ことができるように、例えば、図5-1のように法壇の端に立って尋問をするのが良いだろう。この位置ならば弁護人は事実認定者の視界から消えることができる。そればかりではなく、次のような利点がある。証人は、自然とあなた（最も遠い裁判員の隣）に聞こえるように話そうとするので、証人の声は事実認定者全員に聞こえるようになる。証人は事実認定者と容易にアイ・コンタクトをとれる。あなたは、事実認定者に知られることなく、必要なときにメモを参照することができる。そして、あなたは、証言を聞いている事実認定者の様子を、彼らに知られることなく、窺うことができる（彼らが証言に集中しているか、退屈しているか、疲れているかを知ることができる）。

　主尋問においては証人の証言内容に弁護人は反応してはならない。あなたが証言の内容に応じてうなずいたり、顔をしかめたりしたら、事実認定者の注意は証人ではなく、あなたの方に向いてしまう。尋問者の「相づち」はほとんどの場合耳障りなものである。特別な目的がない限り証言に相づちを打ってはならない。

　証人にはきちんとした服装をして来るようにあらかじめ注意を与えておかなければならない。証人がヤクザだからといって、決してヤクザらしい服装

をさせてはいけない。「きちんとした」というだけでは、証人はどうしたら良いかわからないことがあるので、より具体的に「ダーク・スーツで」とか「派手なアクセサリーはしないように」「化粧も控えめに」と指示すべきである。

2　メモを見るな、証人を見よ

証人に語らせる物語をあらかじめメモにしておくのは良い。しかし、法廷で行われるべき問いと答えを逐語的に書いたメモを作るべきではない。そのようなメモを作ったとしても、決して、そのとおりに尋問しようとしてはならない。なぜなら、メモどおりの問いと答えを自然に行うことは非常に難しいからである。いかにもセリフを読み上げているような問いと、覚えたセリフを吐いているような答えが繰り返される。このような不自然な証言に事実認定者が共感することはない[12]。

どのようなメモであれ、尋問中はそれを手に持ってはならない。メモを持てばそれを見ながら尋問しがちになる。あなたの問いに証人が答えている間、あなたは証言を聞かずに次の問いを確認するためにメモに目を落とすことになる。また、メモを手にもったまま尋問していると、いかにも用意してきた事項を証人に言わせているという印象を事実認定者に与える危険がある。

用意してきたメモは手に持たずに目立たないように当事者席に置いておくべきである。そして、尋問事項を確認する必要が生じたときには、いったん尋問をやめて当事者席に移動してメモを一瞥し、もう一度もとの位置に戻って尋問を再開すれば良い。

主尋問は良質な「インタビュー」であるべきである。尋問者は証人とその物語に好奇心を持たなければならない。尋問者は証人の眼を見て短く問い、証人は物語る。証人が語る間も尋問者は証人の表情に着目し、証人の語りを聞き漏らすまいとする。次の問いはいかなる場合も証人の答えと自然な繋がりをもつものでなければならない。

12　かつての刑事裁判のように、裁判官が公判廷における尋問ではなくあとから速記録を読んで判断するのであれば、このような尋問にも意味があったのかもしれない。「実際のせりふ」を書くことを推奨する見解として、佐藤博史『刑事弁護の技術と倫理——刑事弁護の心・技・体』（有斐閣・2007）195～199頁。「本番と同じような」メモを書くことを推奨する見解として、山室惠編著『改訂版　刑事尋問技術』（ぎょうせい・2006）82頁［向井惣太郎］。

第5章　主尋問　77

3 誘導するな

主尋問においてはあなたの言葉を証人の口にはめ込んではならない。つまり、誘導してはならない（刑訴規則199条の3第3項）。語り手は証人であるから、証人が証人の言葉で物語を語らなければならないのである。そのためにはあなたはオープン・エンドな質問をしなければならない。あなたは「いつ」「だれが」「なにを」「どこで」「どのように」「なぜ」「～について説明してください」「～について述べてください」と問わなければならない。

> 弁護人：男は怒鳴り声をあげていましたか。
> 証　人：はい。
> 弁護人：男はあなたに駆け寄ってきたんですか。
> 証　人：はい。

ではなく、

> 弁護人：男の様子はどうでした？
> 証　人：怒鳴り声をあげて、私に向かって駆け寄ってきました。

でなければならない。

効率を優先し尋問時間をできるだけ短くしたい裁判官の中には、争いのない事項や予備的・前提的な事項については刑事訴訟規則199条の3第3項但書2号に基づいて、できるだけ誘導尋問を行って時間を節約すべきだと主張する人がいる[13]。しかし、この主張に与するべきではない。第1に、主尋問の目標は証人の証言に事実認定者を共感させ、証人の物語を彼らの物語として受け入れさせることである。尋問者の暗示する答えに証人が「はい」というだけの証言に事実認定者が共感することはない。証人が誰からも誘導されることなく証人自身の記憶と言葉で語った事柄こそが証人と事実認定者との共感をもたらすのである。

第2に、事実に争いがないことと、その事実を証人が自発的にかつ正確に

---

[13] 松本芳希「裁判員制度の下における審理・判決の在り方」ジュリスト1268号（2004）89頁、東京地方裁判所公判審理手続検討委員会・同裁判員模擬裁判企画委員会『裁判員が関与する公判審理の在り方』（2008年6月）12頁。

答えられることとは別物である。争いのない事実を誘導しなければ正確に答えられない人の証言の信用性は低いということもできる[14]。刑訴規則は誘導尋問することが「できる」と言っているのであり、誘導は義務ではない[15]。したがって、われわれは争いのない事項であっても誘導しないで尋問することができるし、そうすべきである——それが証人によって語られるに値する事項であるならば。

主尋問における誘導尋問の規制についてここで整理しておこう。主尋問においては原則として誘導尋問は許されない（規則199条の3第3項本文）。その理由は、証人申請者と証人とは友好的な関係にあるのが普通であり、証人申請者が一定の答えを示唆する尋問をすると、証人はたとえそれが真実に反している場合でも安易にそれに同調してしまう危険が大きいからである。

誘導尋問かどうかは尋問の実質に着目して判断されるべきである。尋問の形式はどうであれ、尋問者がある答えを欲しているという印象を証人に与えるような尋問は誘導尋問である[16]。尋問者が用いる言葉の中に答えが暗示されているような場合には誘導尋問とされることが多いであろうが、形式的にはニュートラルな言葉遣いであっても、イントネーションなどが一定の答えを示唆しているときは誘導尋問となる。書面や物の呈示が誘導尋問となる場合がある。

証人が尋問者の示唆に容易に同調してしまう危険性がないか少ない場合には、主尋問においても例外的に誘導尋問が認められる。刑訴規則は主尋問において誘導尋問が許される場合を次のように列挙している（規則199条の3第3項但書1〜7号）。

① 証人の身分、経歴、交友関係等で、実質的な尋問に入るに先立って明らかにする必要のある準備的な事項に関するとき
② 訴訟関係人に争いのないことが明らかな事項に関するとき

---

14 相手方がその主尋問において「争いがない事項」だとして誘導尋問してきたときには、必要に応じて異議を言うべきである。異議の理由としては、「当事者間で争いがないとしても、この証人が正確に証言できるかどうかは争いがないとは言えない。したがって、不当な誘導である（規則199条の3第4項、第5項）」ということになろう。
15 刑訴規則198条の2は、争いのない事実について適切な証拠調べが行われるよう努めることを求めるものであり、誘導を義務としたものではない。
16 McCormick, On Evidence 6th. ed.,（West, 2006）§6, 法曹会編『刑事訴訟規則逐条説明（第2編第3章公判）』（法曹会・1989）97〜98頁。

第5章　主尋問　79

③　証人の記憶が明らかでない事項についてその記憶を喚起するため必要
　があるとき
④　証人が主尋問者に対して敵意又は反感を示すとき
⑤　証人が証言を避けようとする事項に関するとき
⑥　証人が前の供述と相反するか又は実質的に異なる供述をした場合にお
　いて、その供述した事項に関するとき
⑦　その他誘導尋問を必要とする特別の事情があるとき[17]

　たとえこれらに該当する場合であっても、「書面の朗読その他証人の供述
に不当な影響を及ぼすおそれのある方法」によることは許されない（規則
199条の3第4項）。
　刑訴規則は、主尋問における誘導の方法として書面の「朗読」——その内
容を証人に読み聞かせること——を絶対的に禁じているが、その趣旨は伝聞
法則を潜脱して書面の内容が法廷に顕出されることを防止しようとするもの
である[18]。そうだとすると、禁止の対象を「朗読」に限る理由はない。証人
自身に朗読させることも禁止されるべきであるし、また、尋問者が「要約」
するという方法を採ったとしても、それが書面の内容を表現するような方法
（例えば、書面を手にとって「～というのが事実ではないですか」というよ
うな尋問）は、許されないであろう[19]。
　朗読禁止の趣旨は伝聞法則潜脱の防止にあるのであるから、主尋問の場合
においても、自己矛盾供述の存在を示す必要があるためにその部分を朗読す

17　7号は前各号に準ずるような場合で特に誘導尋問をする必要がある場合であり、その
　例としては、複雑な取引内容等について、証人は一応の記憶を有するが一層正確な供述
　を求める必要がある場合、証人が老年、幼年、心身の障害等のために、その記憶してい
　ることを適切に表現できないと認められる場合が挙げられている（最高裁事務総局『刑
　事訴訟規則の一部を改正する規則説明書』刑事裁判資料120号（1957）23頁、法曹会・
　前掲注16、99頁）。
18　横川敏雄「証人の尋問方法等に関する刑事訴訟規則（刑事訴訟規則の一部を改正する
　規則）の主要問題点」判例タイムズ67号（1957）21頁。
19　やや特殊なケースであるが、東京高判昭47・5・26判時683号128頁は、裁判官が、
　不同意となった警察官調書を手許に取り寄せて、これを見ながら尋問したという事案に
　ついて、「当該証人の証言以外に、その証拠能力のない証拠（供述調書）によって、裁
　判官がなんらかの心証を形成する虞れがないとはいえず、証拠裁判主義（刑訴法317条）
　を採る現行刑事訴訟法上許容せられない違法なことといわなければならない」とした（同前、
　128頁）。

ることは許される[20]。

4 証言の基礎を与えよ

専門家証人のような意見証人（opinion witness）ではなく出来事の証人（occurrence witness）は自分が直接体験した出来事とそこから推測できる事柄しか証言できないし、伝聞証言を行うこともできない（刑訴法156条、刑訴規則199条の13第2項但書3号、4号）。英米ではこのような尋問を予防するために伝統的に認められてきた異議の1つとして、「証言の基礎がない」（"lack of foundation"）という異議が認められている。それまでに現れた証言からは、証人がその出来事を体験したという事情がわからない場合にこの異議は認められる。証言の基礎を欠く尋問は前提事実の存在を暗示しているという意味で誘導尋問の一種であり、また、体験していない出来事の証言でもあるから、これらを禁じているわが国においてもこの異議は認められるべきである[21]。

　弁護人：その事故を見たときあなたはどこにいましたか。
　証　人：早稲田通りと明治通りの交差点の手前にいました。
　弁護人：そのとき明治通り側の信号は何色でしたか。
　相手方：異議あります。証言の基礎がありません。
　裁判所：異議を認めます。

この例で異議を避けるためには、信号の色を尋ねる前に次の問答がなされなければならない。

20　規則199条の3第3項但書6号。典型的には、検察官が主尋問において、証人の検察官調書を刑訴法321条1項2号後段の書面として請求する前提として、検察官調書の自己矛盾供述部分を朗読する場合である。戸田弘「反対尋問の方法・写しの証拠能力」河村澄夫ほか編『刑事実務ノート（第1巻）』（判例タイムズ社・1968）211、215頁は、この場合も含めて、「書面の朗読のもつ危険とその利益ないし必要性とのバランス問題」であり、「すべての事情を衡量した上で、むしろ書面の朗読を許すほうが適当と認められる場合には」主尋問の場合でも朗読を許すべきであり、反対尋問の場合でも不当な場合には許してはならないという。しかし、このような利益衡量基準は曖昧であり、訴訟の現場を公正に規律するルールとして適正に機能し得るとは思えない。

21　高野隆「主尋問の技術」自由と正義57巻8号（2006）51頁でこの異議を紹介して以来、この異議を認める裁判官が着実に増え、現在では多数を占めるようになった。

第5章　主尋問　81

弁護人：交差点の手前にいたときあなたはどこを見ましたか。

証　人：目の前の信号を見ました。

弁護人：明治通り側の信号は何色でしたか。

証　人：赤でした。

　証言の基礎を意識した尋問は、まず証人がその事項を語る資格があることを語らせて、次にその事項を語らせるという具合に証言が進んでいく。これによって、単に異議を回避できるというだけではなく、証言にリズムを与え、証人と事実認定者を一体化する効果をもたらし、証言全体に手堅い印象を与えることができる[22]。

5　証言をコントロールせよ

　主尋問では誘導尋問をせず、証人自身に物語を語ってもらわなければならない。しかし、証人は作家ではないし、落語家でもない。「それではあなたが見聞したことをすべて話してください」と尋ねたら、証人はただ困惑して何も語れなくなるか、どうでも良いディテールを次々に語りだして収拾がつかなくなるだろう。だから証人に無造作に語らせてはならない。あなたのケース・ストーリーを証人に語ってもらうためには、あなた自身が証人に何を語ってもらうかを考え、それを誘導せずに確実に語ってもらわなければならない。誘導尋問をせずに証言をコントロールする方法のいくつかを紹介する。

証言対象を限定する

　もっとも一般的な方法は対象を限定した上で、オープンに訊くという方法である。

弁護人：そのときの加藤さんの様子を伺います。身長はどのくらいに見えました。

証　人：170 センチくらいです。

弁護人：服装は？

証　人：ジーパンにポロシャツを来て、革のジャンパーを着てました。

弁護人：ポロシャツの色は何色でした。

22　エヴァンス・前掲注9、104 ～ 106頁。

証　人：茶色っぽかったです。

　このように対象を絞り込むことで獲得したい証言を得ることができる。単純に「そのときの加藤さんの様子はどうでした？」と訊いたら、証人は答えに窮するか、こちらが得たい証言をしないかもしれない。
　いわゆる「北海盆歌尋問」も証言をコントロールするテクニックとして使うことができる。「それから、どうしました」という問いは、決して「究極のオープン・クエスチョン」[23] ではない。「それから」という前置きを置くことで、証人は、ごく自然に、1つ前の証言で語られた場面に続く出来事を語るように導かれる。しかし、これも繰り返し使うと聞き苦しいし、単純な行動——何をしたか——だけを次々に問うことになり、尋問の焦点がケース・セオリーから外れていくことになりかねない。

五感を意識する

　証言の中核部分である「動作」の尋問に入ると、尋問者はどうしても物や人の動きばかりを尋問するようになる。「北海盆唄尋問」を多用する主尋問はその典型例である。「どうしました？」という文字どおり動作だけの尋問は単調になり、イメージを希薄なものにしてしまう。そうならないためには、動作の尋問の際にも、五感を意識して、大きさ、形、色、音、触覚、痛み、匂い、距離、時間など重要なディテールを訊くようにするのである。

　弁護人：それであなたはどうしたんですか。
　被告人：相手のパンチが当たらないように両手で顔面を覆って身をかがめました。
　弁護人：相手のパンチはどこに当たりました。
　被告人：私の腕に当たったと思います。
　弁護人：なぜそう思うんですか。
　被告人：腕に衝撃があり、痛みを感じたからです。
　弁護人：それからどうしました？
　被告人：とにかく、相手をなだめようと思って、両手を伸ばして相手との距離を取りました。

23　山室惠編著・前掲注12、9頁。

弁護人：両手を伸ばしながら何か言いましたか。

被告人：はい。「おい、おじさん、なんでオレなんだよ。オレと喧嘩して
　　　　もしょうがないでしょ」というような感じのことを必死に言って、
　　　　相手を止めようとしました。

弁護人：効果はありましたか？

被告人：いいえ、全然おとなしくなりませんでした。

弁護人：おとなしくならず、どうなったんですか。

被告人：ますます大声で叫びながら、距離を縮めてきました。

弁護人：大声でなんて叫んだんですか。

被告人：馬鹿野郎！　ぶっ殺すぞ！　と怒鳴りました。

弁護人：どこまで迫ってきました。

被告人：私の胸ぐらを摑んできました。

弁護人：どう感じました。

被告人：本当に殺されるんじゃないかと思いました。

大から小へ

　対象を限定するときに、大きなカテゴリーを聞いて少しずつカテゴリーを
小さくすることで、証人に何を答えたら良いのか明確に伝えることができる。
動作の流れを止めずに１つのシーケンスを一度に語らせ、その細部を後から
聞き返すというのも、この方法のバリエーションである。そうすることで、
重要なディテールを繰り返し証言させることができる。

弁護人：当日のあなたの服装はどんなものでした。

証　人：スーツとネクタイでした。

弁護人：スーツの色は何色ですか。

証　人：グレーです。

弁護人：柄は？

証　人：縦縞が入ってます。

弁護人：素材は？

証　人：ウールです。

6　語尾にバリエーションをつけよ

　オープンな質問の典型はいわゆる5W1H——いつ、どこで、だれが、何を、

どのように、なぜ——であるが、これ以外にもある。尋問が単調にならないようにするためには、いつも同じ型の問い（例えば、「〜ましたか」）を繰り返すのは良くない。単調すぎる問は、事実認定者の集中力を減退させる。尋問の型にバリエーションをつけることで、事実認定者の注意を持続させる工夫を心がけるべきである。

尋問のスタイルには次のようなものがある[24]。

単純質問：「6月3日の夜あなたはどこにいましたか。」
命令型：「裁判官と裁判員の皆さんに、6月3日の夜あなたがどこにいたか述べてください。」
招待型：「6月3日の夜あなたがどこにいたのか、裁判官と裁判員の皆さんに説明していただけませんか。」

しかし、主役は証人であり尋問者は背景に過ぎないことに注意しよう。尋問のスタイルや声の調子にこだわりすぎると、事実認定者の注意があなたの方に向いてしまう。はきはきと元気が良い尋問よりは、目立たない低い調子で尋問をした方が良い。

7　問いは短く、1つの問いで1つの事実しか訊いてはいけない

証人の答えに注目させるためには問いはできるだけ短いものが良い。

弁護人：そうすると、そのとき、あなたとしては、どちらの方向を向いていたことになるのですか。

ではなく、

弁護人：どこを見ましたか。

でなければならない。

質問は短いだけではなく、1つの問いでは1つの事柄しか訊いてはいけない。複数の事実を一度に訊くべきではない。

24　エヴァンス・前掲注9、98頁。

弁護人：9月10日の夜、あなたはどこで何をしていましたか。

ではなく、

　弁護人：9月10日の夜、あなたはどこにいましたか。
　証　人：自分の部屋にいました。
　弁護人：何をしていましたか。
　証　人：友人に手紙を書いていました。

でなければならない。
　特に、二重否定質問（「〜ではないのではないですか。」）は避けなければ
ならない。答えの意味がわからなくなる可能性がある。

8　重要なことは繰り返せ
　重要なポイントは繰り返し証言させて印象に残るようにしなければならな
い。しかし、単純に2度尋ねるのはわざとらしいし、重複尋問として異議の
対象となる（刑訴規則199条の13第2項但書2号）。証人の答えをオウム返
しに繰り返すのは、前述のように、耳障りであり、証言の流れを遮り、事実
認定者の注意を——非常に良くない仕方で——尋問者に集めてしまう。
　自然な繰返しの方法の1つは、「動作」の尋問を1つのシーケンスごと証
人に語らせた後で、強調したい場面に戻り、そのディテールを語らせるとい
う方法である。同じ事象を別の表現で尋ねるという方法もある。例えば、「A」
と答えたら、「Bではない」「Cでもない」と語らせる手法もある。
　「ルーピング」というテクニックは、証人が述べた言葉を次の問の中で繰
り返すことで、その表現を強調する方法である。

　弁護人：相手の男は何をしました。
　被告人：大声で叫びながらパンチを繰り出してきました。
　弁護人：パンチというのはどちらの手ですか。
　被告人：両手です。
　弁護人：両手のパンチをどのように繰り出してきたのですか。
　被告人：ボクシングのフックのような感じで交互に繰り出してきました。
　弁護人：そのフックパンチはあなたに当たりましたか。

被告人：はい、当たりました。

弁護人：パンチが当たったのはどこですか。

被告人：顔と胸です。

弁護人：パンチの威力を説明してください。

被告人：とても痛かったです。後で見たらアザができてました。

　このように、被告人が一度「パンチ」と証言したあとのすべての問に「パンチ」が含まれている。この短い尋問の中で事実認定者は「パンチ」という言葉を6回聞いているのである。

　ループイングは強調したい事柄についてだけ用いるようにしよう。答えのたびにその答えをループするのはただのオウム返しと同じであり、耳障りな尋問になってしまう。

9　重要な場面は細分化せよ

　これは「スローモーション」とも呼ばれるテクニックである。証言のもっとも中核となる出来事を印象深くするために、証言を細切れにして少しずつ進行させるのである。

弁護人：男のパンチを顔と胸に浴びて、あなたはどうしようと思いました。

被告人：とにかく相手と距離を取ろうと思いました。

弁護人：距離を取ろうと思って、何をしました。

被告人：両手で相手を押しのけようとしました。

弁護人：なぜあなたが後ろに下がらないのですか。

被告人：すぐ後ろに自転車があって下がれないのです。

弁護人：両手で相手を押しのけようとして、どうしたのですか。

被告人：両手で相手の胸のあたりを押しました。

弁護人：それで相手はどうなりました。

被告人：一旦は下がったのですが、また、ファイティングポーズをとって「この野郎」と叫びながら向かってきました。

弁護人：叫びながら向かってきた相手は何をしました。

被告人：また両手でフックパンチをしてきました。

弁護人：何発？

被告人：2、3発だと思います。

第5章　主尋問　87

弁護人：あなたはどうしました。

被告人：両手で交互にそのパンチを振り払うようにしました。

弁護人：振り払えましたか。

被告人：いいえ、また顔や胸にパンチをくらいました。

弁護人：その威力は？

被告人：先ほどと同じで強烈なものでした。

弁護人：そのパンチを受けて、あなたはどうなりました。

被告人：フラフラとよろけました。

弁護人：よろけた後、どうしました。

被告人：なんとか距離を取ろうと思い、足で相手の太ももを蹴りました。

弁護人：相手はどうなりました。

被告人：一旦は離れたのです。

弁護人：それで？

被告人：また、腕を振りかぶって、殴りかかってきたのです。

弁護人：その時の相手の様子は？

被告人：顔を真っ赤にして鬼のような形相です。

弁護人：言葉は？

被告人：この野郎、ぶっ殺してやると怒鳴ってました。

弁護人：手をどのように振りかぶったのですか。

被告人：右手の拳を頭の後ろに引いて…

弁護人：それであなたはどうしました。

被告人：夢中で右手の拳骨を繰り出しました。

弁護人：それで？

被告人：私のパンチが相手の顔に当たり、相手はヨロヨロと後ろに下がりました。

弁護人：相手はどうなりました。

被告人：一度「効かねえよ」みたいな感じでニヤリとしたのですが、尻もちを着くように倒れ、さらに仰向けに倒れてしまいました。

　動作を細切れに進行させるためには、証言の範囲を限定する尋問をすることも必要であるが、それ以上に尋問のリズムが重要である。証人の証言をよく聞き、アイコンタクトを取りながら、テンポよく問を重ねていくことで、証人の答が限定されたものになり、証言はまさに「スローモーション」の映

88

像を見ているように進行する。

このテクニックは証言の核心部分で使うべきである。決して背景的・周辺的な部分で使ってはいけない。また、前述したように、一度１つのシーケンス全体をまるごと語らせてから、その細部を順番に訊いていくほうがわかりやすい場合もある。

10　ビジュアル・エイドを使え

証言を理解しやすくしてイメージを定着するのに効果的な方法として、人形やモデル、図面などを利用する方法がある。わが国の捜査官は証人や被告人に法廷の外で「被害再現」や「犯行再現」をさせて、それを多数の写真に撮って実況見分調書や写真撮影報告書のような書類を作ることが多い。この法廷外の「再現見分」は法廷外供述であり、伝聞証拠である。しかし、法廷で再現するならばそれは伝聞ではない。警察が「再現見分」をやめようとしない理由は、それが言葉による叙述よりも事実認定者に強い印象を与えるからである。われわれも再現という供述のもつ効果を活用するべきである。

法廷で証人に示すことができる物や書類は証拠調べが済んでいるものに限られない。あらかじめ検察官に閲覧の機会を与え、裁判長の許可を受ければ、証人の証言を明確にするために、図面、写真、模型、装置等を利用して尋問することができる（刑訴規則199条の12）。全国の裁判員裁判用の法廷には、書画カメラとタッチパネルとモニターがセットになった「法廷ITシステム」が設置されている。各当事者は当事者席にあるモニターケーブルを通じて自身のパソコンを法廷ITシステムに接続することもできる。法廷ITシステムは、刑訴規則199条の12第１項がいう「装置」であると同時に、図面、写真、模型等を利用する方法の１つでもある。効果的でわかりやすい尋問をするために、われわれは法廷ITシステムの使用法に習熟しておかなければならない[25]。

証人の供述を明確にするためにビジュアル・エイドを利用する手順は次のとおりである。

①　明確にしたい供述をさせる。

25　法廷ITシステムとその使用法を解説したものとして、趙誠峰「法廷ITシステムを利用した専門家証人尋問」季刊刑事弁護84号（2015）37頁。

② ビジュアル・エイドが相手方に閲覧の機会を与えたものであることを確認する（あるいはその場で閲覧してもらう）。

③ 裁判長の許可を得る。

④ ビジュアル・エイドを利用した尋問を行う。

⑤ 作成された図面等のプリントアウトを作成する。

⑥ 図面等の調書添付を求める。

ビジュアル・エイドを利用する尋問は、利用される書面等を証人自身の表現手段として利用するものであって、利用される書面等を独立の証拠として採用するものではない。この趣旨に沿ったビジュアル・エイドの利用をするためには、それを証人に示す前に証人自身の口で供述がなされなければならないのが原則である。なぜなら、ビジュアル・エイドをあらかじめ示すことで証人が誘導される危険性があるからである。最高裁は、痴漢事件の被害者に彼女自身が捜査段階で行った「再現写真」を提示しながら行った尋問について、「証人（被害者）から被害状況等に関する具体的な供述が十分にされた後に、その供述を明確化するために」利用したものであって、刑訴規則199条の12によって写真の利用を許可した処分は適法であるとした[26]。捜査官が撮影した「被害再現写真」は被害者の供述録取書にほかならないから[27]、証人が具体的な供述を充分にするまえに、これを利用して尋問することは、「書面の朗読」を伴う不当な誘導尋問であり（刑訴規則199条の3第4項）、かつ、伝聞禁止（刑訴法320条1項）の潜脱である。

しかし、常に口頭のみによる供述が先行しなければならないというものでもない。証人自身が長年居住している自宅の平面図のように、ビジュアル・エイドによって証人が不当な誘導を受ける危険性がない場合には、口頭のみによる供述を先行させずに、図面が何であるかを確認した後は、図面を利用しながら供述を得ることも許されるであろう。

捜査官が作成した実況見分調書の添付図面を利用するときには注意を要する。立会人の説明する位置関係などの書き込みがあることがしばしばある。誘導尋問にならないように、そうした書き込みを削除したものをあらかじめ用意しておく必要がある。

---

26 最一小決平23・9・14刑集65巻6号949、952頁。

27 最二小決平17・9・27刑集59巻7号753頁。

図 5-2

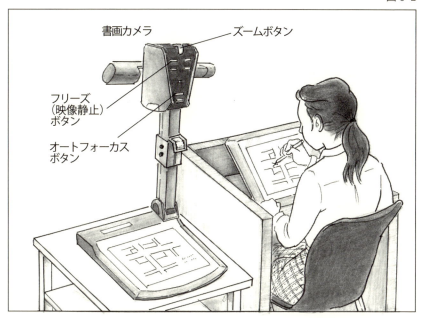

　利用できるのは証拠として取り調べられた物に限られない。尋問の前に相手方に閲覧の機会を与えた上（規則199条の12第2項、同条の10第2項）、裁判長の許可が得られれば、利用できるものに制限はない。人間の姿勢や動きが問題になる事件では人体の模型を使って証人に姿勢や動きを再現させることで証言内容は明確になる。凶器の使われ方などを示したいときは、実際に使われた刃物などを利用することについて裁判所は躊躇を覚えるであろうから、模型を利用することになる。
　図面や物を「利用」する仕方もさまざまである。図面への「書き込み」や模型を利用して「再現する」ということに限られない。例えば、証人に身振りをさせてそれを写真に撮るという方法も「装置を利用して尋問する」方法の一態様である。
　図面や物を利用して尋問をしたときは、利用した図面や写真などを証人尋問調書に引用してもらうこと（規則49条）を忘れてはならない。そうしておかないと、せっかくの証言内容が訴訟記録に残らないことになる。上訴審の裁判官は記録を見てもどのような証人尋問が行われたのか理解できなくなる。

しかし、ビジュアル・エイドを利用した尋問は、そのような記録を残すためにするのではない。また、利用した図面や物や写真が証人尋問調書に添付されたからといって直ちに証拠になるのでもない[28]。証言こそが証拠なのであり、証人自身が法廷で作成した図面や、証言の一部として引用された物でなければ、それは証拠ではない。単に尋問の際に呈示されたというだけでは証拠にはならない——証言の一部になっていない呈示物を証拠資料として利用したいときには別途証拠調べ請求をする必要がある——ことに注意すべきである。

【図面を利用した尋問の例】
　弁護人：あなたはどこで車を止めましたか。
　証　人：「浪花ホテル」の前です。
　弁護人：相手の車はどこに停まってました。
　証　人：やはり「浪花ホテル」の前ですが、私の車の 10 メートルくらい後ろです。
　弁護人：裁判長、ただいまの証人の供述を明確にするため必要がありますので、平成 27 年 8 月 20 日付実況見分調書添付の現場見取図の書き込みを削除したものを利用して尋問することを許可してください。なお、利用する図面はあらかじめ検察官に閲覧していただいております。
　裁判長：検察官、ご意見は？
　検察官：異議ありません。
　裁判長：許可します。
　弁護人：（書画カメラの下に図面をセットし、ズームボタンでサイズを調整する。決まったところで、「フリーズ」ボタンを押して、図面の画像を固定する。証言台におかれたタッチパネルの横にあるタッチペンを証人に手渡す。あらかじめ線の色や太さを調整しておく）山田さん、目の前のパネルに映っている図面はどこの図面でしょうか。
　証　人：これは、「浪花ホテル」とその前の道路の図ですね。
　弁護人：そのタッチペンで、あなたが車を停めた位置を四角で書き込み、「私

28　最一小決平 23・9・14 刑集 65 巻 6 号 949 頁。

の車」と書いてください。

証　人：はい、わかりました（書き込む）。

弁護人：車の向きを矢印で示してください。

証　人：はい（矢印を書く）。

弁護人：今度は相手の車がとまった位置を四角で書き込み、「相手の車」と書いてください。

証　人：はい（書き込む）。

弁護人：車の向きを矢印で示してください。

証　人：はい（矢印を書く）。

弁護人：裁判長、この図面をプリントアウトして、調書に添付してください。

裁判長：そうします。

　模型や証拠物などリアルな物を利用した証人尋問は、事実認定者に証言内容を鮮烈に印象づけることができる。また、リアルで印象的な物の利用は、事実に肉薄し、嘘つき証人を追い詰める。言葉では言いつくろうことはできても、リアルな現実が呈示されることで証言の決定的な矛盾が露呈してしまうことがある。法廷ITシステムを使えば、模型や物を書画カメラの下に置いて、タッチパネルとタッチペンを使って、そこに説明を書き込ませることができる。

　書面や図面や模型などの利用は誘導尋問となることが多いことに注意すべきである。例えば、言葉としては「そのとき佐藤はどこにいましたか」というオープンな尋問だとしても、図面を示しながらであれば、現場の状況はその図面のとおりだったということを前提としているので、その点に誘導が含まれている。現場の状況が図面のとおりであることについて争いがない場合は問題ないが、争いがある場合は、主尋問においては許されない誘導尋問ということになる（規則199条の3第3項但書2号参照）。反対尋問においても、前提を欠いた誘導（誤導）として不相当とされる可能性がある（規則199条の4第4項）。

　呈示した見取図に立会人の指示説明（関係者の位置関係や距離）が記載されている場合は、答えそのものが図面に示されているのであるから、より直接的な誘導尋問である。しかも、これは立会人の供述を記録したものであるから、「供述を録取した書面」に他ならないのであって、これを証人に示す

第5章　主尋問　93

のは書面の朗読（規則 199 条の 3 第 4 項）や供述録取書の呈示（規則 199 条の 11 第 1 項括弧書）と実質的には同じであって、不相当な誘導である。

　目撃状況を再現させそれを写真に撮るという方法の尋問にも誘導（誤導）を伴うことがあることに注意する必要がある。例えば、人形を被告人に見立て、証人に被害者役をさせて、「あなたが目撃したときの被告人と被害者の状態を示してください」という尋問を考えてみよう。この場合、被告人＝人形、被害者＝証人という誘導が含まれているわけだが、被告人の身長や体格が人形と同じだという保証はないし、同じく被害者と証人が同じだという保証もない。被告人が被害者の腹を膝蹴りしたというような事件では、膝の位置や打撃を受けた腹の位置関係が問題となるので、これは致命的な誤導になってしまう可能性がある。さらに、目撃者がそのとき被告人と被害者の身体のすべての部位を目撃していたとは限らない（通常それはあり得ない）のであるから、全体の再現を求めることは多かれ少なかれ推測や意見を求める尋問を含むことになる。したがって、証人に再現させる前にその証人がどの範囲の事柄を目撃していたのかを確定して、再現が、許される推測（刑訴法 156 条 1 項）の範囲にとどまることを確認する必要がある。それをせずに、いきなり全般的な再現を求めるのは「証言の基礎がない尋問」ということになる。

【模型を利用した尋問の例】

　検察官：小百合さん、あなたが襲われたとき、犯人は包丁をどちらの手で持っていましたか。

　小百合：右手です。

　検察官：どのように持っていましたか。

　小百合：柄の部分を上から持つ感じです。

　検察官：刃先はどちらを向いていました。

　小百合：私のお腹の方を向いていました。

　検察官：裁判長、証人の供述を明確にするため必要がありますので、包丁の模型を利用して尋問することを許可してください。包丁の模型は既に弁護人に開示済みです。

　裁判長：弁護人、ご意見は？

　弁護人：検察官は、包丁の模型を利用して何をしたいのかわかりません。

　裁判長：検察官、いかがですか。

検察官：模型を使って犯人が包丁を構えていた様子を証人に再現していた
　　　　だきたいのです。
弁護人：証人の体格や身長などが犯人と同じであるという証拠はありませ
　　　　ん。誤った印象をもたらす危険があります。
裁判長：犯人が包丁を持っていた部分のみを証言する方法として模型を利
　　　　用することを許可します。裁判員の皆さん、これから行われるこ
　　　　とは、犯人の包丁の握り方を証明する証拠としてだけ意味があり
　　　　ます。犯人の行動全体を証明する証拠として考慮しないでくださ
　　　　い。
検察官：それでは、小百合さん、立ってください。この包丁をあなたが見
　　　　た犯人と同じように持ってください。
小百合：（包丁を右手で握り腰のあたりで構える）こんな感じです。
検察官：この状態を写真に撮って、その写真を調書に添付してください。
裁判長：そうします。

　証人自身に出来事を身振りなどで再現させ、その内容をメジャーで計測し
たりして正確に記録に残そうとすると、それは検証ではないかというクレー
ムを受けることが時々ある。例えば、次のような場合である。

弁護人：あなたは、山下さんから太ももに膝蹴りされたということですね。
証　人：はい、そうです。
弁護人：では、あなたが膝蹴りをされたという部位を示していただけます
　　　　か。
証　人：はい。（人差し指で示す）
弁護人：証人の証言内容を明確にするために、床からの位置をメジャーで
　　　　測定し、メジャーを当てた状態を写真撮影することの許可を求め
　　　　ます。

　このやり取りは、証人が過去に体験した膝蹴りの被害の事実をその記憶に
基づいて表現する方法としてメジャーや写真を利用するものであり、これは
あくまでも証言であって、検証ではない。証人が指さした部位やその周辺の
現在の状態が実質性のある事実であるというのであれば、それを認知し記録
する手続は検証と言うべきであるが、上の例では現在の太腿の状態は問題で

はなく、過去の体験事実を報告する方法として指で膝を指しているのであり、それは「動作による供述」に他ならず、メジャーや写真は「供述の記録」に過ぎないのである。

11　弱点を説明させよ

どのような証人にも弱点が1つや2つは必ずある。その弱点が主尋問で全く触れられずに反対尋問で突然登場するというのは避けるべきである。それでは弱点が印象的になるし、主尋問で触れなかったことがアンフェアだと思われる危険がある。

だから検察側が攻撃してくることが予想される弱点、とりわけ、重要な自己矛盾供述については、主尋問の中で説明をさせなければならない。弱点の印象を薄めるためには、尋問の中間部分でそれに触れるのが良い。証言の最初と最後の部分は事実認定者の印象に残りやすいからである。そして、弱点の説明に至るまでの段階で、その証人が誠実な人物であることを印象づけ、事実認定者が証人を身近な人物であると感じられるようにしておく。こうすることで、事実認定者は証人の弱点を好意的に受け取ることが期待されるのである[29]。

しかし、説明はあまり念入りにしないほうが良い。あまりにも弁解がましい説明はかえって弱点を際立たせる。いずれにしても反対尋問で尋ねられるのであるから、最終的な説明は反対尋問の際にさせた方が効果的である。

相手方が突いてこない可能性が大きい事項や証言のテーマと関連性の薄い弱点は主尋問で触れる必要はない[30]。特に、証人の前科などを主尋問の際に持ち出すのはやめるべきである。

V　尋問メモ、リハーサルなど

1　セリフではなく、項目をメモする

前述のように法廷での尋問はメモを見ながら行ってはならない。証人に語らせる事項を訊き漏らさないためにあらかじめメモを作成する必要があるとしても、尋問中はそのメモを離れた場所、例えば当事者席の上においておく。

29　Lubet, *supra* note 2 at pp.61-62.

30　Keeton, *supra* note 2, at pp.54-55; Lubet, *supra* note 2, at p.61.

96

それを参照しながら尋問するのではなく、必要なときに尋問を一時中断してメモを確認して、メモをもとの位置に戻し、メモを持たずに尋問を再開するのである。

したがって、メモは、ひと目見て内容が理解できるようなものでなければならない。尋問のセリフを書き連ねたようなメモは、一覧性がなく、瞬時に確認することができない。そのために、メモを持ったまま尋問することになりやすい。さらには、メモのセリフを棒読みするような不自然な尋問になりかねない。

証人に語らせる事項——「イントロダクション」「自己紹介」「主題」「舞台設定」「動作」に相当する事項——を見出しにして、その下に必要な細項目をメモする。

2　リハーサル

リハーサルは、可能な限り本番と同じように行うべきである。これによって証人は尋問の目的を明確に意識することができるし、本番で誘導尋問をする必要が減る。リハーサルでは、反対尋問も行う。最も熾烈な反対尋問をやるべきである。これによって証人は余裕を持って本番の反対尋問に対処することができるようになる。

しかし、リハーサルはやり過ぎてはいけない。弁護人があまりにも念入りにリハーサルをすると、証人は本番で失敗するのではないかと不安やプレッシャーを感じる。ひどい場合には、リハーサルでやったことを暗記して証言しようとする。これは絶対に避けなければならない。証人には暗記は必要がないことを説明しておかなければならない。忘れてしまっても、思い出せるように尋問するから心配は要らないと言ってあげよう。覚えたことを話すのではなく、法廷で尋ねられたときに記憶にあることを話せばよいと説明しておこう。証人が記憶ではなく、覚えたことを話そうとしていることは証言態度に表れ、事実認定者に伝わる。そのような証言は不自然であり、信用されないだろう。

あなたが用意した尋問メモを証人が欲しいと言っても絶対に断るべきである。うろたえさせるような質問は決してしないから、何も覚える必要はない、リハーサルで行ったことは一切忘れてよい、本番ではその場で覚えていることを覚えているとおりに答えればよい、そう証人に念を押しておこう。

第5章　主尋問　97

■ 第6章 ■

被告人質問

I　はじめに

　被告人質問の目的は一般の証人に対する主尋問のそれと同じ——被告人に、弁護側のケース・ストーリーの全部又は一部を語らせ、それを真実の物語として事実認定者に受け入れさせること——である。被告人質問を行う場合の技術は、基本的には主尋問や再主尋問のそれと同じであるから、それぞれの章（第5章と第11章）を参照されたい。ここでは被告人質問をするかどうかの選択とそれに関連する諸問題を扱うことにする。

　被告人質問という制度は現代では歴史的遺物と言ってよい独特の制度である。被告人質問の目的は一般の証人に対する主尋問と同じであるから、被告人を弁護側の証人として尋問することができればその目的を最もよく達することができる。しかし、現在の日本の刑事裁判ではそれができないことになっている。英米をはじめとするコモンロー系諸国では、被告人には黙秘権が保障されている一方で、自らを証人申請し、他の証人と全く同じ条件で——宣誓する：虚偽の陳述をすれば偽証罪となる：証言した事項については反対尋問に答えなければならないなど——証言する権利がある。アメリカ連邦最高裁判所は、この権利は黙秘権を保障する憲法第5修正と証人獲得のための強制手続を保障する同第6修正に基づく権利であると宣言した（*Rock v. Arkansas, 483 U.S. 44（1987）*）。

　日本の実務では被告人が自らを証人申請する権利は保障されていない。被告人は、「被告人質問」という無宣誓の供述することができるだけである。宣誓をしないだけでなく、弁護人の主尋問[1]に答えた事項についても、相手

1　宣誓の上で証言する証人に対するものと区別する意味で「主質問」などと言われることがある。

方の反対尋問[2]に対して返答を拒むこともできるとされている。こうした条件での供述であるから、当然のように、その供述の信用性は一般の証人のそれよりも低いものとみなされている[3]。これは極めて重大な問題である。多くの事件において、関連する事実を最も身近で体験し、最も詳細に語れる人物は被告人自身である。被告人の主張に沿う話ができるのは被告人だけであるということも少なくない。その人物の供述を他の証人と同一の条件で法廷に提出できないというのは、極めてアンフェアであり、この実務は憲法の強制手続条項（憲法 37 条 2 項）に違反するというべきである[4]。

　さらに、わが国の刑事裁判においては、被告人の「証言しない権利」の保障も極めて危うい状況にある。わが国の黙秘権条項（憲法 38 条 1 項）は、合衆国憲法第 5 修正の黙秘権条項を承継したものである。第 5 修正は、「何人も、いかなる刑事事件においても、自己に対立する証人となることを強制されてはならない」（"No person ***shall be compelled in any criminal case to be a witness against himself"）と定めている。この規定はスチュアート朝時代に英国の宗教裁判で行われた「**職権宣誓**」（*Oath Ex Officio*）に代表される、被告人に対する証言強制についての歴史的反省に由来するものである。その中核は、被告人に対して証言台に立たされて尋問を受けることを強制されない権利を保障することである。この権利はその後拡張されて、自己に対する刑事裁判とは異なる手続で尋問を受けるときに、個々の質問に対して答えを拒む権利を含むようになった。しかし、自己の刑事裁判においては、被告人は証言台に立つか立たないかについて完全な選択の自由があるのであり、証言台に立たないことによって如何なる不利益な推認もされてはならないし、したがって、訴追側が被告人が証言台に立たないことを陪審に向けてコメントすることは許されないのである。それこそが黙秘権の本来的な意味である（*Wilson v. United States, 149 U.S. 60*（1893））。証言台にひき立てられ尋問を受けた上で──「尋問受忍義務」を課された上で──個々の質問に対して答えを拒むことができるというだけでは、黙秘権を保障したことに

2　これも同様に「反対質問」などと言われることがある。

3　検察側証人の証言の信用性を減殺する客観的な証拠があるとか、被告人の供述を裏づける明白な証拠があるなど、特別の状況がない限り、裁判所は被告人の供述は検察側証人のそれと対立する限り信用できないと判断することが多い。対立する証言が一切なくても、裏づけのない被告人の供述は簡単に排斥されてしまうことがある。

4　高野隆「証言する権利」自由と正義 64 巻 10 号（2013）98 頁。

はならないのである。ウィルソン対合衆国（1893年）におけるフィールド裁判官の法廷意見は次のように述べている。

　　訴追に対して完全に無実の人であれば、誰でも証言台で無難に行動できるという訳ではないのである。他者に対面して怪しい行動すなわち訴追について説明しようとするときに過剰に臆病になり、神経質になって、彼自身が混乱したり困惑したりする。そのことが彼に対する予断偏見をかえって増幅してしまうということがある。したがって、どんなに正直な人でも、皆が皆、喜んで自ら証言台に赴くということではないのである。149 U.S., at 66.

　ところが、わが国の実務では、被告人が自ら法廷で供述するという選択をしないにもかかわらず、検察官が被告人質問を要求することが行われている。裁判官の中には、被告人に対して証言台に行くことを強制し、検察官に尋問させること——尋問受忍義務——を認める人がいる。被告人は宣誓はしないものの、17世紀イギリスのスターチェンバーで展開されたのと同じようなやり取りが、21世紀日本の地方裁判所において見られるのである。この実務が黙秘権保障条項に違反することは明白である。
　このように、わが国の刑事裁判においては「証言する権利」についても、「証言しない権利」についても憲法の要請にそぐわない実務が横行している。こうした実務に対して、われわれ弁護人はどのように対処したら良いのか。残念ながら、近い将来日本の最高裁がこの実務の違憲性を宣言するとは思えない。それまでの間、刑事弁護人としてできることは何なのかを考えてみたい。

II　するか、しないか

　アメリカでは被告人（依頼人）を証言台に立たせるかどうかの選択は、刑事弁護人にとって最も難しい選択の1つであると言われている[5]。それまでうまくいっていた公判が、被告人の証言によって台無しになるということは、日本の刑事弁護人も体験することである。理論的には、有罪立証の責任は検

5　Stephen Hrones and Catherine C. Czar, Criminal Practice Handbook 2nd. ed.（LEXIS, 1999）, at p.463.

察官側にあるのであるから、単に被告人の供述が信頼できないというだけで有罪を認定することはあり得ないはずである。しかし、現実には、裁判官も裁判員も、被告人の供述が信用できないということが、有罪心証への大きな要因になっている。アメリカでは被告人が証言台に立つと、彼又は彼女の前科によってその証言の信用性を弾劾することが可能になる（連邦証拠規則609）。被告人の前科は陪審の有罪心証に大きな影響を与えると言われている。日本では、公判手続が二分されていないので、事実認定者はいずれにしても有罪宣告前に被告人の前科を知ることになるから、前科の有無は証言するかどうかの判断にあまり影響しない。否認事件の場合には検察官の反対尋問は詳細かつ徹底的なものになる。自白調書や不利益事実を認めた調書などがあれば、検察官はそうした自己矛盾供述を利用して弾劾尋問を行ってくるだろう。そうした反対尋問に被告人が耐えられないのではないかというリスクもある。しかし逆に、アメリカの陪審員も日本の裁判員も、無罪を主張する被告人自身から話——実際に何があったのかの説明——を聞きたいと思っている。被告人が法廷で沈黙を続け、語ることを拒否したということを知った裁判員は、被告人は何か隠し事をしているのではないかと思うかもしれない。

　被告人には供述の義務はないし、検察官や裁判官の尋問を受ける義務もない。法廷で供述するかどうかは被告人の完全な自由である。弁護人はそのメリット・ディメリットを慎重に検討して被告人質問を行うかどうかを選択しなければならない。この選択を行うにあたって考慮すべき主要な点を指摘する。

1　検察官の立証は成功しているか

　被告人質問は公判の最終段階で行われる。その段階では検察側の立証も弁護側の反証も（被告人の供述を除いて）終わっている。もしもその段階で検察側が有罪立証に失敗しているといえるのであれば、被告人質問をする必要はない。例えば、検察側の証人が有罪立証に必要な法廷証言をせず、その法廷外供述（検察官調書など）も採用されなかった場合；有罪の根拠となる証拠物やその鑑定結果が証拠排除されたというような場合である。この場合、被告人質問によってこちら側のケース・ストーリーを積極的に立証する必要はない。むしろ、被告人質問をすることでかえって有罪の危険性を高めてしまうことになりかねない。事実認定者の視点が検察側立証の弱さから被告人供述の信用性にシフトしてしまうからである。

検察側の立証が「失敗」とまではいえないが、弱いと思える場合どうするか。その段階でどのような最終弁論ができるか考えてみよう。検察側の立証の弱点を具体的に指摘することができ、被告人を有罪とすることに合理的な疑問が残ることを説得的に論ずることができる；むしろ、弁護側のケース・ストーリーが正しいことを弁論することができるというのであれば、あえて被告人質問を行う必要はない。しかし、そこまでの弁論をするためにはなお被告人の供述が必要であるという場合には、被告人質問をすることになる。被告人が検察官の反対尋問に十分耐え得るものであり、その供述によってケース・ストーリーの立証がより強固なものとなることが確実であれば問題ないであろうが、被告人の性格や表現能力に問題があり、検察官の反対尋問によって信用性が崩される危険性がある場合、その危険性と尋問によって立証できる事項の価値とを計りにかけることになる。

　被告人の自白あるいは重大な不利益事実の承認が採用される場合には、ほとんど選択の余地がない。そうした自己矛盾供述をしたこと、あるいはそうした記載がある調書に署名したことの事情を被告人に公判廷で説明させ、その説明を事実認定者に受け入れさせない限り勝訴はあり得ない。

2　ケース・セオリーのために必要か

　こちらのケース・セオリーに必要なのかどうかを検討すべきである。被告人の認識が重要なケースでは被告人質問をすべき場合が多いであろう。例えば、殺意や違法薬物の認識や防衛の意思の有無が争点となる事件では、被告人本人がその体験事実とその際の認識を語ることが必要なことが多いだろう。正当防衛における急迫不正の侵害行為の存在は、客観的な証拠や第三者証言（例えば目撃者）によって立証することも可能であるが、被告人自身がその主観的な体験を語ることでよりリアリティがもたらされるだろう。また、それに対する反撃の相当性についての説得力も増すことが多いだろう。

　これらに対して、心神喪失による無罪を主張するケースでは、被告人の供述によってケース・セオリーを立証する必要はほとんどない。精神症状の現れについては、家族や知人の証言によって立証できる。精神障害の有無や程度に関しては専門家の証言が必要である。事件の原因となった被告人の内的体験である幻聴や妄想を公判段階で正確に語れる被告人はほとんどいない。別の問題として、精神障害のある被告人には脆弱性や表現能力の問題があることが多く、検察官の反対尋問に対して不適切な応答をしてしまいがちであ

第6章　被告人質問　103

る。事実認定者は、しかし、そうした応答を病気のせいだとは考えないことが多い。むしろ、被告人は嘘をついている、隠しごとをしているなどと考え、その供述を信頼しない方向に理解する。したがって、こうした事件で被告人質問をすることは慎重であるべきである。

3　被告人の脆弱さ

　精神障害や脳血管障害（脳梗塞など）のある人でなくても、緊張しやすい人、感情的になりやすい人、挑発に乗りやすい人がいる。物忘れの激しい人、表現能力に問題のある人がいる。そうした人を尋問しなければならないときには、十分な打ち合わせとリハーサルが必要である。検察官の反対尋問を予想してその対策を十分に行う。それでも反対尋問を乗り越えることが難しいと思われるときには、被告人質問を行わないという選択をすることも考えなければならない。

　被告人質問を行うということは、「被告人の供述は信用できるか」という論点に事実認定者を引き寄せる——検察官の有罪立証が成功したかどうかではなく、被告人の話が信用できるかによって有罪・無罪の判断をすることにつながる——ということを常に意識する必要がある。

4　判断の時期

　公判前整理手続が行われる事件では、公判開始前に被告人質問をするかどうかを決めていることが多い。公判前整理手続で被告人質問をすることが決まっているからといって、やらなければならないというものではない。検察側の立証が失敗したと考えられるときに、公判最終段階で被告人質問をしないで公判を終結させることはもちろん合法である。

　これに対して、公判前整理手続の段階では被告人質問はしないと判断し、その前提で公判が開始した後になって被告人質問を申し出ることは可能だろうか。一般的には、被告人質問の申し出は「証拠調べの請求」（刑訴法316条の32第1項）とは考えられていない。したがって、「やむを得ない事由」がないことを理由として被告人質問を制限することはできない[6]。しかし、公判前整理手続においてあらかじめ明示していない新たな主張を公判段階で掲げた上で、それに沿う被告人質問を行うことは、刑訴法295条1項の「事

6　広島高岡山支判平20・4・16高検速報平20号193、195頁。

件に関係のない事項にわたる」陳述として制限されることがある[7]。

　被告人質問をしないという選択を変更しないことが明らかな場合を除いて、公判前整理手続の段階では被告人質問をする予定であることを告げておき、その公判時間を確保しておくというのが賢明であろう。

III　反対尋問対策

　被告人質問を行うという選択をして主尋問を行った以上、検察官の反対尋問への答えを拒むべきではない。そのようなことをすれば、主尋問における被告人の供述は信用されなくなるだろう。検察官の反対尋問が主尋問と関連性がない事項に及びそれが被告人に不利益に作用するものであるならば、その間に異議を述べれば良い（刑訴規則 199 条の 4 第 1 項）。

【検察官が被告人の前科を持ち出そうとする例】
　検察官：あなたは本件の 2 週間前に大阪地裁で強姦致傷の罪で有罪判決を
　　　　　受けましたね。
　弁護人：異議あります。主尋問での証言と関連していません。
　検察官：被告人の供述の信用性に関する尋問です。
　弁護人：信用性に関する事項としても、関連性のない尋問です。
　裁判長：異議を認めます。検察官は質問を変えてください。

　仮に裁判長がこの異議を棄却した場合どうするか。その裁定が違法であるという理由で異議を申し立てる（刑訴規則 205 条 1 項但書）、供述を拒否させる、あるいはその両方を行うという選択があり得る。供述拒否権を行使する場合、被告人自身が自ら供述拒否権を行使することは困難であるから、弁

7　最二小決平 27・5・25 刑集 69 巻 4 号 636、638 〜 639 頁公判前整理手続の段階で「公訴事実記載の日時には、犯行場所［和歌山市］にはおらず、大阪市西成区内の自宅ないしその付近に存在した」というアリバイ主張を明示したものの、それ以上の具体的な主張をしなかった被告人が、公判中の被告人質問において、「その日時には、自宅でテレビを見ていた。知人夫婦と会う約束があったことから、午後 4 時 30 分頃、西成の同知人方に行った」と供述し、弁護人がさらに詳しい供述を求めたという事案について、最高裁第二小法廷は「主張明示義務に違反したものとも、本件質問等を許すことが公判前整理手続を行った意味を失わせるものとも認められず、本件質問等を同条項［刑訴法 295 条 1 項］により制限することはできない」と判示した。刑集 69 巻 4 号 638 〜 639 頁。

第 6 章　被告人質問　105

護人が代わって拒否権を行使するか、それを被告人に促す。

検察官：あなたは本件の2週間前に大阪地裁で強姦致傷の罪で有罪判決を
　　　　受けましたね。
弁護人：異議あります。主尋問での証言と関連していません。
検察官：被告人の供述の信用性に関する尋問です。
弁護人：信用性に関する事項としても、関連性のない尋問です。
裁判長：異議を棄却します。
弁護人：裁判長の裁定に異議を申し立てます。主尋問に関連していない事
　　　　項の反対尋問を認めた違法、並びに、法律的関連性のない事項の
　　　　尋問を認めた違法があります。
裁判長：検察官、弁護人の異議申立てに対するご意見は。
検察官：異議には理由がありません。
裁判長：異議申立てを棄却します。
弁護人：それでは今の検察官の問に対しては、被告人は供述拒否権を行使
　　　　します。山田さん（被告人）、いまの検察官の質問には答えなく
　　　　てもよいです。
裁判長：被告人はどうしますか。
被告人：弁護人の指示に従います。
裁判長：被告人は供述拒否権を行使するということですので、検察官は次
　　　　の質問をしてください。

　一般的に反対尋問に対する異議は、証人に語らせることを阻止しようとし
ている；何かを隠そうとしているという疑惑を事実認定者にもたらす危険性
がある。被告人質問ではこうした疑惑は一般の証人に対するものよりも大き
い。したがって、異議は慎重に行う必要があるし、行う場合にもそうした疑
惑をもたらさないように、言葉遣いや態度にも注意を払う必要がある。決し
て慌てたり、感情的に異議を述べたりしてはならない。クールに、目立たない
方法で異議を述べる。

IV　検察官、裁判官からの被告人質問要求にどう対処するか

　わが国においては、被告人質問をしないという選択を弁護側がしたにもか

かわらず、検察官の方から被告人質問を申し出るという情況が起こり得る。そして、裁判長の中には、被告人を証言台に立たせて尋問に晒したとしても黙秘権を侵害しないと考えている人がいるのも事実である。しかし、この場合に被告人を1人で証言台に行かせることは極力避けるべきである。「訴追に対して完全に無実の人であれば、誰でも証言台で無難に行動できるという訳ではない」というフィールド裁判官の言葉を思い出すべきである。

【証言台で黙秘するとどんなに悲惨なことになるかという例】

　検察官：平成29年10月8日午後4時50分の加藤組倉庫入り口の防犯カメラに映っている男はあなたではないですか？

　被告人：黙秘します。

　検察官：映像解析をした高橋先生はこの法廷でカメラに映っている男はあなたと同一人物だと証言しましたね。

　被告人：黙秘します。

　検察官：その証言に反論しないんですか。

　被告人：黙秘します。

　検察官：そのときあなたはどこに居たんですか。

　被告人：……黙秘します。

　検察官：説明できないんですね。

　被告人：……黙秘します。

　検察官：自分じゃないと言うなら、どこにいたか説明できるでしょ。

　被告人：……黙秘します。

　検察官：「犯人じゃない」というのは嘘でしょ。

　被告人：……黙秘します。

　検察官：加藤組倉庫から現金150万円と400万円相当の車を盗んだ犯人はあなたですよね。

　被告人：……黙秘します。

　尋問に答えない証人は反対尋問者のサンドバッグである。証言台に座って黙秘を続ける被告人は検察官にとって恰好の餌食である。

　被告人質問をしないという選択をした以上、全力を上げて被告人が証言台に行くのを阻止しなければならない。まず、公判前整理手続で被告人質問を

第6章　被告人質問　107

しない選択をしたときは、検察官から要請があってもそれを拒否する旨を明言しよう。弁護人の意見を採用して「被告人が質問に応じないという以上、やめましょう」という裁判長も少なからずいる。検察官の質問を認めるという裁判長の裁定に対しては、憲法38条1項違反、刑訴法311条違反を理由に異議申立てをする。

　そして、法廷でも被告人が証言台に行くのを阻止する努力を続けなければならない。

【被告人が証言台に行くのを阻止する例】

　検察官：被告人に質問したいことがあります。

　弁護人：既に申し上げているとおり、被告人質問をする予定はありません。検察官が被告人の意思を無視して被告人に質問することは憲法と法律に違反します。

　裁判長：裁判所としては被告人に黙秘権があることは承知していますが、検察官が質問することを認めます。

　弁護人：裁判所の決定は憲法38条1項、刑訴法311条に違反しますので、異議を申し立てます。

　裁判長：異議申立てに対する検察官のご意見は。

　検察官：異議には理由がないものと思料します。

　裁判長：異議は棄却します。被告人は証言台に座ってください。

　弁護人：山田さんは証言台に行きません（と言って、被告人の肩に手を置く）。

　裁判長：被告人どうですか。

　被告人：弁護人の指示にしたがいます。

　われわれのこれまでの経験では、この明確な意思表示に対して裁判長が、廷吏や刑務官に命じるなどして、強制的に被告人を証言台に連行した例はない。ここで、裁判長も検察官も被告人質問を諦める。

　しかし、当事者席に着いたまま検察官に質問させるということも考えられる。さらには、強制的に証言台に連行することを命じる裁判長がいるかもしれない。こうした場合には、検察官の問に対してすべて異議を言うことになる。

【黙秘権侵害を理由とする異議の例】

検察官：平成 29 年 10 月 8 日午後 4 時 50 分の加藤組倉庫入り口の防犯カメラに映っている男はあなたではないですか？

弁護人：異議あります。黙秘権を侵害する尋問です。

裁判長：異議を棄却します。

被告人：……。

検察官：映像解析をした高橋先生はこの法廷でカメラに映っている男はあなたと同一人物だと証言しましたね。

弁護人：異議あります。黙秘権を侵害する尋問です。

裁判長：異議を棄却します。

被告人：……。

検察官：その証言に反論しないんですか。

弁護人：異議あります。黙秘権を侵害する尋問です。

裁判長：異議を棄却します。

被告人：……。

検察官：そのときあなたはどこにいたんですか。

弁護人：異議あります。黙秘権を侵害する尋問です。

裁判長：異議を棄却します。

被告人：……。

　検察官の尋問に対して、被告人は一切応答しない。「黙秘します」とも言わない。できる限りポーカーフェイスでいるようにする。声を出したり、頷いたり首を振ったりする応答をすれば、その言葉や応答は「被告人質問調書」に記録され、「証拠」として利用される危険性がある。

　こうした一連のやり取りについては、あらかじめ被告人に説明しておく。証言台に行かないということが重要であることを依頼人に十分理解させよう。最終的に証言台に行ったときの対応についても具体的に説明しておこう。

　普通の市民（裁判員）は黙秘権という権利の存在を知っている。しかし、黙秘権を行使した経験はないであろう。法廷で黙秘権の行使を勧める弁護人の態度を見て、弁護人は何か隠そうとしている；被告人にはわれわれに聞かれたくない後ろめたい事情があるに違いない、という感想を抱く可能性がある。そうした感想から弁護側の主張立証全体が信用できないという判断に結

第 6 章　被告人質問　109

びつく可能性すらある。したがって、そうした印象を抱かせないように、できるだけクールに当然の権利行使であることを理解させるような仕方で権利行使をすべきである。

　そして、必要に応じて、被告人が供述しないことを被告人に不利益な事情として評価することは許されないことについて、裁判長から裁判員に説示（裁判員法66条3項、5項）するように申し立てるべきである。

　こちらが被告人質問をしないという宣言をしたにもかかわらず、検察官が被告人質問を求め、これに弁護人が異議を唱えたにもかかわらず、裁判長がそれを許したという場合の対応として、今述べたのとは異なる対応も考えられる。それは、最終段階で検事の質問に答えるという方法である。

【検事の尋問に答える例】
　検察官：平成29年10月8日午後4時50分の加藤組倉庫入り口の防犯カ
　　　　　メラに映っている男はあなたではないですか？
　被告人：いいえ違います。
　検察官：映像解析をした高橋先生はこの法廷でカメラに映っている男はあ
　　　　　なたと同一人物だと証言しましたね。
　被告人：はい、してました。完全に間違いです。あれは私ではありません。
　検察官：そのときあなたはどこに居たんですか。
　被告人：家でテレビを見ながら食事をしていました。
　検察官：……どんなテレビですか。
　被告人：NHKの「ダーウィンが来た！」です。毎週必ず見ています。
　検察官：「犯人じゃない」というのは嘘でしょ。
　被告人：ですから、私は犯人ではありません。

　われわれの依頼人はこの被告人質問——公判の最終段階——で初めてアリバイ供述（家で「ダーウィンが来た！」を見ながら食事をしていた）をしたことになる。これは主張明示義務に反するか。もちろん反しない。こちらは、アリバイを主張立証するまでもなく、被告人が犯人であることには合理的な疑問があることを立証することは十分に可能であると考え、公判前整理手続ではアリバイ主張をしなかったのである。被告人質問をする必要もないからしないと言って、検察官の被告人質問にも異議を述べたのである。それにも

かかわらず、被告人質問を強行したのは検察官と裁判所である。被告人は問われたことに率直に答えたに過ぎない。この返答が主張明示義務に違反しないことは明白であろう。

　検察官が被告人の新たなアリバイ主張に反論するための立証をすると言って、その証拠請求のために期日間整理の申立てをしてきたらどうするか。そうした立証には「やむを得ない事由」はないというべきである。なぜなら、被告人の反対にもかかわらず、「質問したいことがある」などと言って、「そのときあなたはどこにいたんですか」という質問をあえてしたのは検察官である。被告人はその問に正直に答えたに過ぎない。検察官が自ら被告人のアリバイ証拠を法廷に提出したのである。これは自業自得というべきであり、自ら提出した証拠に自ら反論するための立証をするなどというのは、訴訟追行上の権利の濫用というべきである。公判前整理手続終結前に証拠の取調べ請求ができなかったことについて「やむを得ない事由」など全くない。

第6章　被告人質問　111

■ 第7章 ■

証拠を採用させるための尋問

　証拠物や証拠書類を採用させる[1]ための前提事実を立証するために証人尋問が行われることがある。刑事訴訟規則はそのために書面や物を証人に呈示することができることを定めている（199条の10）。当事者主義の刑事訴訟では当事者は自らのイニシアティブで自ら選択した証拠の取調べを請求する権利がある（刑事訴訟法298条1項）。この権利の当然の要素として、規則に定めがあるかどうかに関係なく、未採用の証拠書類や証拠物を証人に呈示する権利があることは明らかである。証拠物の同一性や文書の真正を立証する場合のほか、証拠の関連性や伝聞例外を立証するための尋問がこれにあたる。さらに、既に取調べ済みの証拠物や書類の内容を証人に説明してもらうために証拠物や文書を証人に呈示することも、当事者の権利である。

1　証拠の同一性・真正を証明するための尋問

　法廷で取り調べられるべき証拠は、訴訟の帰趨に影響を与える事実の存在の蓋然性を高めあるいは低める傾向を持たなければならない。この傾向のことを関連性（relevancy）と言う。関連性のない証拠は証拠能力を持たない。そして、ある物件が関連性を認められる前提として、それが確かに提出者が主張する物件にほかならないこと——証拠の真正又は同一性——が証明（authentication or identification）されなければならない。

1　ここでいう「採用」とは裁判所の「証拠調べの決定」（刑訴規則190条1項）とは異なる。例えば、証人が他人の法廷外供述をその真実性を示すために語るにはその法廷外供述が刑訴法321条1項3号の要件を満たす必要があるが（刑訴法324条2項）、その要件を満たすならば、裁判所の決定がなくても、証人は法廷でそれを語ることができる。証人の従前の自己矛盾供述の内容を法廷に顕出する（刑訴法328条）ためには、自己矛盾供述の真正を証人が認めれば良く、必ずしも裁判所の採用決定は要らない。本章では、証拠物や証拠書類や法廷外供述などを法廷に顕出することを「採用」とよんでいる。

第7章　証拠を採用させるための尋問　113

同一性・真正の証明には2とおりの方法がある。1つは、当該物件に固有の特徴がある場合である。例えば、被告人のネームが入ったジャケットのような物の場合には、それを発見した者が証拠物を指示して「私がそのときそこで発見した物と同じです」と証言するだけで、同一性・真正の証明は十分である。また、物それ自体にユニークさがないとしても、発見収集の際に、その物自体に目印や符号を付した場合——例えば、犯行現場にあったナイフを発見押収した警察官がそのとき直ちにナイフに識別票を取り付け、そこに自分の署名と発見時刻と場所を記入したというような場合である。この場合、ナイフの発見者が法廷で「発見した時に識別票を取り付け時刻と場所を記入して、署名しました」と言い、呈示された証拠物にその標識と証人の署名を確認すれば良い。

　これらのいずれにもあたらない場合には、証拠申請者は、証拠を発見した者だけではなく、その後証拠物の保管に関与した人物の証言によって「保管の連鎖」（chain of custody）を証明しなければならない。すなわち、この場合、証拠申請者は、物の発見時から公判のときまで、あるいは、その物が鑑定に付されるまでの期間について、その物がすりかえられたり、改ざんされることなく同一性を保った状態であったことを、途切れることなく証明しなければならないのである。厳密に言えば、物件に固有のユニークな特徴がある場合でも保管の連鎖の証明が必要となる場合がある。1つは、証人がそのユニークな特徴を証言できなかった場合であり、もう1つは、その物件が鑑定に付された場合である。鑑定に付され鑑定結果を裁判所に採用させることが目的である場合は、単に鑑定対象物件が同一であるというだけでは不充分であり、発見時から鑑定までの間にその「状態」が保たれていたかどうかが問題だからである。例えば、ナイフを発見した警察官が直ちに識別票を取り付けそこに署名をしたとしても、そのナイフに付着した人血らしきものの鑑定結果を証拠とするためには、単にナイフが同一であるというだけでは足りず、発見されたときと同じ状態で鑑定に付されたことが明らかにされなければならないのである。こうした場合には、やはり保管の連鎖の証明が必要である。

　証人は自ら直接体験した事実しか証言することができず、他人の体験を伝聞に基づいて証言することは許されない。したがって、保管の連鎖を証明するためには、物件の発見収集の時から公判又は鑑定までの間にその物件の保管を担当した者全員を証人喚問し、各証人に、（1）いつ誰からその物を託されたか、（2）物の同一性を保持するためにどのような措置をとったか、（3）

自分が保管中には、その物について、改ざん、すりかえ等が起らなかったこと、そして、(4) いつ誰にその物を交付したか、を順次証言させなければならない。この連鎖が途切れたり、あるいは、証言において同一性について重大な疑問が提起されたときは、同一性・真正の証明がなかったことになる[2]。

【証拠物の同一性を立証する尋問の例】

検察官：平成26年10月1日午後2時過ぎころ、あなたはこの事件についてどのような捜査をしましたか。

鈴　木：上司から直ちに現場に急行するように指示されて、加藤健一宅に向かいました。

検察官：加藤宅で何をしましたか。

鈴　木：まず玄関先に血のついた刺身包丁が放置されていて、本件の凶器と思われましたので、遺留品として領置しました。

検察官：どのような形の包丁ですか。

鈴　木：柄の部分が木製の刺身包丁でした。

検察官：大きさは？

鈴　木：全体の長さは30センチ以上ありました。

検察官：刃の長さは？

鈴　木：20センチくらいでした。

検察官：甲7号証として申請した包丁を証人に示します。これは何ですか。

鈴　木：私がそのとき加藤宅の玄関先で発見した包丁に間違いありません。

検察官：なぜそう言えるのですか。

鈴　木：形や材質、大きさ、それから、今は干からびていますが、当時と同じ形の血痕があります。また、その日に私が作成した領置調書と同じ領置番号票が貼られています。

検察官：裁判長、甲7号証の同一性・関連性の立証は十分ですので、この段階で採用決定をしてください。

裁判長：弁護人、ご意見は？

弁護人：意見を述べる前に反対尋問をさせてください。

裁判長：どうぞ。

2　Christopher B. Muller & Laird C. Kirkpatrick, Federal Evidence, 2d ed., Vol.5 (Lawyers Cooperative, 1994) p.62-63.

弁護人：鈴木さん、柄が木製であること、全体が30センチ以上で、刃が20センチくらいという以外に、発見した包丁の特徴はなんですか？

鈴　木：……血がついていました。

弁護人：他には？

鈴　木：……その程度ですね。

弁護人：包丁の刃に銘は彫ってありましたか？

鈴　木：わかりません。

弁護人：領置番号が同じということでしたね？

鈴　木：はい。

弁護人：何番ですか？

鈴　木：……領置調書を見ればわかります。

弁護人：領置調書はあなたが作ったものではありませんね。

鈴　木：神山巡査部長が作ったと思います。

弁護人：神山さんは、包丁を発見した現場にはいませんでしたね。

鈴　木：確かに。でも、私が彼に包丁を渡して領置調書を作るように指示しました。

弁護人：包丁を発見した際に領置する前に写真を撮りましたか。

鈴　木：いいえ、署に戻ったあとで署内で見分を行い、そこで写真を撮りました。

弁護人：包丁を発見したときの状況を記録した写真や動画はないんですね。

鈴　木：ありません。

弁護人：先程見た包丁に貼ってある領置票はあなたが貼ったものではありませんね。

鈴　木：はい、神山巡査部長が貼ったのではないかと思います。

弁護人：領置票を貼る現場にあなたは立ち会ってませんね。

鈴　木：立ち会ってません。

弁護人：甲7号証の包丁を示します。鈴木さん、この甲7号証の刃には「関之孫六」という銘が彫ってありますね。

鈴　木：はい。

弁護人：あなたが発見した包丁に銘が彫ってあったかどうか、覚えていないんですよね。

鈴　木：……はい。

弁護人：甲7号証が鈴木さんが加藤宅玄関前で発見した包丁と同一である

ことの証明ははなはだ不十分です。採用には異議があります。

裁判長：甲7号証の証拠請求は却下します。

【保管の連鎖を立証する尋問の例】

検察官：平成26年10月1日午後7時過ぎころ、あなたはどこにいましたか。

神山巡査部長：署にいて、別件の捜査報告書を作っていました。

検察官：それで？

神　山：鈴木警部補が加藤宅から戻ってきて、現場で発見したという包丁を私に手渡し、領置調書を作るように指示しました。

検察官：それでどうしました。

神　山：包丁の領置調書を作りました。

検察官：包丁をどうしましたか。

神　山：領置票を貼り付けて、領置番号を記入しました。領置調書にも同じ番号を書いて、私が署名捺印して調書を完成しました。

検察官：その後どうしました。

神　山：鈴木警部補の指示で、包丁の写真を撮り、写真撮影報告書を作成しました。

検察官：あなたが見た包丁はどんな特徴がありました。

神　山：普通の包丁で、柄が木製でした。

検察官：全体の長さは？

神　山：30センチくらいでした。

検察官：刃の長さは？

神　山：20センチくらいです。

検察官：他にどのような特徴がありましたか。

神　山：刃に血痕のようなものがついていました。

検察官：甲7号証を示します。これは何ですか。

神　山：私が鈴木警部補から受け取った包丁です。

検察官：なぜそう言えるのですか。

神　山：特徴が私が見たものと同じですし、領置番号が領置調書と同じです。

検察官：写真撮影報告書を作ったあと、あなたはこの包丁をどうしました。

神　山：規則に従って、証拠品保存簿を作成して、必要事項を記入して、

第7章　証拠を採用させるための尋問　117

証拠品保存庫に持ち込みました。

検察官：その後はどうしました。

神　山：確かその翌日に、科捜研に持ち込みました。

検察官：科捜研に持ち込んだ理由はなんですか。

神　山：刃に付着した血痕ようのものの鑑定をするように、鈴木警部補か
　　　ら指示されたからです。

検察官：科捜研に包丁を持ち込むにあたって、どのような手続をしました
　　　か。

神　山：保存簿に持ち出しの記入と押印をしました。それから、科捜研に
　　　持参しました。

検察官：持参したあと何をしましたか。

神　山：科捜研の受け入れ簿に必要事項を記入して、受書に判をもらって
　　　署に帰りました。

【写真の同一性に関する尋問】

検察官：あなたのお仕事を教えてください。

黒　澤：秋葉原警察署刑事課の刑事をしています。

検察官：所属は？

黒　澤：刑事課強行犯係です。

検察官：平成 29 年 10 月 31 日午後はどこにいましたか。

黒　澤：殺人事件があったという通報を受けて鑑識と一緒に現場に向かい
　　　ました。

検察官：現場に到着したあなたは何をしました。

黒　澤：現場の写真を撮りました。

検察官：どのような写真を撮りましたか。

黒　澤：現場の建物、被害者の遺体がある部屋やその周囲の写真をとりま
　　　した。

検察官：甲 45 号証の写真 40 枚を示します。これは何ですか。

黒　澤：私がとのとき現場で撮った写真です。

検察官：なぜそういえますか。

黒　澤：私が見た現場そのものですし、このとき撮った写真の記憶がある
　　　からです。

検察官：これらの写真は当時の現場の様子を正確かつ公正に反映したもの

118

　　　　と言えますか。

黒　澤：はい、言えます。

検察官：裁判長、甲45号証の同一性と真正は証明されましたので、この
　　　　段階で採用決定をしてください。

裁判長：弁護人、ご意見は？

弁護人：証拠採用には異議ありません。

裁判長：採用します。

【音声や動画データの同一性に関する尋問】

検察官：会議室で被告人と会話したときの状況についてうかがいます。あ
　　　　なたは、被告人と何分ぐらい話しましたか。

証　人：だいたい10分くらいです。

検察官：どんな話をしました。

証　人：会社の決算をどう乗り切るかについて相談しました。

検察官：被告人はどんなことを言ってましたか。

証　人：このままでは期末の監査を乗り切ることはできない。そうなれば、
　　　　自分は社長を解任されるだろう、というようなことを言ってまし
　　　　た。

検察官：ほかには？

証　人：……売上と会社資産の評価を水増しするしかない、要するに粉飾
　　　　するしかない、という趣旨のことを言ってました。

検察官：ところで、あなたはこのときの被告人との会話を何らかの方法で
　　　　記録しましたか。

証　人：はい、スマートフォンの録音アプリを使って録音しました。

検察官：なぜそうしたのですか。

証　人：後日に私に責任が及ぶのを避けるための防衛手段として録音しま
　　　　した。

検察官：甲32号証の録音データをその同一性を立証するために必要です
　　　　ので、証人にイヤホンを使って聞いてもらいます。では、このイ
　　　　ヤホンを耳に入れてこれから再生する音声を聞いてください。
　　　　……聞きましたか。

証　人：はい。

検察官：これは何ですか。

第7章　証拠を採用させるための尋問　119

証　人：私がスマホを使ってその時社長との会話を録音したデータに間違いありません。

検察官：裁判長、只今の証言によって、甲 32 号証の同一性が立証されましたので、ここで採用決定をしてください。

裁判長：弁護人ご意見は。

弁護人：意見を述べる前に、反対尋問をさせてください。

裁判長：どうぞ。

弁護人：はい、＊＊＊。

　録音データや動画データの同一性を立証するための呈示を行う場合に注意しなければならないのは、採用決定前のデータを事実認定者に見聞させないように提示しなければならないということである。書類や証拠物、写真などは、事実認定者にその内容を知られないように証人に呈示することは容易にできる。録音や動画は、いまの例が示しているように、イヤホンや携帯できる動画再生装置を使う必要がある。相手方がこうした配慮をせず、そのまま法廷で再生しようとしたら、異議を述べてそれを阻止しなければならない。

【電子メールの同一性を立証する尋問の例】

　電子メールは発信者や受信者のパソコンやスマートフォンなどが押収され、その解析結果として証拠請求されることが多い。その場合、同一性の立証方法としては、解析を行った捜査官か発信者又は受信者の証言によることになる。企業の社内サーバーに保存されたメールについて、サーバーの管理担当者かサーバーの管理を請け負う業者の担当者が証言するということもある。社内サーバーに保存された電子メールの同一性について、管理者が証言する例を挙げる。

検察官：お仕事は何をされてますか。

証　人：ワールド・ビジネス・ホールディング株式会社の情報セキュリティ管理課にいます。

検察官：業務の内容をご説明ください。

証　人：社内のネットワーク・システムの管理業務です。

検察官：ネットワーク・システムの管理というのはどのようなことですか。

証　人：社内のネットワーク環境の保守点検全般を行います。

検察官：社員が発信したり受信したりする電子メールの送受信も会社のネットワークと関係しますか。

証　人：はい、関係します。

検察官：社員が送受信するメールの管理は誰がしますか。

証　人：私です。

検察官：社員が送受信するメールはあなたが管理するサーバーに保存されるのでしょうか。

証　人：はい、一定の容量に達するまで当社のサーバーに保存されます。

検察官：警察から社員のEメール・データの提出を求められたことがありますか。

証　人：ありました。

検察官：どなたの件ですか。

証　人：会社あてに加山三郎さんのデータの提出が求められ、上司からサーバーに保存された全Eメール・データをプリントアウトするように命じられました。

検察官：あなたはどうしました。

証　人：加山三郎さんのアドレスで保存されているメール・データをすべてプリントアウトして、上司に渡しました。

検察官：甲23号証添付の資料4を示します。これは何ですか。

証　人：私がサーバーからダウンロードしてプリントアウトしたメール・データです。

検察官：裁判長、甲23号証のデータの同一性が明らかになったので、証拠物たる書面として採用決定をお願いします。

裁判長：弁護人、ご意見は？

弁護人：反対尋問をさせてください。

裁判長：どうぞ。

弁護人：このメール・データは、要するに、kayama@worldbizhldg.com というアドレスで送受信されたメールのリストということですね。

証　人：はい、そうです。

弁護人：加山さん本人でなくても、彼のアドレスとパスワードを知っている人なら、このアドレスを使ってメールを送ったり、受信したメールを読むことは可能ですね。

証　人：はい。

第7章　証拠を採用させるための尋問　121

弁護人：会社の中にいなくても、世界中どこでもそのアドレスでメールを
　　　　送ることはできますね。

証　人：はい。

弁護人：裁判長、検察官が主張する「被告人が送受信したメールの内容」
　　　　という立証趣旨での同一性の立証は不十分だと考えます。

検察官：kayama@worldbizhldg.com が送受信したメールということでも
　　　　構いません。採用してください。

裁判長：その趣旨で採用します。

2　証拠書類を伝聞例外として採用するための尋問

　書類を伝聞例外として採用させるためには、その書類が作成名義人によっ
て作成されたこと（真正）とともに、法が定める伝聞例外に該当することの
立証が必要である。作成者が死亡その他の理由で法廷に召喚できないときや、
作成者本人が非協力的な場合には第三者を証人にする以外にないが、多くの
場合は作成者が証人となる。その証人に作成の経緯を尋問することになる。

【業務文書性を立証するための尋問】

弁護人：あなたの職業を教えてください。

丸　山：酒屋をやってます。

弁護人：お店の名前は？

丸　山：丸山酒店です。

弁護人：丸山酒店では商品を売ったことをどのように記録しますか。

丸　山：まずレジをうち、レジペーパーに記録します。

弁護人：どのように記録するんですか。

丸　山：商品に貼られたバーコードを読み取るだけです。

弁護人：レジペーパーは誰に渡すのですか。

丸　山：当然お客様です。それとは別にレジ本体にも記録が残ります。

弁護人：レジペーパーの体裁を教えてください。

丸　山：うちの店の名前とか、電話番号があり、日付と時刻、そして商品
　　　　の名称や価格があり、合計額などが記載されています。

弁護人：弁9号証として申請しているレジペーパーを証人に示します。こ
　　　　れは何ですか。

証　人：私の店でお客さんに発行したレジペーパーです。

弁護人：なぜそう言えるのですか。

証　人：ここに「丸山酒店」と表示されていますし、うちの店の電話番号があります。紙の大きさ、活字の形などがうちの店で使っているのと同じです。

弁護人：裁判長、弁9号証は刑事訴訟法323条2号に該当しますので、採用決定をお願いします。

裁判長：検察官、ご意見は。

検察官：異議ありません。

裁判長：それでは弁9号証を刑訴法323条2号該当書面として採用します。

　この尋問の後半は、弁9号証のレジペーパーが丸山酒店の業務の通常の過程で作成された書面であること（刑事訴訟法323条2号）を証明するための尋問である。このような事項は「成立、同一性」そのものではない。しかし、「これに準ずる事項」（刑事訴訟規則199条の10第1項）として書面を呈示して尋問することが許される。

　証人が作成したメモなど「過去の記憶の記録」として伝聞例外に該当する文書の成立の立証方法は、第8章で説明する。

3　証拠の内容を説明するための尋問

　許容性の要件が証明された書類や物については、その内容を事実認定者に明らかにすることが許される。刑事訴訟法は、採用された証拠書類や証拠物それ自体の取調べの方法として「朗読」や「展示」を定めている（刑訴法305条、306条）。それとは別に、これらの証拠に関係を持つ証人に証拠を呈示してその内容を説明させることは許されて良い。刑訴規則199条の10第1項はこのような尋問も——「これに準ずる事項」として——訴訟当事者の権利として認めているのである[3]。これは書類や物の証拠調べとして行われるのではなく、許容性のある証拠の内容が証言の一部になるのである。勿論、そのような証言ができるのはその書類や物の作成や発見などに直接関与した証人に限られる。そうでない人は証拠について語る資格がない。

3　最高裁事務総局『刑事訴訟規則の一部を改正する規則説明書』刑事裁判資料120号（1957）29頁。

【証拠物の状況を説明させる尋問の例】

　弁護人：甲7号証の包丁を示します。佐藤さん、これは何ですか。

　佐　藤：私が自宅の台所から持ち出した包丁に間違いありません。

　弁護人：この包丁の刃の一部がこぼれていますが、それについて説明して
　　　　　ください。

　佐　藤：これは事件とは関係ありません。半年くらい前にコンクリートの
　　　　　床に落としてしまって刃がこぼれてしまったのです。

【証拠書類の内容を説明させる尋問の例】

　弁護人：弁9号証のレジペーパーを示します。ここに「ダイジロウ・トク
　　　　　ダイ」と書いてあるんですが、これは何ですか。

　証　　人：「大二郎」という銘柄の2.7リットルのペットボトル入りの焼酎
　　　　　です。

　弁護人：その横にある「1980」というのは何ですか。

　証　　人：税抜きの大二郎の値段で、1980円という意味です。

　証人が、成立や同一性の範囲を超えて書面や物の内容に言及できるのは、その物件の許容性が証明されている場合に限られる。許容性が証明される前には、証言を通じてであれ、証拠の内容が事実認定者に伝えられることは許されない。

【許容性のない証拠物が呈示された例】

　検察官：甲7号証の包丁を証人に示します。刃の部分にある赤黒いしみは
　　　　　何ですか。

　弁護人：異議あります。甲7の同一性も関連性もまだ証明されていません。

　裁判長：異議を認めます。

　検察官はこの問いを発する前に、問題の包丁を証人が発見して領置した経緯を語り、発見した包丁と証拠物として申請された包丁との同一性を立証する証言を得る必要があったのである。証人が証拠の内容に言及する前にその証拠の許容性が証明されていなければならない。

　しかし、必ずしもその証拠調べが済んでいる必要はない。法は、証拠の内容を法廷に顕出する方法を、裁判所による採用決定に基づく取調べ（展示又

は朗読）に限定してはいない。許容性のある証拠の内容が——採用決定を経ずに——証人の口を通じて法廷に現れることを法は認めているのである。例えば、証人が被告人の自白や第三者の法廷外供述に言及しその内容を語る場合について刑訴法324条は定めている。証人が証拠決定を経ずに証拠に言及できる場合を他人の供述証拠に限定する理由はない。他人から聞いた話については証言することが許されるのに、物に残った痕跡や書面に記録された供述に言及できないとする理由はない。証人は、例えば、犯行現場に行ったらそこに刺身包丁が落ちていて、その包丁には人血が付いていたと証言することができる。包丁なしにそのような尋問ができるのに、包丁の現物を示して尋問するためにはあらかじめ包丁の証拠決定と取調べを済ませておかなければならないという理由はない。証人尋問において、ある書面や物の許容性が証明された段階で、尋問者はその書面や物を証人に呈示してその内容の説明を求めることができるのである。刑訴規則199条の10第2項はこのことを前提にした規定である。

　しかし、尋問の仕方が適切でないと、証拠の内容の説明なのか、証拠によって証言を誘導するだけなのか、区別がつかなくなってしまうことがある。

【物の呈示が誘導尋問となる例】

　検察官：そのときの鈴木さんの様子を見ましたか。

　証　人：はい。

　検察官：どんな様子でしたか。

　証　人：お腹の辺りを手で押さえてうずくまっていました。

　検察官：鈴木さんが着ているものの様子は見ましたか。

　証　人：はい。

　検察官：甲第4号証のカッターシャツを示します。

　弁護人：異議あります。誘導です。

　裁判官：異議を認めます。

　これは証拠物であるカッターシャツを呈示する前に鈴木の着衣に関する尋問が不十分なために、呈示が誘導尋問になってしまった例である。次の例と比較されたい。

【物の呈示が誘導尋問にならない例】

　検察官：鈴木さんはどんな様子でしたか。

　証　人：手で腹を押さえてうずくまっていました。

　検察官：手で押されている辺りはどんな状態でした。

　証　人：そのあたりはシャツが血に染まって赤くなっていました。

　検察官：当時鈴木さんはどんなものを着ていたのですか。

　証　人：はい、ブルーの縦縞の入ったカッターシャツでした。

　検察官：甲第4号証のカッターシャツを示します。これは何ですか。

　証　人：私が見た鈴木さんのシャツです。

　検察官：なぜそう言えるのですか。

　証　人：その色や材質、そして、赤い血のシミの様子が私が見たときのま
　　　　　までですから。

　検察官：もう一度甲4号証のシャツを示します。このシャツには赤いシミ
　　　　　がありますが、その由来を説明できますか。

　証　人：はい、できます。

　検察官：説明してください。

　証　人：はい、これは鈴木さんの出血の痕です。

■ 第8章 ■
記憶喚起のための尋問

I 記憶喚起とはなにか

　念入りに尋問者と打合せをしても、公開の法廷で証言台に座ったとたんに「ど忘れ」をする証人はいる。意図せずして初めて法廷という非日常的な空間に呼び出され、大勢の人々の注目を一手に集めるというのは、心理的に負担の大きい出来事であり、多かれ少なかれ緊張感を高める体験である。そうした状況で、言葉が思うように出ないとか、人の名前や地名が思い出せない、当然覚えているべき事柄をど忘れしてしまうという証人は少なくない。しかし、多くの証人はちょっとした言葉や隻句を聞くだけで、自分が語るべき事柄を思い出すものである。あるいは、過去に証人自身が記録したメモを見ることで記憶が蘇ることがある。こうした尋問を許すことは合理的である。しかし、この尋問方法はときに証人に不当な影響を与え、証人の記憶自体を変えてしまうことすらある。そこで、刑事訴訟規則は記憶喚起のための尋問の方法について一定の規制をしているのである。

II 誘導

　主尋問においては、原則として誘導尋問をすることは許されないが、「証人の記憶が明らかでない事項についてその記憶を喚起するため必要があるとき」には誘導尋問をすることができる（刑訴規則199条の3第3項但書3号）。しかし、「書面の朗読その他証人の供述に不当な影響を及ぼすおそれのある方法」によって誘導することは許されない（同199条の3第4項）。

　反対尋問においては原則として誘導尋問をすることできる。したがって、証人の記憶を喚起するために誘導尋問することも許されるし、誘導の方法として「書面の朗読」をすることも許される。しかし、「相当でない」方法に

第8章　記憶喚起のための尋問　**127**

よる誘導は許されない（同199条の4第4項）。刑訴規則は特に供述録取書の呈示による記憶喚起を禁じている（同199条の11第1項）。

記憶喚起のための誘導が認められる要件は、

① 出来事の際に記憶していたこと、そして、

② 証言の際に記憶を喪失していること、

の2つである。

単に証言の内容が曖昧だというだけで誘導することはできない。また、証言のとき記憶がないというだけで、出来事の際に記憶していたことが明らかでない場合も、記憶喚起のための誘導をすることはできない。

【記憶喚起の前提を欠く質問の例】

検察官：そのとき会議室にはあなたの他に何人いましたか。

証　人：4人です。

検察官：誰ですか。

証　人：鈴木さん、佐藤さん、河村さんと、ええっと誰だったかな……。

検察官：山田さんじゃないですか。

弁護人：異議あります。誘導です。

検察官：記憶喚起のために必要な誘導です。

弁護人：当時記憶していたということも、その後記憶喪失したということも示されていません。記憶喚起の前提がありません。

裁判長：異議を認めます。ただ今の検察官の質問を取り消します。

【記憶喚起の前提がある誘導尋問の例】

検察官：そのとき会議室にはあなたの他に何人いましたか。

証　人：4人です。

検察官：誰ですか。

証　人：鈴木さん、佐藤さん、河村さんと、ええっと誰だったかな……。

検察官：今忘れたということですか。

証　人：はい。

検察官：以前は覚えていましたか。

証　人：はい、つい最近まで覚えていました。緊張してしまって……。

検察官：山田さんではないですか。

証　人：ああ、そうです。山田さんです。

検察官：記憶はよみがえりましたか。

証　人：はい。

　この例では、ストレートに答えを誘導しているが、そうした誘導は証言の信憑性に疑問を持たれるかもしれない。ストレートに答えを誘導するのではなく、周辺的な出来事を尋ねて、それに答えるなかで自然と記憶がよみがえるという方が証言の信頼度は高いであろう。重要度の高い事柄であればあるほど、誘導の度合いが少ない方法をとるべきである。

【周辺的な事情から記憶喚起する例】

検察官：そのとき会議室にはあなたの他に何人いましたか。

証　人：4人です。

検察官：誰ですか。

証　人：鈴木さん、佐藤さん、河村さんと、ええっと誰だったかな……。

検察官：今忘れたということですか。

証　人：はい。

検察官：以前は覚えていましたか。

証　人：はい、つい最近まで覚えていました。緊張してしまって……。

検察官：それでは記憶を戻してもらうために質問していきますね。あなたはこの会議のあとどこに行きました。

証　人：お昼のお弁当を買いに近くのコンビニまで行きました。

検察官：誰と行きました。

証　人：あっ、山田さん……。

検察官：思い出しましたか。

証　人：はい、思い出しました。

検察官：それでは改めてお尋ねします。会議室にいた4人が誰か教えてください。

証　人：鈴木さん、佐藤さん、河村さん、それから山田さんです。

Ⅲ　呈示

1　記憶喚起の刺激には原則として制限がない

　刑訴規則は、「証人の記憶が明らかでない事項についてその記憶を喚起す

るため必要があるときは、裁判長の許可を受けて、書面（供述を録取した書面を除く）又は物を示して尋問することができる」と定めている（規則199条の11第1項）。規則は、後述する書面の場合を除いて、証人に示すことができる物件をカテゴリカリーに禁止することはしていない。証拠能力のあるものに限定してもいないし[1]、信用できるものであることをあらかじめ証明することも規則は要求していない[2]。例えば、映像を見せたり、音を聴かせることもできるし、臭気をかがせることも許されるだろう。それらが事件に直接関係するものであることも必要ない。要するに、証言の主題に関係する出来事の記憶を喚起し得る刺激でありさえすれば、原則としていかなるものであれ呈示することが許されるのである[3]。

1　反対、小野慶二「メモの証拠能力」河村澄夫ほか編『刑事実務ノート（第1巻）』（判例タイムズ社・1968）87、92-93頁。小野は、記憶喚起のために証人に示した書面は、証拠調べをすべきであり、したがって、証人に示す書面は証拠能力を持つことが必要だと主張するが、賛成できない。刑訴規則は明らかに証拠調べ未了の物件を呈示することを認めている（規則199条の11第3項、199条の10第2項）。また、この場面では、証人はあくまでも呈示されたものによる刺激によって回復した現在の記憶に基づいて証言しているのであるから、呈示物自体が証拠となり得るものに限定される理由はない。小野は、「回復された現在の記憶」と「過去の記憶の記録」の区別は理論的には可能であるが、実際には曖昧であることが多く、したがって、証言と呈示された書面とを重畳的に取調べる必要があるというのである（同前、90～92頁）。しかし、両者は区別できるのであり、区別すべきである。書面を呈示された証人が自己の記憶ではなく単に書面の内容をなぞっているに過ぎないと思える場合は、たとえその書面が証拠能力を持つものであっても、「書面の内容が証人の供述に不当な影響を及ぼす」場合として（規則199条11第2項）、その書面の呈示は禁じられなければならない。呈示される書面が独立した証拠能力を持つということと、それを記憶喚起のために呈示できるということとは全く別個の問題なのである。

2　反対、山根治「記憶の明らかでない証人に対し書面等を示してする尋問」平野龍一他編『実例法学全集刑事訴訟法〔新版〕』（青林書院・1977）238、242頁。「尋問者はまず、証人に書面の作成の経緯などについて証言させ、相手方もその作成に関し反対尋問を行い、その証言によりその正確性が認められる場合には、裁判長はこれを示すことを許すべきである。」という。この説も、前掲注1の小野の説と同様、「回復した現在の記憶」と「過去の記憶の記録」の区別を無視するものである。書面の呈示によって記憶が回復したとして証言した証人に対して、相手方にはその書面の信用性に関する尋問をする機会が保障されるべきである。しかし、そのための尋問を呈示の前に行う必要はない。反対尋問の際にその点を尋問することができるのであり、その方が通常は効果的であろう。

2　書面の利用についての制限

　主尋問における誘導尋問の方法として「書面の朗読」は禁じられる（規則199条の3第4項）。記憶喚起の方法としてもこれは禁じられる。

　さらに規則は、記憶喚起のために証人に示すことができる書面から「供述を録取した書面」を除外した（規則199条の11第1項括弧書）。「供述を録取した書面」（供述録取書）とは、供述者以外の者が供述を記録した書面のことである。捜査機関が作成する供述調書がその典型であるが、裁判所書記官が録取した証人尋問調書なども含まれる。また、既に証拠調べが終わったものも含まれる[4]。これに対して、証人が自ら作成したメモや日記のなどの書面（供述書）は、呈示可能である。

　供述録取書を除外した趣旨について立案当局者は、「書証の証拠能力について厳格な規定をおき、証言と書証との間に鋭い一線を劃している法の建前」からいって当然であると言う[5]。すなわち、証人が供述録取書の記載に迎合してその内容を自己の証言として受け容れてしまうことで、伝聞法則が形骸化するのを阻止するというのがこの除外の趣旨である。しかし、伝聞法則の形骸化を阻止するというのがこの除外の目的であるとすれば、供述録取書だけではなく、供述書も除外されてしかるべきである。この除外の趣旨を、当事者特に捜査官が作成した供述録取書を証人に示すことによる不当な影響を排除するものであると説明する見解もある[6]。しかし、そうだとすると、裁判所書記官が作成した供述録取書や証人以外の者の供述録取書が除外されることの説明がつかない。

　規則は、供述録取書を「示して尋問する」（閲読）ことを禁じているが、供述録取書排除の趣旨が伝聞排除や捜査官による圧迫の排除にあるのだとしたら、「読み聞かせ」（朗読）も同様に禁じられるべきはずである。しかし、この点でも規則の態度は一貫していない[7]。規則の制定者は、朗読と呈示を

3　McCormick, On Evidence 6th ed., (West, 2006), §9: Baker v State, 371 A.2d. 699（Md. App 1977）・「それはキプリングの一節かもしれないし、哀愁に満ちたテネシー・ワルツのリフレインかもしれない。胡桃の木を燃やした煙のにおい、コーデュロイの上を撫でる指先、チョコレート・ソーダの炭酸の甘い香、ずっと忘れていたアルバムの中の一枚の古ぼけた写真かもしれない。要するに、必要なことは、それがマルセル・プルーストが描いたような回想の引き金になり得ることである。」(id., at 704-705.)

4　最高裁事務総局『刑事訴訟規則の一部を改正する規則説明書』刑事裁判資料120号（1957）30頁、法曹会『刑事訴訟規則逐条説明（第2編第3章公判）』（法曹会・1989）107頁。

5　最高裁事務総局・前掲注4、30頁。

比較して、後者の方が証人の供述に不当な影響を与える程度が強いと考えたのかもしれないが、この区別に合理性があるとは思えない。「呈示」には「朗読」が含まれるという解釈に無理があるとしても、供述録取書の一部を記憶喚起のために読み聞かせることは、ほとんど常に証人の供述に不当な影響を及ぼす方法（規則199条の11第2項）に該当し、許されない尋問というべきであろう[8]。

いずれにしても、規則が禁じているのは「供述録取書の呈示」である。証人自身が作成したメモについては、それを呈示したり、反対尋問においてはその朗読をすることも原則として許される。また、供述録取書に添付された本人作成の書類を呈示することは許される[9]。しかし、原則的に許される書面や物の利用であっても、それが「証人の供述に不当な影響を及ぼす」（規則199条の11第2項）と判断されるときは禁止される。

3 記憶喚起の手続

記憶喚起のために書面や物を呈示するためには、あらかじめ相手方に呈示物を閲覧する機会を与えた上（規則199条の11第3項、同条の10第2項）、裁判長の許可を得る必要がある（同条の11第1項）。「あらかじめ」とは「示す前に」という意味だとされているが[10]、相手方がその呈示によって証人の

6　戸田弘「反対尋問の方法・写しの証拠能力」河村澄夫ほか編『刑事実務ノート（第1巻）』（判例タイムズ社・1968）217頁。同旨の見解として、柏井康夫「改正刑訴規則における証人尋問──特に英米法との比較における考察」ジュリスト128号（1957）12頁、山根・前掲注2、241頁、柏井康夫・堀篭幸男「メモによる供述」熊谷弘ほか編『証拠法大系Ⅳ』（日本評論社・1970）58頁。小野は、本条の趣旨を「捜査官の作成した供述録取書の信用性に対する警戒の念にもとづいている」としながら、その趣旨をさらに敷衍して、捜査官の作成したものに限らず、検察官や弁護人が証人の事前調査を行う際に証言事項に関して作成されたような書面であれば、「証人自身のメモ的なものであっても」証人に示すことは許されない、という。小野・前掲注1、91頁。

7　主尋問では朗読が禁じられる（規則199条の3第4項）が、反対尋問では呈示だけが禁じられることになる。

8　法曹会編『例題解説刑事訴訟法（3）〔改訂版〕』（法曹会・1981）239～240頁。同書は、内容を要約して誘導尋問するのが限度であるという。しかし、「要約」であっても不当な影響を及ぼすことは十分にあり得る。長岡哲次「書面等を示しての尋問」判タ676号（1988）4、7頁は「一律には決し得ない」と言い、「場合によっては検察官が自席で供述調書を手にして尋問することさえも、禁じなければならない」という。

9　柏井・堀篭・前掲注6、58頁、法曹会・前掲注8、240頁。

10　最高裁事務総局・前掲注4、29頁。

供述に不当な影響が及ぼされるかどうかについて意見を言える程度の時間的余裕が与えられるのであれば、直前であっても良いであろう。裁判長は、呈示されようとしているものが、証人の現在の記憶を喚起するのに役に立つ程度とそれが証人の供述に不当な影響を及ぼす程度を考量して、前者が後者に優るときに許可を与えるべきであろう。

尋問者があらかじめ呈示物について相手方に閲覧の機会を与えず、あるいは、裁判長の許可を求めずに呈示しようとしたのに、相手方が異議を述べず、裁判長もそれを阻止しなかった場合、その手続は違法になるのか。われわれはならないと考える。伝聞証拠であっても相手方が同意すれば証拠となる（刑訴法326条）。それと同じように、供述録取書や「証人の供述に不当な影響を及ぼす」書面や物の呈示であっても、当事者が異議を述べなければその結果に基づく証言は証拠能力をもつというべきであろう。不当な方法での「記憶喚起」を阻止するためには、弁護人は、時期を失することなく異議申立てをしなければならないのである。

記憶喚起のための呈示の要件も、次の2つである。

① その尋問事項について証人が直接体験しており、記憶していたこと、そして、

② 証言時に記憶を失っていること。

この2つの条件が示された段階で、直ちに書面や物の呈示が許されるかどうかはひとつの問題である。書面や物の呈示はいわば「最後の手段」であって、種々の角度から尋問を試みても証人の記憶が喚起されないときに初めて呈示が許されるという見解がある[11]。書面や物の呈示よりも言葉による誘導の方がインパクトが強く不当な誘導となる場合はしばしばあるのであり、書面や物の呈示を「最後の手段」と考える必要はないと思う。

【記憶喚起の前提を欠く例】

検察官：あなたはお尻のどの辺りを触られたのでしょうか。

証 人：……よく覚えていません。

検察官：裁判長、証人の記憶を喚起するため必要がありますので、証人が警察署に提出した上申書を呈示することを許可してください。

---

11 最高裁事務総局・前掲注4、30頁、法曹会・前掲注4、107頁、柏井・堀篭・前掲注6、56頁、法曹会・前掲注8、229頁。

第8章 記憶喚起のための尋問　133

弁護人：呈示には異議があります。証人が当時触られた場所を記憶していたという前提がありません。

裁判長：検察官、当時触られた場所を証人が知覚し、記憶していたのかを確認してください。

検察官：あなたは、その当時、お尻のどこを触られたのか、覚えていましたか。

証　人：……頭が真っ白になっていてよくわかりません。

裁判長：上申書の呈示は不当な誘導になるおそれがあるので、呈示は許可しません。

【供述録取書を呈示しようとする例】

検察官：あなたはお尻のどの辺りを触られたのでしょうか。

証　人：……よく覚えていません。

検察官：被害にあった当時は記憶していましたか。

証　人：はい。

検察官：今は忘れたということですか。

証　人：はい。

検察官：裁判長、証人の記憶を喚起するため必要がありますので、司法警察員作成の実況見分調書添付の写真3を呈示することを許可してください。

弁護人：呈示には異議があります。この写真は証人の供述を警察官が再現しそれを撮影するという方法で録取した書面ですから、記憶喚起のために呈示することはできません。

裁判長：呈示は許可しません。

　ここで示そうとした写真は、現場写真ではなく、証人の法廷外の供述を映像的に記録したものであるから、規則が呈示を禁じている供述録取書にあたるのである[12]。

　証人は自らの記憶に基づいて証言しなければならない。記憶喚起のための呈示は、呈示によって取り戻した記憶に基づいて証言するための手続であり、呈示された物件の内容を説明をするための手続ではない。したがって、証人

12　最二小決平17・9・27刑集59巻7号753頁。

134

が呈示された物件によって回復した自己の記憶に基づいて証言していること
がわかるように尋問しなければならない。そのためには、記憶喚起のために
書面や物を呈示した後、呈示物を証人の前から取り去り、記憶が回復したか
どうかを必ず問わなければならない。

【記憶喚起を確認する尋問の例】

検察官：あなたが現場に到着したとき、現場には誰がいましたか。

証　人（警察官）：被告人と佐藤花子と鈴木太郎がいました。

検察官：それだけですか。

証　人：他にもう１人いたのですが、思い出せません。

検察官：その人物が誰か思い出せませんか。

証　人：思い出せません。

検察官：裁判長、証人の記憶を喚起するために必要があるので、証人作成
　　　　の平成 29 年 6 月 2 日付捜査報告書を示すことを許可してください。
　　　　弁護人には書面を開示済みです。

裁判官：弁護人、ご意見は。

弁護人：異議ありません。

裁判官：呈示を許可します。

検察官：それでは、この報告書の２ページ目の「現場到着時の状況」の部
　　　　分を見ててください。

証　人：（黙読する。）

検察官：見ましたか。

証　人：はい。

検察官：それでは呈示した書類を引き上げます（引き上げる）。現場に誰
　　　　がいたかについてあなたの記憶はよみがえりましたか。

証　人：はい、よみがえりました。

検察官：それではもう一度お尋ねします。現場にいたのは誰ですか。

証　人：被告人と佐藤花子、鈴木太郎のほか、田中健一がいました。

　尋問者が証人の記憶が回復したことを確認しなかったり、呈示物を引き上
げないまま尋問を続けたりするときは、相手方は、証人が記憶に基づかずに
呈示物の内容を証言しているに過ぎないことを指摘する異議を申し立てるこ
とができる。また、相手方は、反対尋問において、証人が本当に現在の記憶

第 8 章　記憶喚起のための尋問　135

に基づいて証言したのかどうかを確認するための尋問をすることができる。
そして、その際に、主尋問において呈示された書面や物の内容を法廷に顕出
する尋問をすることもできる。この場合、証人に書面や物を示すために裁判
長の許可を得る必要はない。なぜなら、この場合の呈示は、主尋問で証人に
示された書面の同一性やその性質を明らかにするためのもの（規則199条の
10第1項）であって、証人の供述に何らかの影響を及ぼそうとするもので
はなく、また、書面の内容の真実性を立証しようとするものでもないからで
ある。ちなみに、アメリカ連邦証拠規則は、証人が記憶喚起のために用いた
書面については、相手方は反対尋問し、それを証拠として用いることができ
ると明文で定めている（FRE612（b））。

【反対尋問で呈示物の内容を顕出する例】

弁護人：あなたが現場に到着したときにいた人物の名前をもう一度言って
　　　　ください。

証　人：被告人と佐藤花子、それからえーと、鈴木太郎、えーと……。

弁護人：他には。

証　人：思い出せません。

弁護人：さっきあなたは検察官から捜査報告書を示されて「記憶が蘇った」
　　　　と言いましたね。

証　人：はい。

弁護人：本当は、記憶はよみがえっておらず、捜査報告書に書いてある名
　　　　前をその場で覚えて証言しただけではありませんか。

証　人：いいえ、そんなことはありません。

弁護人：記憶がよみがえったのなら、もう一度言ってください。

証　人：被告人と佐藤花子と、鈴木太郎。それから、……えーと……。

弁護人：えーと？

証　人：思い出せません。

弁護人：検察官が呈示した平成29年6月2日付捜査報告書を示します。「現
　　　　場到着時の状況」の欄を見てください。

証　人：はい。（見る。）

弁護人：ここには、現場に到着した際にいた人物は4名だと書いてありま
　　　　すね。

証　人：はい。

弁護人：その4人の名前も書いてある。
証　人：はい。
弁護人：先ほど検察官に示された箇所はこの部分ですね。
証　人：はい。

　公判廷で書面を呈示されるのではなく、事前の証人テストなどの機会に書面や物を呈示されたり朗読されたりして記憶を喚起した上で証言することは許されるか。事前の証人テストの際に検察官が証人の供述録取書を全文読み聞かせることは、記憶喚起のためであっても書面を朗読したり供述録取書を呈示することを禁じた刑事訴訟規則の趣旨に反して不当であるとした判例がある[13]。他方で、証人自身（警察官）が記憶が新鮮な当時に作成したメモや報告書によって当時の記憶を喚起してその記憶に基づいて証言することは問題ないとされている[14]。

　アメリカ連邦証拠規則は、証言中であるか証言前であるかにかかわらず、証人が記憶喚起のために用いた書面については、相手方はそれを閲覧し、それについて反対尋問し、あるいはそれを証拠として用いることができると定めている（FRE612（b））。さらに、刑事裁判において検察官がこの開示命令に従わなかったときは、裁判所は証言の証拠排除決定、公訴棄却決定など適切な救済措置を採らなければならないとしている（FRE612（c））。わが刑訴規則は法廷で呈示する場合についてあらかじめ相手方に閲覧の機会を与えなければならないとしているが、事前の証人テストで示した書面や物はこれにあたらないというのでは規則の要請は容易に潜脱されてしまうだろう。証人が事前テストで記憶喚起のために書面や物の呈示を受けたと法廷で証言したならば、規則199条の11第3項、同条の10第2項が準用され、相手方の要求があれば直ちに事前呈示物は相手方に開示されなければならず、それが拒否されたときには呈示によってなされた証言は証拠能力を失い、裁判所は

---

[13]　大阪高判昭58・2・22判時1091号150頁。「証人に供述録取書面の内容を暗記させてその通りに証言させるなど伝聞法則を潜脱すると認められるような事態」でない限り、証言の証拠能力は否定されないという（同前、151頁）。神戸地判昭50・4・11判時793号109頁は、供述調書を閲読した後の証言について、供述調書の内容を引き写したおそれのある供述部分については「証明力は勿論証拠能力も疑問である」とした（同前、113頁）。

[14]　東京高判昭40・7・29下刑集7巻7号1352頁。

証拠排除決定をするべきであろう（規則 205 条の 6 第 2 項、207 条）[15]。

4 「回復した現在の記憶」と「過去の記憶の記録」

　記憶喚起のための書面の呈示は、証人の記憶を喚起させて、証人に回復した現在の記憶（present recollection revived）に基づいて証言させることを目的とする。証人は書面や物の内容を証言しているのではなく、書面という刺激によって回復した現在の記憶に基づいて証言しているのである。したがって、書面は証拠となることはないし、したがってまた、示される書面が証拠能力を持つ必要もないのである。

　しかし、書面を見せても証人が記憶を回復しない場合がある。そして、記憶はよみがえらないが、その書面を作成した当時は記憶が鮮明であり、その書面は当時の記憶を正確に記録したものであるという場合もある。コモンローでは、そのような場合に、その書面自体が伝聞例外として証拠に採用されることがある。「過去の記憶の記録」（record of past recollection）とよばれる伝聞例外である。

　これが認められるためには、次の 4 つの条件を作成者自身が証言しなければならない──①その出来事について証人が直接の知識を有していること、②その書面が出来事の当時かそれに近接したときに、かつ、明確かつ正確な記憶を持っているうちに作成されたこと、③証人が現在その出来事の記憶を失っていること、そして、④証人がその文書の正確性を保証すること、がそれである[16]。

　日本の制定法はこの例外について明言していない。しかし、刑訴法 323 条 3 号は、「特に信用すべき情況の下に作成された書面」を伝聞例外としている。最高裁判所は、同号の書面は前 2 号の書面（戸籍謄本や商業帳簿など）「と同程度にその作成並びに内容の正確性について信頼できる」ものをさすのであり、「単に心覚えのため書き留めた手帳」はこれにあたらないとしている[17]。ある地裁判例は、銀行の支店次長の「営業店長日誌」について、業務上の資料とする目的で作成されたものであり、その日の業務の要点などを、

15　法曹会・前掲注 8、238 頁は、事前呈示物についても相手方に閲覧させるという「運用が望まれる」とするが、それでは不十分であり、規則の準用を認めるべきである。

16　McCormick, *supra* note 3, §279. 連邦証拠規則もこの例外を認めている。ただし、「採用された記録は、証拠として朗読することはできるが、証拠書類として提出できるのは、相手方が申請した場合に限られる」。FRE803（5）。

当日か遅くとも翌朝に主観を交えることなく箇条書きにしたものであり、「その作成目的、作成方法に照らし、誤りの入り込む余地が少なく、高度の信用性がある」として、323条3号に該当するとしたが、それと同時に、同様の地位にある者の「三年当用日記」については、業務上の出来事も記載されているが、私的な事項や主観的な所感や意見が随所に記載されていることから、「個人的な心覚えのため」のものに過ぎないとして、323条3号該当性を否定した[18]。ストーカー規制法違反の事件で、被害女性とその勤務先の同僚が、被告人が架けてきた電話や送信してきたファクシミリについて、その受信日時や内容等をその直後か間がない時期に記録したノートや一覧表について、その作成経過から見て「その過程に恣意が入り込んだと疑うべき事情はない」として、323条3号該当性を認めた裁判例もある[19]。このように判例は、作成者自身の証言によって個別的に323条3号の要件を立証することを認めている。学説の中には、本号の書面は類型的に高度の信用性が認められるもの——証人尋問をするまでもなく特信情況が認められるもの——でなければならないとして、これを否定する見解がある[20]。しかし、323条1号2号の書面についても、その要件が証人尋問によって初めて立証される場合があるのであって[21]、むしろ、作成経過等について相手方に反対尋問の機会を与えた上で、判断する方が公正であろう。

　記載の信頼性という観点から見て、業務に関する記入と私的な「心覚え」とを区別する合理性はない。むしろ他人に閲覧させることを予定せずに純粋に私的な経験として記載されたものの方が信憑性が高いということもできる。わが国においても、記憶が鮮明なときに証人自身が作成しあるいは確認した

17　最三小判昭31・3・27刑集10巻3号387、389頁。ただし、刑訴法321条1項3号の「特に信用すべき情況の下に作成された」書面にあたるという（同前、390頁）。したがって、作成者が召喚不能であり、その記述が犯罪事実の存否の証明に不可欠である場合は、証拠能力が認められる。この事案は、メモの作成者が行方不明であり、したがって「過去の記憶の記録」の前提事実を証言できないケースであった。

18　東京地決昭53・6・29判時893号8、10～11頁。

19　東京地判平15・1・22判タ1129号265、266～267頁。

20　松尾浩也『刑事訴訟法（下）〔新版〕』（弘文堂、1993）65頁、同監修『条解刑事訴訟法〔第3版〕』（弘文堂・2003）725頁。

21　2号に関して、留置人出入簿の証拠能力に関する浦和地判平元・10・3判タ717号244頁。文書が「業務の通常の過程において作成された」かどうかは作成者等を尋問しなければわからないであろう。公務員の証明文書であっても、その作成の真正が争われたら、証拠申請者は作成者等を尋問して文書の真正を立証すべきである。

メモについては、英米法の「過去の記憶の記録」と同じ条件で、刑訴法323条3号の書面として証拠能力を認めても良いだろう[22]。

　日弁連が編纂した「被疑者ノート」への記入——取調日時・取調官の氏名・取調事項・取調方法・取調官の態度など——は、取調べの直後に記入された正確な記録であることを被告人が法廷で供述するならば、「過去の記憶の記録」として、刑訴法322条1項又は323条3号の「特に信用すべき情況の下に作成された」書面として証拠能力を付与されて良い。

　公判前整理手続が行われる事件では、「やむを得ない事由」がない限り公判前整理手続終了後は新たな証拠の取調べを請求できないことになっているが（刑訴法316条の32第1項）、証人尋問の際に証人が記憶を失っている事項について、記憶喚起のためにメモを呈示したがなお記憶がよみがえらないという場合に、尋問中あるいは尋問後にこのメモを証拠調べ請求することは許されるだろうか。証人尋問請求した当事者は、証人に事実を確かめるなどして適切な尋問準備をしなければならないとされている（規則191条の3）。しかし、この尋問準備が公判前整理手続終結までに行えるとは限らない。証人の採用決定がなされてから公判期日までの間に証人テストが行われ、そのときに証人が記憶を失っていることが判明するというケースが多いのではないだろうか。また、前述のように、公判廷で記憶喪失が起こり、メモを示しても回復しないということもあり得る。そもそもメモの証拠調べの必要性は、公判廷で記憶喚起に失敗したときに初めて生じるのであるから、あらかじめ伝聞証拠であるメモの証拠調べ請求をしておくというのは、不必要な重複立証を奨励することになる。公判が開始された後はこのような証拠の取調べ請求すら許されないというのでは、立証の機会の喪失を恐れる当事者は、最初

22　同旨の見解として、栗本一夫『新刑事証拠法〔改訂版〕』（立花書房・1950）124-125頁、江家義男『刑事証拠法の基礎理論〔改訂版〕』（有斐閣・1952）118、218、220～221頁、田中和夫『新版証拠法』（有斐閣・1959）375頁、長岡・前掲注8、9頁。323条3号の適用を認めるが、証人の記憶喪失は要件とならないという見解として、小野・前掲注1、101頁、石井一正『刑事実務証拠法〔第5版〕』（判例タイムズ社・2011）218～219頁。証人が記憶喪失を理由に証言を拒否する場合は刑訴法321条1項3号の供述不能の要件を満たすという考え（最一小決昭29・7・29刑集8巻7号1217頁）に立ち、同号の要件でメモの証拠能力を認める見解として、栗本一夫『実務刑事証拠法』（立花書房・1960）103頁。この見解の下では、メモは「特に信用すべき情況の下に」作成されたものであり、かつ、「犯罪事実の存否の証明に欠くことができないものであるとき」に限り証拠能力を持つことになる。

から多量の証拠書類を請求することになるであろう。しかし、「公判前」の手続をそこまで肥大化させることには賛成できない。

　証人が記憶を失っている場合には、まず、記憶喚起のための呈示を試みる。記憶が喚起されたら、その記憶に基づいて証言することを促す。呈示をしても記憶が回復しない場合は、呈示した書面を「過去の記憶の記録」として証拠請求するかどうかを検討し、請求するという判断をしたときは、証拠能力を獲得するための尋問をすることになる。その尋問は刑訴規則199条の10を根拠とする「証拠を採用させるための尋問」（第7章参照）ということになる。

【過去の記憶の記録を証拠採用させるための尋問の例】

　弁護人：あなたは平成29年3月12日に逮捕されたのですね。

　被告人：はい。

　弁護人：そして、身柄を拘束されたまま4月2日に起訴されたのでしょうか。

　被告人：そのとおりです。

　弁護人：その間警察官や検察官の取調べを何回ぐらい受けました。

　被告人：ほぼ毎日受けました。

　弁護人：取調べの時間はどれくらいでしょうか。

　被告人：日によって違います。朝8時半ころから、夜中過ぎまで調べられたこともありますし、午前中だけのときもありました。正確な日付や時刻は思い出せません。

　弁護人：取調べの日にちや時間について何かに記録していたことがありますか。

　被告人：はい、「被疑者ノート」に記録しました。

　弁護人：取調べの際に取調官から言われたりされたりしたことは覚えていますか。

　被告人：はい、一番良く覚えているのは桜井刑事に言われた言葉です。

　弁護人：どんな言葉ですか。

　被告人：「加藤や木村は全部話している。このままお前が話さないと、お前が一番不利になる」ということは何回も言われました。

　弁護人：ほかには？

　被告人：あと、実家や会社にも行くぞと言われました。あと、弁護士を変

第8章　記憶喚起のための尋問　141

えたほうがいいということも繰り返し言われました。

弁護人：いつの取調べで、どのような言葉を言われたのか、正確に覚えていますか。

被告人：あまりにもいろいろなことがあったので、全部は覚えていません。日付や言葉づかいなどの正確な記憶はだいぶ薄れています。

弁護人：捜査官から言われた言葉もどこかに記録しましたか。

被告人：それも「被疑者ノート」に記録しました。

弁護人：記憶喚起のために山田さん（被告人）作成の「被疑者ノート」を示すことを許可してください。

裁判官：検察官ご意見は。

検察官：異議ありません。

裁判官：許可します。

弁護人：（「被疑者ノート」を示す。）これは何ですか。

被告人：はい、弁護士さんから差し入れていただき、私が毎日留置場で付けていたノートです。

弁護人：これを読んで、あなたが留置場にいた間の取調べの日時や取調官の言動の記憶がよみがえりますか。

被告人：部分的にはよみがえりますが、あまりにも出来事が多すぎてすべてを思い出すことはできません。

弁護人：このノートへの記入はすべてあなたがしたのですか。

被告人：はい。

弁護人：いつ記入しましたか。

被告人：取調べが終わって留置場に戻ったらすぐにその日の取調べの時刻や取調官から言われたことを記入しました。

弁護人：どの程度の頻度で付けましたか。

被告人：毎日欠かさず付けました。

弁護人：記録の正確性について説明してください。

被告人：正確なものです。起こったことをそのまま記入しました。

弁護人：今あなたの前にあるノートと記入した当時のノートの間に何か違いがあったらそれを説明してください。

被告人：弁護士さんから「何も付け加えてはいけないし、削ってもいけない」と言われたので、全部そのままです。

弁護人：裁判長、ただ今の山田さんの供述に基づいて、被疑者ノートを刑

訴法 322 条 1 項又は 323 条 3 号の書面として証拠請求します。この段階で採用決定をしてください。

裁判長：採用します。

弁護人：それでは、被疑者ノートの記入の内容について、質問していきます。＊＊＊

■ 第9章 ■

反対尋問

I 反対尋問の目的

　反対尋問は、相手方が申請した証人に対する尋問である。相手方の尋問
——主尋問——のあとに、「主尋問に現われた事項及びこれに関連する事項
並びに証人の供述の証明力を争うために必要な事項」について行うものであ
る（刑事訴訟規則199条の4第1項）。しかし、われわれは主尋問に現れた
事項を明確にしたり、敷衍したりするために反対尋問をするのではない。証
言の信ぴょう性を吟味するために尋問をするのでもない。われわれの知らな
い、証人にしか語れない「真実」を明らかにするために反対尋問するのでも
ない。われわれは訴訟に勝つために反対尋問するのである。他のすべての法
廷活動と同様に、相手方ではなくこちらのケース・セオリーが正しいことを
事実認定者に受け容れさせるために反対尋問を行うのである。
　刑事裁判において検察側の証人に対して反対尋問を行うことは被告人の憲
法上の権利である（憲法37条2項）。すべての刑事被告人は検察側証人を「充
分に」反対尋問することを保障されなければならない。われわれの依頼人で
ある被告人のために、この崇高な権利を効果的に行使する職責がわれわれ弁
護士にはある。しかし、これは権利であって義務ではない。検察側のケース・
セオリーが成り立たないこと、あるいは、こちら側のケース・セオリーが正
しいことを示すために、目の前の証人を反対尋問をする必要がないと判断す
るとき、弁護人は反対尋問をするべきではない。
　相手方が申請した証人のことを「敵性証人」と呼ぶことがある。確かに、
反対尋問を行う法律家に対して敵対的に振る舞う証人が多い。中には「被告
人」は「犯罪者」であり、どんな事柄であれ、被告人側の弁護士の求める答
えはするまいと決めている証人もいる。しかし、すべての相手方証人がこち
らに敵対的な証人であるとは限らない。敵対的な証人をこちらから証人申請

しなければならないことがあるように、相手方申請の証人がこちらに友好的な場合もある。明らかにこちらに友好的な証人に対する「反対尋問」は実質的には主尋問と同じである。

1 「活かす」反対尋問

「活かす」反対尋問とは、こちらに有利な事実を証人に認めさせる尋問のことである。相手方の証人だからと言って、こちらに不利な事実（相手方に有利な事実）しか言わないとは限らない。反対尋問者が最終弁論で使えそうな事実の1つを敵の証人が認めることは決して珍しくない。敵性証人が認めるこちらに有利な事実は真実に違いないと事実認定者は考えるであろう。そうすると、「活かす反対尋問」は効果的な反対尋問だということになる。

敵性証人が認める「有利な事実」とは次のような事実である——①こちらのケース・セオリーを支える事実、②相手方のケース・セオリーを弱める事実、③こちらの証拠の信用性を支える事実、④相手方の証拠の信用性を減殺する事実。

例えば、被害者が先に殴りかかってきたので、やむなく殴り返したという正当防衛の主張をする事件で、亡くなった男性の内縁の妻が検察側証人として、生前の被害者との生活や被害感情を証言しに来るとしよう。彼女は実は数年前まで被害者の法律上の妻であったが、夫の酒癖が悪く、それが原因で離婚届を出したのである。この妻から、こちらのケース・セオリーに沿う事実を証言させることができる。

> 弁護人：あなたは元々は鈴木太郎さんと法律上も結婚していましたね。
> 証　人：はい、正式な夫婦でした。
> 弁護人：けれども、平成27年12月8日に離婚届を出した。そうですね。
> 証　人：はい。
> 弁護人：それまであなたと太郎さんは10年以上も法律上の夫婦でしたね。
> 証　人：はい。
> 弁護人：あなたは、太郎さんにお酒をやめてほしいと言っていたのではないですか。
> 証　人：はい。
> 弁護人：太郎さんは、酒癖があまり良くなかった。
> 証　人：はい。

146

弁護人：酒を飲むと大声を出したりしましたね。

証　人：はい。

弁護人：物を壊したりもしたんですね。

証　人：はい。

弁護人：だから、彼には酒をやめてほしかった。

証　人：はい。

弁護人：彼はなかなか酒をやめなかった。

証　人：はい。

弁護人：ついにあなたは平成27年の夏に「酒をやめなければ離婚する」
　　　　と言ったんですね。

証　人：はい、そうです。

弁護人：それでも彼は酒をやめなかった。

証　人：はい。

弁護人：それであなたは離婚届を出した。そうですね。

証　人：そうです。

　ある検察側証人の証言の信頼性を減殺する事実を別の検察側証人に認めさせるという方法もある。この場合に、「甲さんはこの法廷で……と言っているのですが」などという前置きをするべきではない。甲が何と証言したかなど一切明かさずに、端的に乙に承認してもらいたい事実を問えば良い。例えば、検察側の証人が、被害者鈴木の足取りがおぼつかなかった、千鳥足だったと証言したとしよう。その後に居酒屋の店員が検察側証人として、被害者鈴木の飲酒量や店内での言動を証言しに来た。その店員の捜査段階の供述調書などから、彼女は「鈴木さんの足取りはしっかりしていた」と証言することが予想できるなら、次のような「活かす反対尋問」をすることができる。

弁護人：店を出るときの鈴木さんの足取りはしっかりしていましたね。

証　人：はい、そうでした。焼酎をロックで2〜3杯飲んでいましたが、
　　　　しっかりした足取りで店を出ていきました。

弁護人：ふらついたりしていませんね。

証　人：はい。

弁護人：千鳥足でもないですね。

証　人：はい。

第9章　反対尋問　147

弁護人：つまづくようなこともなかった。

証　人：はい、ありません。

2　「殺す」反対尋問

　相手側証人の証言の信用性を減殺するための尋問である。これにはさらに、①証人が信用できないことを示す場合と、②証言内容が信用できないことを示す場合とがある。証人の信用性に関する事実は、例えば、前科・虚言の前歴、病気・記憶喪失、利害関係、予断偏見などがある。証言内容が信用できないことを示す事実としては、例えば、知識・知覚の欠如（見間違い、聞き間違い）、思い込み、自己矛盾供述の存在のほか、証人が意図的に嘘をついているという場合もある。

　実際には被告人は被害者を殴っていないのに、その目撃の状況から考えて、「殴ったように見えてしまった」という反対尋問の例を考えてみよう。目撃者は、事件の現場となった公園で友人と待ち合わせをしたが、約束の時間の30分も前に公園に来たので、暇をもてあましていた。その上、約束の時間が過ぎても友人は公園に来ないのでいらいらしていた。その間彼は何度も友人に電話をかけたり、メールのやり取りをしていた。時間をつぶすために携帯ゲームもしていた。しかも、目撃者の位置から喧嘩の現場までは10メートル近く離れており、その間隙で7、8人のホームレスが酒盛りをして騒いでいた。そして、被害者は右頬を目撃者側に向けていたので、被告人の右手が被害者の左頬に当たる瞬間を見ることはできない。被告人が右手で被害者の左肩を軽く押した（被告人の言い分）のを、左頬を殴ったと思い込んでしまった。これが弁護側の**「弾劾の物語」**だとする。目撃者の「殴るのを見た」という証言を殺す尋問は次のようになる。

弁護人：あなたは午後2時に友達とこの公園で待ち合わせをしたんですね。

証　人：はい。

弁護人：けれども、約束の30分前の午後1時30分ころには公園に着いて、①のベンチに座った、そうですね。

証　人：はい、そうです。かなり早めに着きました。

弁護人：あなたは時間をつぶすために、携帯電話でゲームをしていましたね。

証　人：はい。

弁護人：ゲームをするために携帯電話の画面を見ますね。

証　人：はい。

弁護人：ゲームで時間をつぶしていたけれども、お友達はなかなか来なかったですね。

証　人：はい。

弁護人：約束の2時を過ぎても来ませんでしたね。

証　人：はい。

弁護人：2時10分を過ぎても来ませんでしたね。

証　人：はい、そうです。

弁護人：2時15分ころにあなたは友人にメールを送ってますね。

証　人：はい。

弁護人：「いま、どこ？　もう公園に来ている」。そうテキストで送ってますね。

証　人：はい。

弁護人：テキストを打つために、携帯電話の画面を見てますね。

証　人：はい。

弁護人：お友達から返信が来ましたね。

証　人：はい。

弁護人：「ごめん、あと5分待って」という返事ですね。

証　人：友達のメールを見るために、携帯電話の画面を見てますね。

証　人：はい。

弁護人：あなたは友達のメールに返信を書いてますね。

証　人：「わかった。公園で酔っ払った奴が喧嘩している」。そう書いたんですね。

証　人：はい。

弁護人：あなたは喧嘩を目撃している最中にメールを書いた。そうですね。

証　人：……そうかもしれません。

弁護人：メールを打つ際には携帯電話の画面を見てますね。

証　人：はい。

弁護人：ところで、あなたは、携帯電話でメールを打つときもベンチに座っていたのですね。

証　人：はい。

弁護人：先ほどあなたが図面に書き込んだ記号①のところにずっといた。

第9章　反対尋問　149

証　人：はい。

弁護人：その位置から喧嘩の現場、図面の②までの距離が大体 10 メートルだったのですね。

証　人：はい、そうです。

弁護人：あなたの座っている場所とあなたが「殴られた」と言う男性がいた場所との間には 7 ～ 8 人の労務者がいたのではありませんか。

証　人：はい、いました。

弁護人：彼らは酒盛りをしていたのですね。

証　人：はい、そうです。

弁護人：酒盛りしているのは男だけではなく、女性もいましたね。

証　人：そうですね、1 人か 2 人、女の人もいたと思います。

弁護人：彼らは大声で話していた。

証　人：はい。

弁護人：笑い声もあげていた。

証　人：はい。

弁護人：酒を酌み交わしていた。

証　人：はい。

弁護人：7、8 名の男女は、ジッと座っていたわけではなく、立ったり動いたりしていた。

証　人：そうですね。立ったりもしていたと思います。

弁護人：あなたが「殴られた」という男性は、あなたから見て右側を向いていたのではありませんか。

証　人：そうです。

弁護人：あなたは彼の右頬を見る形ですね。

証　人：はい。

弁護人：彼の左頬はあなたには見えませんね。

証　人：……はい、そうですね。

「殺す反対尋問」の代表的な方法として、証人自身の自己矛盾供述や他の信用できる証拠による弾劾尋問がある。その方法の詳細は次章で述べる。

II　効果的な反対尋問の構造：SFE の法則

　効果的な反対尋問はほとんど常に次のような構成になっている。われわれは各項目の頭文字をとってこれを「SFE の法則」と呼んでいる。
　1）選択（Select）：ターゲットを明確に選ぶ
　2）集中（Focus）：ターゲットに集中する
　3）精緻化（Elaborate）：細分化して訊く

1　ターゲットを選択する（Select）

　尋問を開始する前にわれわれは「活かす」反対尋問と「殺す」反対尋問のターゲットを確定しておかなければならない。それは発見と選別のプロセスである。ターゲットを明確に選択せずに、探索的な尋問をしてはいけない。そのような反対尋問は事実認定者にとっては、目標が不明確な「何を訊いているのかわからない」尋問に映る。反対尋問においては、主尋問の場合と違って、事実認定者は、証人よりも尋問者の尋問意図に注目するのである。反対尋問で何か事件の新しい側面、証人の隠された一面が示さるのではないかと彼らは期待している。この期待に添わない散漫な尋問をすれば、尋問者側には有力な反証がないのではないかと事実認定者は考える。

　ターゲットは明確なものでなければならない。ターゲットは事実認定者に伝えるメッセージでなければならない。尋問の前にそれを言語化して明確に定めなければならない。「活かす」のか「殺す」のかを明確に意識したものでなければならない。例えば、「証人の目撃状況」というような中立的なものでは、活かすのか殺すのかもわからず、ターゲットとはいえない。「目撃証言が信用できない」というのでは明確さが足りない。「目撃者の位置からは中田（被害者）の左頬は見えない」というように、具体的な命題に表現されなければならない。

　ターゲットは達成可能なものでなければならない。達成が見込めないターゲットを選択してはいけない。どちらに転ぶかわからないが、一か八かやってみようというのも禁物である。そうした尋問は、証人のコントロールができない尋問、答えのわからない尋問を重ねることになり、結局、事実認定者に「尋問の意味がわからない」という印象を残すことになる。

　1人の証人について複数のターゲットを発見することは珍しくない。10

以上のターゲットを発見できることもある。しかし、直ちにそれに飛びつくべきではない。反対尋問メモを作る前にこう自問すべきである——「これらのターゲットは裁判員や裁判官の前に提示する価値があるか」。あまりにも瑣末な事情を追及することはかえってこちら側の弱さを露呈するし、証人に対する同情を引き寄せる可能性もある。

　したがって、ターゲットは厳選するべきである。事実認定者の前に提示することで、こちら側のケース・セオリーの認定に役立つ（相手方のケース・セオリーの認定を妨げる）効果のあるもの、そして、事実認定者から「瑣末」「時間の無駄」「揚げ足取り」などというような反作用を受ける危険性のない、インパクトのあるターゲットに絞り込むようにしよう。

　事実認定者の前に提示するに値する活かすターゲットも殺すターゲットも発見できなかったらどうするか。答えは１つである。立ち上がって「反対尋問はありません」と宣言して着席すれば良い。

2　ターゲットに集中する（Focus）

　尋問者は選択したターゲットに関する尋問のみを行う。前提事実を確認したり、前置きをする必要はない。そうした尋問は主尋問で述べられた事柄を繰り返すだけになり、ターゲットを曖昧にしてしまう。事実認定者にターゲットを明確に伝えるためには、ターゲットに関係のない事柄をできる限り省いた問を重ねなければならない。

【ターゲットへの集中が不十分な反対尋問の例】
　弁護人：小百合さん（被害者）、あなたが１階のトイレに入っているとき、廊下から足音がしたということでしたね。
　証　人：はい。
　弁護人：あなたはトイレを出て、居間の方に行ったんですね。
　証　人：はい。
　弁護人：居間には誰もいませんでしたね。
　証　人：はい。
　弁護人：すると、あなたの背後で階段を駆け上がる足音がした。そうですね。
　証　人：はい。
　弁護人：あなたは長男の幸宏くんかと思った。

証　人：はい、そうです。

弁護人：それで、あなたはお子さんの様子を見るために2階への階段を上がっていったんですね。

証　人：はい。

弁護人：2階の明かりはすべて消えていましたね。

証　人：はい。

弁護人：それであなたは、廊下の小さな電球のスイッチを入れた。

証　人：はい、そうです。

弁護人：子供部屋の入り口の扉は開いていましたね。

証　人：はい。

弁護人：子供部屋には物干し竿が渡してあり、端から端まで洗濯物が干してありましたね。

証　人：はい。

弁護人：洗濯物はあなたの視線を遮っていましたね。

証　人：はい。

弁護人：廊下の明かりは子供部屋の奥の方までは届きませんね。

証　人：……確かに。

弁護人：子供部屋の奥の方で何かもぞもぞ動くものが見えたんですね。

証　人：はい。

弁護人：幸宏くんかと思ってあなたは声をかけた。「幸宏、トイレ空いたから」と。

証　人：そうです。

弁護人：返事はなかった。

証　人：はい。

弁護人：その黒いものをあなたは洗濯物の下から覗いたんですね。

証　人：はい。

弁護人：黒いものはあなたの方に近づいてきたんですね。

証　人：はい。

弁護人：黒いものは洗濯物の方に、つまりあなたが立っている入り口の方に近づいてきた。そうですね。

証　人：はい。

弁護人：あなたの目の前に来たとき、それは何か光るものを持っていた。

証　人：はい。

第9章　反対尋問　153

弁護人：次の瞬間、それが包丁だとわかった。

証　人：はい。

弁護人：刃先があなたの方に向かってきた。

証　人：あなたはその刃を手を伸ばして摑んだんですね。

証　人：はい。

　尋問者のターゲットは「暗がりのなかで小百合の意識と視線が刃物に集中していたために、彼女は犯人の顔を十分に見ていない」というものであるが、この例では事実認定者にそのターゲットが伝わったとは言い難い。ターゲットに関係のない前提事実が問われているために、全体として主尋問の繰り返し（上塗り）になっている。そうした印象を避けるためには、関係ない問を極力省いて、ターゲットに向かう問だけを重ねる必要がある。

【ターゲットに集中した反対尋問の例】

弁護人：あなたが２階に上がったときのことを伺います。２階の明かりはすべて消えていましたね。

証　人：はい。

弁護人：寝室の明かりも消えていた。

証　人：はい。

弁護人：子供部屋の明かりも消えていた。

証　人：はい。

弁護人：廊下の明かりも消えていましたね。

証　人：はい、そうです。

弁護人：それであなたは、廊下の小さな電球のスイッチを入れた。

証　人：はい、そうです。

弁護人：小さな、直径３センチぐらいの電球ですね。

証　人：はい。

弁護人：オレンジ色の明かりですね。

証　人：はい。

弁護人：子供部屋には端から端まで洗濯物が干してありましたね。

証　人：はい。

弁護人：あなたとご主人のＴシャツが５着ぐらい物干し竿にぶら下がってましたね。

証　　人：はい。

弁護人：あなたのスカートが2枚。

証　　人：はい。

弁護人：ブラウスが3枚。

証　　人：はい。

弁護人：子供服が5枚くらい。

証　　人：はい。

弁護人：そうした洗濯物があなたの目の前の物干し竿にぶら下がっていま
　　　　　したね。

証　　人：はい、そうです。

弁護人：竿はあなたの身長より10センチくらい上にありましたね。

証　　人：はい。

弁護人：洗濯物の下の部分はあなたの腰ぐらいの位置でした。そうですね。

証　　人：はい。

弁護人：オレンジ色の小さな明かりは、あなたの背後にありますね。

証　　人：はい。

弁護人：廊下の明かりは子供部屋の奥の方までは届きませんね。

証　　人：……確かに。

弁護人：子供部屋の奥の方で何かもぞもぞ動くものが見えたんですね。

証　　人：はい。

弁護人：黒いものがあなたの目の前に来たとき、それは何か光るものを持
　　　　　っていた。

証　　人：はい。

弁護人：あなたは暗がりの中で光る物をじっと見たんですね。

証　　人：はい。

弁護人：光る物はあなたに近づいてきた。

証　　人：はい。

弁護人：それをあなたは目で追った。

証　　人：はい。

弁護人：それが包丁だとわかった。

証　　人：はい。

弁護人：刃先があなたの方に向かってきた。

証　　人：はい。

第9章　反対尋問　155

弁護人：あなたはその刃先があなたの体に当たらないようにそれをじっと
　　　　見た。
証　人：はい。
弁護人：包丁の刃を見つめながら、それを奪われないように、全力で包丁
　　　　を摑んだ。そうですね。
証　人：はい。
弁護人：あなたと犯人は包丁の奪い合いになったんですね。
証　人：はい。
弁護人：あなたは包丁を奪われないことに全力を集中した。そうじゃない
　　　　ですか。
証　人：はい、そうです。
弁護人：だから、あなたはこのときも包丁をじっと見つめた。
証　人：はい、そうです。

　ターゲットが複数あるときは、事実認定者にその区分がわかるように聞か
なければならない。あるターゲットに関する一連の尋問が終わったところで、
間を開けて、「それでは次に〜について伺います」とか「別のことを伺います」
という「見出し」をつければ良い。
　「活かす」ターゲットと「殺す」ターゲットがある場合、「活かす」ターゲ
ットを先に訊いたほうが良い。活かす尋問は証人の事実認識や意見に沿う事
柄を尋ねて、証人に合意してもらうのである。しかし、最初に殺す尋問をし
てしまうと、証人の尋問者に対する敵意が昂進してしまい、活かす事柄につ
いても証人が素直に合意してくれないことがある。

3　精緻化する（Elaborate）

　相手方の証人がこちら側のターゲットをそのまま認めることはない。「あ
なたは犯人が持っている包丁に意識が集中して、その刃をずっと見ていたの
で、犯人の顔をよく見ていなかった。そうですね」と尋ねて、「はい、そう
です」と答える被害者証人はいないであろう。そういう結論的な意見を求め
る尋問をすれば、証人は必ずそれに反発して説明をするであろう――「確か
に殺されると思って包丁の方を見ていましたが、犯人の顔もしっかり見まし
た」と。
　したがって、反対尋問ではターゲットそのものではなく、**ターゲットに導**

く細部を証人に問わなければならないのである。しかも、証人が肯定する事実を問わなければならない。事実関係を検討し、その時の証人の行動の流れや認識、心理状態などを分析して、サイコドラマの手法で証人が必ず「はい」と言ってくれる細部をイメージするのである。結論や評価については合意してくれない敵性証人であっても、こうした細部については容易に合意してくれることが少なくない。反対尋問ではそうした細部を積み上げていくのである。

　先に例示した被害者小百合に対する尋問の後半は「精緻化」を意識した尋問の例でもある。精緻化の尋問にはいくつかのテクニックがある。

スローモーション
　1つは動作や出来事を時系列に従って細分化して訊いていく方法である。われわれはこの技法を「スローモーション」と呼んでいる。被害者小百合に対する尋問もスローモーションの例であるが、もう1つ例を挙げよう。例えば、会社の名目的な代表者が社外の実力者の命令で簿外で1億5000万円の借り入れをしたという事実をターゲットにしたとする。「あなたは高橋徹さんの依頼で会社名義で鈴木昇さんから1億5000万円を簿外で借り入れしましたね」という尋問では、証人は「はい」と言ってくれないかもしれない。証人が肯定したとしても、あまりインパクトはなく、事実認定者の印象にも残らない。スローモーション技法を使うと次のような尋問になる。

【スローモーションの例】
　弁護人：高橋徹さんから電話があり、会社の実印を持って秋葉原ヒルズ
　　　　　17階の部屋に来るように言われましたね。
　証　人：はい。
　弁護人：あなたは社長室の手提げ金庫から会社の実印を取り出して、秋葉
　　　　　原ヒルズ17階の高橋さんの部屋に行った。そうですね。
　証　人：はい。
　弁護人：部屋には高橋さんの他にもう一人男性がいましたね。
　証　人：はい。
　弁護人：その人が鈴木昇さんですね。
　証　人：はい、そうです。
　弁護人：高橋さんは、「金銭消費貸借契約書」という書類をあなたに見せた。

第9章　反対尋問　157

証　人：はい。

弁護人：1億5000万円という金額も書いてありましたね。

証　人：はい。

弁護人：高橋さんはあなたに、「借主」の署名欄に会社名と代表者である
　　　　あなたの署名をするように指示しましたね。

証　人：はい。

弁護人：あなたは会社名と自分の名前を書いた。そうですね。

証　人：はい、書きました。

弁護人：そして名前の横に持参した会社の実印を押した。

証　人：はい。

弁護人：鈴木さんは大きな紙袋に入った1万円札の束を持参していました
　　　　ね。

証　人：はい。

弁護人：1,000万円の束が15個あったのではないですか。

証　人：はい、あったと思います。

弁護人：高橋さんがその札束の数を数えていましたね。

証　人：はい、そうでした。

弁護人：そして、高橋さんは札束を紙袋に入れて、それを奥の部屋に持っ
　　　　ていった。そうですね。

証　人：はい。

弁護人：そして、あなたは手ぶらで会社に戻った。

証　人：はい、そうでした。

対比

　ある事象を証人が認めた場合に、その事象を他の事象と対比させることで
証言を印象深くすることができる。右・左・北・南・東・西、メガネ・裸眼・
サングラス、などなど、あらゆる事象は対比的に述べることができる。事件
の争点に関する事象やケース・セオリーにとって重要な事実を印象づけたい
ときにこの技法を使う。例えば次のように使う。

【対比の例1】

弁護人：犯人は右手で包丁を持っていたんですね。

証　人：はい、そうです。

158

弁護人：左手ではないですね。

証　人：はい。

弁護人：両手でもないですね。

証　人：はい。

【対比の例2】

弁護人：小百合さん、その日の夜に三郎くんがあなたの家に来ましたね。

証　人：はい、来ました。

弁護人：三郎くんはあなたに会釈してこたつのある部屋に行って、こたつ
　　　　に座った。そうですね。

証　人：はい。

弁護人：あなたも彼を見て軽く会釈しましたね。

証　人：はい。

弁護人：あなたは彼が家に上がるのを拒みましたか。

証　人：いいえ。

弁護人：彼に「出ていって！」と言いましたか。

証　人：いいえ。

弁護人：ご主人に「私を襲った犯人は三郎くんだ」とその場で言いました
　　　　か。

証　人：いいえ。

弁護人：居間にいたお客さんたちに「この人が犯人です」と言いましたか。

証　人：いいえ。

弾劾の物語

　反対尋問においても物語は有効である。とりわけ殺す尋問をするときに物語は効果を発揮する。自己矛盾供述の存在を示しただけでは証言の弾劾としては十分ではないことがしばしばある。しかし、「なぜこの証人は事実に反する証言をしたのか」「証人はなぜ以前と異なる証言を今回したのか」を示す物語——「弾劾の物語」——を反対尋問で（証人自身の口を通じて）示すことができれば、証言の信用性をより完全に弾劾できるだろう。弾劾の物語を完全に示すことができなくても、その片鱗を示すだけでも、事実認定者は証言を受け容れることに慎重になるはずである。

　弾劾の物語は尋問の前に作っておかなければならない。記録をよく検討し

第9章　反対尋問　159

図 9-1

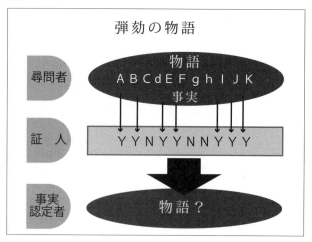

て、その証人自身の立場に立ってみて「なぜ間違えたのか」「なぜ嘘を述べたのか」「なぜ虚偽の事実を真実と思い込んだのか」を徹底的に探究することが必要である。そして、尋問では物語をそのまま尋ねるのではなく、**スローモーション技法を駆使して**、物語を細部に分解して、その事実を1つひとつ証人に呈示しなければならない。われわれは個々の具体的な細部を証人に呈示することを通じて事実認定者に弾劾の物語をいわば**感じ取って**もらうのである（図 9-1）。

Ⅲ　スタイル：基礎ルール

1　尋問者の「語り」に注目させよ

　主尋問の主役は証人であり、物語を語るのは証人である。反対尋問は正反対のものである。反対尋問の主役は尋問者である法律家である。反対尋問で物語——それを構成する事実——を語るのは法律家自身である。証人は尋問者の語りを承認するのである。また、反対尋問は法律家と証人との対決でもある。テニスコートの観客が、プレイヤーがサービスを打つ瞬間を固唾を呑んで見守るように、事実認定者は法律家の証人に対する問いに注目する。事実認定者が法律家の問いに注目しないようなら、その反対尋問は失敗である。

　したがって、弁護人は証人とともに事実認定者の視界の中心に立つ必要が

ある。裁判員裁判用の法廷では弁護人席の前が良いだろう。しかし、法檀の端にいる裁判員の視界を遮って証人の様子が見えないようにしてはならない。あなたと証人の両方が彼らの視界の中心にあるようにする。

　事実認定者に対して尋問者のメッセージを伝えることを意識しなければならない。例えば、こちらのケース・ストーリーと矛盾する証言をあえて確認する必要があるときがある（弾劾尋問はそこから始まる）。この場合には、尋問者がその答えを信じていないということが事実認定者に伝わるような問い方をしなければならない。

　　弁護人：あなたは体を左にひねったのですね。
　　鈴　木：はい。

ではなく、

　　弁護人：あなたは「体を左にひねった」とおっしゃるんですか。
　　鈴　木：ええ、そうです。

でなければならない。

2　メモを見るな、証人を見よ

　証人とのアイ・コンタクトを保つこと、そして、メモを見ながら尋問してはいけないことは、主尋問の場合と同じである。反対尋問において証人の動作や表情を見守る必要性は主尋問の場合よりもずっと高い。メモに集中していたら、貴重な尋問チャンスを逃すことにもなりかねない。

　メモを見ずに事実関係の細部を自在に語ることで、証人は、尋問者が証人自身のことや事実関係を熟知していることを知り、嘘や記憶に反する証言をしようとする意欲を奪うこともできる。これは証人をコントロールする上で重要なテクニックである。

3　誘導尋問せよ

　反対尋問においては原則として誘導尋問が許される（規則 199 条の 4 第 3 項）[1]。記憶喚起のために供述録取書を示して誘導する場合（規則 199 条の 11 第 1 項）を除いて、反対尋問における誘導尋問の方法について個別的な

第 9 章　反対尋問　161

規制はない。したがって、原則としてどのような方法で誘導しても良く、「書面の朗読」も許される。

反対尋問では原則として誘導尋問しかしてはいけない。その理由は、刑訴規則がそれを許している（199条の4第4項）からというだけではない。反対尋問は証人の説明を求める手続ではない。反対尋問は証人から何かを教えてもらう手続でもない。反対尋問で語るのは尋問者であり、尋問者は証人を完全にコントロールしなければならない。ターゲットを構成する細部を1つひとつ証人に認めさせること、あるいは、それを認めることを拒否する証言が信ずるに足りないことを事実認定者に示すことがその目的である。だから、弁護人の問いは、すべて、「はい」と答えさせるために尋ねていることが事実認定者にわかるような問いでなければならない。それは尋問というよりは、弁護人の**陳述**である。

オープンな質問——「何を」「いつ」「誰が」「どこで」「なぜ」「どのように」——をすると証人は自由に語り始める。評価を問うと証人と論争することになる。いずれにしてもターゲットは拡散してしまう。事実認定者は尋問の目的や意図をつかめず、尋問に集中できなくなる。

誘導尋問といっても問いの形式は1つだけではない。同じ形式の問いばかり続けていると、事実認定者の注意力を阻害する。ときには「答えを押し付けている」という印象を持たれることもある。そこで、問いの形式にバリエーションをつける必要がある。例えば、次のようなバリエーションがある。

単純誘導型：〜ですね。

命題確認型：〜。そうですね。

質問型：〜ですか。

念押し型：〜じゃないですか。

バリエーションをつけるときに、注意しなければならないのは問いの形式

1　規則は「必要があるときは」と述べているが、それには「深い意味はない」とされる。最高裁事務総局『刑事訴訟規則の一部を改正する規則説明書』刑事裁判資料120号（1957）23頁、法曹会編『刑事訴訟規則逐条説明（第2編第3章公判）』（法曹会・1989）100頁。それは「証人が反対尋問者に好意を示したり、迎合的な供述をしたりする事情がないときは」というほどの意味である。柏井康夫「改正刑訴規則における証人尋問——特に英米法との比較における考察」ジュリスト128号（1957）11頁。

図 9-2

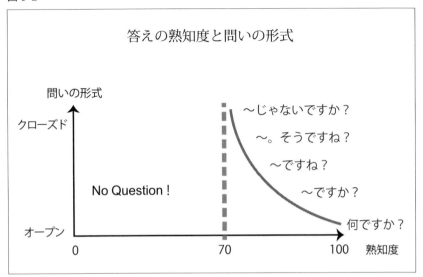

によって誘導の程度が異なるということである。証人の答えの予測がどの程度できるのか（熟知度）に応じて、誘導の程度を使い分ける必要がある。一般的な傾向としては、熟知度が高ければ誘導の程度（問いの形式）は少ないという関係になっている（図9-2）。

4　1つの問いには1つの事実

　問いは1つの具体的な事実を認めさせるだけの、シンプルで言い逃れのできないものにすべきである。複合尋問をすれば証人のコントロールが弱くなる。結論や評価ではなく、できるだけ具体的な事実を証人に提示して、承認を求める。

　証人が明らかに複数の事実を認めてくれる場合には、一連の経過を1つの簡潔な問いにすることも許されるし、その方がわかりやすいこともある。重要なのは、証人のコントロールを失わないように尋問を組み立てることである。

5　答えを避ける証人には同じ問を繰り返す

　証人が質問への答えを避けようとするときは、決してそれを見過ごさず、

答えるまで何度でも同じ問いを繰り返す。

> 弁護人：あなたの位置から石山さんの左頬は見えませんね。
> 証　　人：頬を殴るのを見たのは間違いありません。
> 弁護人：あなたの位置から石山さんの左頬は見えませんね。
> 証　　人：殴ったのは間違いないでしょう。
> 弁護人：あなたの位置から石山さんの左頬は見えませんね。
> 証　　人：……
> 裁判長：証人は質問に答えください。
> 証　　人：はい、左頬は見えません。

　弁護人の方から裁判長に介入を求める（「裁判長、証人に質問に答えるように命じてください」）のは原則として避けるべきである。証人に圧力をかけていると事実認定者に感じさせることになるからである。証人が質問に答えなくてもかまわない。単純に答えられる質問に答えない証人の態度を事実認定者に示すことができれば尋問の目的は十分達したのである。
　同様に、証人に対して「はい、か、いいえ、で答えてください」と念を押すのも避けるべきである。証人には答えについて完全な自由が与えられていることを事実認定者に示すべきである。その上で、「はい」か「いいえ」という単純な即答ができる問いを重ねていく。

6　答えのわからない質問をするな
　答えのわからない問を発してはいけない。なぜなら、答えのわからない問をすると証人に対するコントロールを失い、尋問者のターゲットは拡散してしまうからである。7割以上の確率でこちらの意図する答えが得られる見込みがなければ、その問を発するべきではない。
　証人が予想外の答えをしたときは、無理にこちらの望む答えをさせようとしてはならない。かえって傷口を広げることになりかねない。1つか2つフォローアップの問いを発してもこちらの軌道に乗りそうもなければ、そのターゲットは諦めるべきである。

7　尋問の順序を考えよ
　反対尋問においても、初頭効果・新近効果の利用を考えるべきである。最

164

もインパクトがあり確実に獲得できるターゲットを最後に配置し、2番目にインパクトと確実性の大きいターゲットを最初に配置すれば良い。但し、前述したように、「活かす尋問」を先に、「殺す尋問」を後に配置する必要があることを考慮しなければならない。

尋問の初期の段階で、尋問者が証人のことや事実関係を熟知しており、言い逃れを試みても無駄であることを示すことができれば、その後の証人コントロールは容易になる。

8 穏やかに訊け

反対尋問は詰問ではない。**礼節を保つ**というルールは反対尋問でも適用される。礼節を保ち穏やかに訊くことで敵性証人がこちらの提示する事実を受け容れる可能性が幾分でも高まるかも知れない。感情的な問い、理詰めで攻めるような尋問は逆効果である。証人はそうした尋問者には反発する。威嚇的・威圧的な尋問、議論にわたる尋問は相手方から異議が出る可能性が高い（刑訴規則199条の13第2項1号、3号）。事実認定者はそうした尋問をする弁護人のやり方に反発を感じ、証人の方に同情し肩入れするであろう。

IV スタイル：応用ルール

1 オープンに訊く

反対尋問では誘導尋問しかしないというのが基本的なルールである。しかし、オープンな質問をしても良い場合がある。それは第1に、答えを知っている場合、第2に、どのような答えでもかまわない場合である。

答えを知っているとき

記録を検討した結果、証人の答えが明らかだという場合がある。その場合はオープンに訊いてもこちらが欲しい答えを得ることができる。誘導尋問ばかり続くと、事実認定者は「弁護人は証人に答えを押し付けている」という印象を持つことがある。それを避けるために、ターゲットを不明確にしたり証人のコントロールを失ったりするおそれがない場合には、あえてオープン・エンドの形式で質問することがあっても良い。

最も有名な例はリンカーンの「ムーンライト・クエスチョン」である。リンカーンが自称目撃者アレンに尋ねた「「150フィート先のブナの林の中の

第9章 反対尋問 165

光景を〕どうやって見ることができたんですか」という問いは完全なオープン・クエスチョンである。しかし、リンカーンは証人が「満月だった」という嘘の説明をすることを知っていた。だからあえてこの問いを発した。そして、当日の暦によってその晩に月が出ていなかったことを示したのである。しかし、この問いは、電灯や自動車のヘッドライトや町明かりというものがない時代（月明かりしか照明がない時代）だから答えを予測できたのである。現代の弁護人はこの問いを発することはできない。

　　弁護人：どうやって見ることができたんですか。
　　証　人：ブナの林の横で道路工事が行われていました。工事現場の明かり
　　　　　　が現場を照らしていました。

　答えが確実に予測できるかどうかについての判断は厳しく行わなければならない。過去の供述から考えて答えが明らかだと考えてオープンに訊いたところ、予想外の答えだったというときは、それと矛盾する過去の供述を利用して弾劾尋問（第10章参照）をすることになる。

コントロールを失わないとき
　どのような答えが出てもターゲットへ向けて証人をコントロールできる場合には、オープンに訊いても良い。例えば、証人の年齢、身長、体重などのように、一定の幅で予測が可能な事項はオープンに訊いても問題ない。さらに、既に採用されている客観的な証拠から事実関係ははっきりしており、その事実についての証人の認識を尋ねる場合である。例えば、客観的な証拠から当日の天気が雨であることがはっきりしているときに、証人に「当日の天気はどうでしたか」と尋ねても問題はない。

否定されても誰も信用しないとき
　こちらの意図に反する答えが予想される場合であっても、事実認定者がその答えを信用しないと思えるときにはオープンに訊いても良い。そうすることで、尋問のターゲットがより明確になる場合がある。例えば、既に採用された法医学者の解剖結果から、包丁は上から下に向けて刺さったことが明らかであるというときに、事件の目撃証人に「包丁は上下どちらから被害者の体に刺さったのでしょうか」とオープンに訊くことができる。仮に証人が「下

から上に突き上げるように見えました」と答えたとすると、この目撃証言は信頼できないということになる。鑑定結果と同じように「上から下」と証人が答えたとしても、こちらが失うものは何もない。

誘導尋問が許されないとき

反対尋問においても誘導尋問をすることが法的に許されない場合がある。具体的な状況においてそれが「相当でない」と判断されるときには反対尋問でも誘導は禁止される（規則199条の4第4項）。例えば、証人が尋問者に迎合的であり尋問者の示唆を容易に——それが真実かどうかを真剣に考えずに——受け容れてしまう危険があるとき[2]は誘導尋問は許されない。誘導尋問自体が禁止されないとしても、誘導の方法が制限される場合もある。

2　探索的な尋問をする

証人の答えを70％の確率で予測することができないときは尋問するべきではない。しかし、確率は50％程度である（どっちかわからない）が、仮に肯定的な答えだとしたら、こちら側に大きなメリットが有る（得るものが非常に大きい）という場合がある。あるいは、肯定的な答えだとしたらそれなりのメリットがあり、逆に否定的な答えだとしてもそれほど不利ではないという場合（失うものがほとんどない）もある。こうした場合に、多少の「冒険」を犯すことはあっても良い。

この場合は、いきなり本題に入るのではなく、答えを予想するための尋問をまずしてみるのである。その結果、ターゲットを得られそうになければ、撤退する。得られそうならやってみる。

探索的な尋問は、ターゲットを曖昧にする危険があることを意識しなければならない。したがって、反対尋問の最初や最後にやってはいけない。中間でやるようにする。

3　感情を表出する

反対尋問は、活かす尋問も殺す尋問も穏やかに行うというのが基本である。しかし、感情の表出によって事実認定者の共感を得られる場合がある。こちらの尋問に対して誠実に応えようとしない証人に対して、毅然とした振舞い

2　最高裁事務総局・前掲注1、24頁、法曹会・前掲注1、101頁。

をすることが必要なときもある。こうした証人に対して、人として自然な感情を表すことで、事実認定者の共感を得られることがあるのも事実である。

しかし、過剰な感情表出をしてはいけないし、怒鳴り声をあげることは禁忌である。

【感情表出の例】

弁護人：あなたは加藤さんからいくらもらったんですか？

証　人：答えなければいけないですか。

弁護人：答えてください。

証　人：なぜですか？

弁護人：なぜって、あなたは「何事も隠さない」と誓ったでしょう。

証　人：だからなんだって言うんですか。

弁護人：私の依頼人の運命がかかってるんだ！

証　人：……。

裁判長：証人は質問に答えてください。

証　人：はい、ええと、120万円もらいました。

V　準備と本番

1　期日前

反対尋問の成否は事前準備にかかっている。尋問期日の前に、記録を精査して、明確なターゲットを定め、尋問の項目と順序を整理したメモを用意しておくべきである。特に初心者は尋問の言葉遣いと順序を意識した尋問メモを用意するのが良い。しかし、問いと答えを想定したような尋問メモを作ってはいけない。反対尋問はシナリオどおりに行くことはまずない。シナリオ的な尋問メモはかえって障害となる。

証人に連絡をして面談に応じてくれるのであれば、会うべきである。事前に話を聞くことで証言の予測ができる。面識がある弁護人に対して証人は不必要に敵対的に振る舞うことはないだろう。

しかし、多くの敵性証人は事前面談することができない。それゆえに、記録、特に証人の従前供述の精査が必須なのである。日本の捜査実務では、1人について何通もの供述調書が作成されることがある。その間に自己矛盾供述がなされることも珍しくない。弾劾尋問のターゲットになり得る自己矛盾

供述については、供述の日付、調書の該当ページ数、供述内容について、あらかじめメモを作っておく。

2 期日当日

どんなに周到な準備をしても、完全に予想どおりの証言が行われるということはない。予想だにしなかった「ハプニング」が起こることもある。われわれはこうした事態にも柔軟に対処できなければならない。

重要なのは、**証言を聞く**ことである。そして、証人の**証言態度を観察する**ことである。主尋問の間メモをとることは必要である。しかし、逐語的なメモを取る必要はない。反対尋問で活かす証言、反対尋問で殺す証言が出たときにそれをメモする。ときには検察官の問と証人の答をそのまま逐語的にメモすべき場合もある。

主尋問における証言やその態度を検討した結果、あらかじめ用意したターゲットを尋問する必要がなくなるという場合もある。あるいはターゲットの達成ができないという場合もある。こうしたときにメモどおりの尋問をすることは無意味である。単なる主尋問の上塗りになる可能性が高い。

逆に、尋問態度を見ていて新たなターゲットを発見することもある。これはいわば貴重な**贈り物**である。贈り物を感知したら即座にそれをターゲットに加えて、SFE の法則に則って尋問を組み立てる。実例を挙げよう。検察側証人が「山田さんと喫茶店で会った」「山田さんから架空の契約書を作ることを持ちかけられた」と証言した。山田（依頼人）はその証人とは一度名刺交換をしただけで、ほとんど面識がなく、その日にその喫茶店で会ったことはないと主張している。検察官は主尋問のなかで「山田さん」が法廷にいるかどうか、それが被告人であるかどうかを確認する尋問をしなかった。被告人は保釈されており、スーツとネクタイをして弁護人の隣に座っている。そこで弁護人は次の尋問をした。

弁護人：あなたは山田さんの顔を見れば山田さんであることがわかりますか。
証　人：はい、わかります。
弁護人：この法廷の中に山田さんはいますか。法廷全体を見渡してください。
証　人：はい（法廷全体を見渡す）。

弁護人：この法廷の中に山田さんはいますか。
証　人：……いませんね。

■ 第10章 ■
弾劾尋問

I 弾劾尋問とはなにか

弾劾尋問（impeachment）とは、特定の事実を証人に突きつけることで、証言の信用性を減殺する尋問のことである。反対尋問で行われることが多いが、主尋問で行われる場合もまれにある。証人に呈示する事実としては次のようなものがある[1]。

1) 偏見、利害関係、動機
2) 前科、前歴、非行
3) 証言と相反する事実
4) 権威ある文献
5) 従前の自己矛盾供述

目撃証人が自称被害者の従兄弟である；検察側の証人が民事訴訟で被告人と係争中であるというような事実は、証言の信用性を減殺する事実である。証人の前科はその信用性に影響を与える。とりわけ、偽証罪とか詐欺罪というような証人の虚言を内容とする前科はそうである。虚言に関する前科でなくても、証人の人となりや生活ぶりを事実認定者が知りその証言の信用性を正しく判断する助けになる。証人が客観的に認められる事実や他の信用性の高い証拠と矛盾する証言をするということは、その証言に疑問を投げかける。専門家証人の意見がその専門分野で定評のある文献と矛盾しているということも、その意見の信頼性を減殺する。証人が法廷証言と矛盾する内容の供述をかつてしていたという事実は、その供述が真実かどうかにかかわらず、証

1　Thomas A. Mauet, Trial Techniques and Trials, 10th ed., (Wolters Kluwer, 2017), pp 201-206.

人の証言の信用性を減殺する。

　弾劾のために呈示される事実は許容性の認められる証拠によって裏付けられるものでなければならない。その事実が法廷に顕出され証人の証言と対比されることで証言の信用性が吟味されなければならない。許容性のない不確かな証拠で証言を弾劾するのはアンフェアである。前科は前科調書などの公的証明文書（刑訴法 323 条 1 号）によって証明が可能である。自己矛盾供述は法廷外供述であるが伝聞証拠ではなく、許容性がある（刑訴法 328 条）。また、権威のある専門書や気象台が発表する気象データなどは伝聞例外として許容性がある（刑訴法 323 条 3 号）。そうした正当な根拠がないにもかかわらず、それがあるかのようにほのめかす尋問をすることは「相当でない誘導尋問」（刑訴規則 199 条の 4 第 4 項）として禁じられる。

　弾劾尋問はこうした事実を法廷で証人に対して直接ぶつける尋問である。弾劾事実をぶつけられた証人の証言態度を直接見ることで、事実認定者は証言の信用性を判断するのである。証人の側から言えば、呈示される証拠の内容が示され、それと自己の証言との関係を説明する機会が与えられるということである。こうした尋問方法は証人に対してもフェアなやり方である。証人が証言した後になってそれと矛盾する証拠を提出するやり方はアンフェアである。コモンローにはそのことを定めたルール（キャロライン王妃ルール、1820 年）があったし、その趣旨はアメリカ連邦証拠規則にも引き継がれている（FRE613）。

　それらの証拠が既に法廷で取調べ済みであれば、尋問の際にそのまま呈示することに問題はない[2]。しかし、弾劾のための証拠はあらかじめ証拠調べ請求されることなく、証拠調べが済んでいないものであることが多い。証言の前に弾劾事実を明かしてしまったら、証人はそれに対する弁明をあらかじめ用意して証言台に臨むであろう。それでは弾劾尋問の効果は激減する。法廷で証人に弾劾事実をぶつけたとき、多くの場合——それは許容性のある証拠の裏付けがあるから——証人はその事実を認める。しかし、ときに弾劾事実を否認する証人もいる。

　証人が弾劾事実を否認したときは、証人以外の証拠——外的証拠（extrinsic

2　弾劾証拠としてではなく、実質証拠として——証言を変更させる目的で——自己矛盾供述調書を呈示することは、たとえ取調済みのものであっても許されない（刑訴規則 199 条の 3 第 4 項、199 条の 4 第 4 項、199 条の 11 第 1 項）。

evidence）——によって弾劾事実を立証することになる。例えば、検察側の「目撃証人」が被告人の民事訴訟の相手方である事実を否認したとする。この場合、尋問者側は外的証拠として訴訟記録の一部を改めて証拠請求することになる。平成15年の刑訴法改正によって、公判前整理手続や期日間整理手続が行われる事件では「やむを得ない事由によって公判前整理手続又は期日間整理手続において請求することができなかったもの」を除いて手続終了後は新しい証拠の取調べ請求はできないことになった（刑訴法316条の32第1項）。前述したように、弾劾尋問において証人に呈示する事実（弾劾事実）の根拠となる証拠をあらかじめ請求しないことには正当な理由があるのである。外的証拠を取り調べる必要が生じたのは証人がその事実を否認したからである。否認しなければ取調べの必要はないのであるから、そうした証拠を公判前整理手続で請求しなければならないとしたら、不必要な証拠を請求させることになる。したがって、この場合は「やむを得ない事由」があるものとして、外的証拠は採用されなければならない[3]。

　ただし、証人が否認した弾劾事実が瑣末なあるいは周辺的な（collateral）事情に過ぎず、その証拠価値と比較してその取調べのために過大な時間や費用がかかるというような場合は、外的証拠の請求は——法律的関連性のない証拠として——却下されることがあり得るだろう。例えば、目撃証人が「職場から帰宅する途中で」現場に差し掛かったと証言したのに対して、実際には「自宅から出勤する途中」であったことを証明するために、第三者の証人尋問を請求するとしよう。もしも、その証言によって「目撃者」の現場到着時刻に実質的な変更が生じるのであれば、その証言は周辺的な証拠とはいえないだろう。しかし、いずれにしても事件当時彼が現場に滞在したことに変わりがないのだとすれば、その証言は周辺的な証拠に過ぎないとして却下されるかもしれない。

3　名古屋高金沢支判平20・6・5判タ1275号342頁は自己矛盾供述調書の証拠請求について同旨を述べる。「証人尋問が終了しておらず、弾劾の対象となる公判供述が存在しない段階においては、同［328］条の要件該当性を判断することはできないのであって、証人尋問終了以前の取調請求を当事者に要求することは相当ではない」と言う。判タ1275号343頁。

II　偏見、利害関係、動機

　この弾劾尋問の例としては、検察側証人が被害者ら事件関係者と特別な関係——親族、雇用、交友など——にある場合のほか、共犯者が検察側証人として登場する場合が典型的な例である。共犯者証人が身柄拘束中であるとか、刑事裁判中である事実は、自らの処遇に関して捜査訴追機関に迎合する証言をする動機となり得る事実である。平成28年改正刑事訴訟法で導入された「訴追に関する合意」（いわゆる「日本版司法取引」）が行われた上で検察官側証人として登場する共犯者に対しても、利害関係や動機に関する弾劾尋問を行うことになる[4]。

【証人が事件関係者と特別な関係があることを示す尋問】

　バーで被告人が被害者を殴るのを見たという目撃証人に対する反対尋問。

弁護人：加藤さん、あなたと鈴木一郎さん（被害者）とは親族関係がありますね。

加　藤：はい、あります。

弁護人：あなたは鈴木さんの実の姉ですよね。

加　藤：はい、そうです。

　証人加藤が鈴木との親族関係を否定した場合は、弁護人はそれを立証するために戸籍謄本などを証拠請求することになる。証人が親族関係を否定する証言をしたためにこれらの証拠請求が必要になったのであるから、この段階で請求する「やむを得ない事由」（刑訴法316条の32第1項）がある。被害者の言い分に沿う証言をする「目撃者」が被害者の実の姉である事実は証言の信用性に影響を与える重要な事実であるから、関連性がある。そして、戸籍謄本や住民票などの公的証明文書は伝聞例外として許容性がある（刑訴法323条1号）。

4　検察官は「合意内容書面」の証拠調べ請求をしなければならない（改正刑訴法350条の7）。弁護人はそれとは別に共犯者証人に対して合意の内容や経緯を「証人の供述の証明力を争うために必要な事項」として尋問することができる（刑訴規則199条の4第1項）。

証人の不誠実さを際立たせるために、あえて親族関係について誘導尋問をせずに質問するという方法もある。この場合は、あらかじめ、親族関係を立証する戸籍謄本等を用意して、証人が親族関係を否定したら、その場で証拠請求する。

弁護人：加藤さん、あなたと鈴木一郎さんとが親族ということはありませんか。

加　藤：いいえ、ありません。そのとき初めて会いました。

弁護人：本当ですか。

加　藤：はい、本当です。

弁護人：裁判長、証人を一時退席させてください。手続的な申立てをさせていただきます。

裁判長：わかりました。加藤さん、ちょっと控室で待機していてください（証人は退廷し、証人待合室で待機する）。

弁護人：検察官に、鈴木光太郎を筆頭者とする戸籍謄本、本件の被害者とされる鈴木一郎さんの戸籍謄本、及び、証人加藤花子さんの戸籍謄本を呈示します。裁判長、この３つの戸籍謄本を証拠としてこの場で取り調べることを請求します。立証趣旨は、「加藤花子証人が鈴木一郎の実の姉であること」です。

裁判長：検察官、ご意見は。

検察官：弁護人は公判前整理手続において、加藤花子と鈴木一郎の親族関係について主張もしていませんし、これらの証拠書類を公判前整理手続終了までに取調べ請求しなかったことにやむを得ない事由はありません。

裁判長：検察官、その書類が弁護人主張の戸籍謄本かどうか争いますか。

検察官：今見せられたばかりですから……。

弁護人：加藤花子さんに確認してもらうことができるでしょう。

裁判長：検察官、加藤さんに確認してもらってください。（検察官は書類をもって法廷を出ていき、３分後に戻ってくる。）

裁判長：検察官、３通の書類が弁護人主張の戸籍謄本であることは認めますか。

検察官：戸籍謄本であることは争いません。

裁判長：それでは３通の戸籍謄本を証拠として採用します。加藤証人を入

廷させてください。（加藤証人は証言台に着席する。）弁護人、尋
問を続けてください。

弁護人：はい。加藤さん、あなたのお父さんは鈴木光太郎という人ですね。

加　藤：はい。

弁護人：証人に先程採用された鈴木光太郎の戸籍謄本を示します。加藤さ
　　　　ん、この戸籍はあなたのお父さんの戸籍ですね。

加　藤：はい。

弁護人：「長女」「鈴木花子」というのはあなたですね。

加　藤：はい。

弁護人：同じ戸籍に載っている「長男」「鈴木一郎」というのは、この事
　　　　件の被害者とされる鈴木一郎さんのことですね。

加　藤：はい。

弁護人：あなたは鈴木一郎さんの実の姉ですね。

加　藤：はい。

弁護人：先ほど鈴木一郎さんと親族関係がないと証言したのは嘘ですね。

加　藤：はい。

弁護人：そのとき初めて会ったというのも嘘ですね。

加　藤：……はい。

【司法取引に関する弾劾尋問の例】

　公共工事に関して指名業者ABC3社があらかじめ入札価格を協議して入
札し、予定どおりA社が落札したという談合事件に関し、3社の代表者が
逮捕されたが、A社の社長山本健一だけが起訴された。弁護人を通じて検
察官と合意して不起訴処分を得たB社社長河村聡が検察側証人として、山
本と入札価格を協議したことなどを証言した。

弁護人：河村さん、あなたも「県道61号線改修工事」に関する談合の容
　　　　疑で逮捕されましたね。

河　村：はい、逮捕されました。

弁護人：逮捕されたとき、あなたは78歳でしたね。

河　村：はい、そうです。

弁護人：警察に捕まったのは生まれて初めて。

河　村：はい。

弁護人：勾留され、接見禁止も付けられましたね。

河　村：はい。

弁護人：奥さんにも会えなくなりましたね。

河　村：はい。

弁護人：お孫さんにも会えなくなりましたね。

河　村：はい、そうでした。

弁護人：会社の従業員にも会えなくなった。

河　村：はい。

弁護人：警察はあなたが談合の会議に出席したんじゃないかと追求してきましたよね。

河　村：そうです。

弁護人：あなたはそれでも容疑を否認していましたよね。

河　村：はい。

弁護人：逮捕されて1週間後にあなたは吉田弁護士を依頼した。

河　村：はい。

弁護人：それまでは1人で頑張った。

河　村：はい。

弁護人：吉田弁護士は、あなたに「検事と協議ができる」と言ったのではありませんか。

河　村：はい、言われました。

弁護人：吉田弁護士は、検事と協議して不起訴にしてもらうためには、容疑を認めなければならないと言いましたね。

河　村：はい、そういう趣旨のことを言われました。

弁護人：検事と協議するには、他の業者のことを話さなければいけないとも言われましたね。

河　村：はい、そうです。

弁護人：それであなたは容疑を否認することをやめて談合について認めることにした。

河　村：そうです。

弁護人：吉田弁護士と検察官の合意の内容はもちろんご存知ですね。

河　村：はい、書類を見せてもらいました。

弁護人：あなたが山本さんの法廷で検察側の証人として証言することと引き換えに、あなたを不起訴にするということですよね。

第10章　弾劾尋問　177

河　村：はい。

弁護人：あなたはこの取引に応じた。

河　村：はい。

弁護人：合意書に署名しましたね。

河　村：はい。

弁護人：あなたは不起訴になって、3週間ぶりに外に出られたんですね。

河　村：はい。

弁護人：お孫さんとも再会できた。

河　村：はい、そうでした。

弁護人：あなたがこの法廷での証言を拒んだ場合は、検察官は改めてあなたを起訴することができることになっていますね。

河　村：そうです。

III　前科・前歴・非行

　証人の前科や前歴はその証言の信用性に影響を与える。しかし、例えば何十年も前の逮捕歴が証言の信用性に影響を与えるとは思えない。前科の内容によってその影響の程度（証拠価値）はさまざまである。例えば、偽証、文書偽造、詐欺、脱税というような虚偽や虚言を内容とする犯罪の前科は、証言の信用性評価に直接的な影響を及ぼすのに対して、暴行や傷害の前科が証言の信用性にもたらす影響は間接的である。

　被告人が証言台に立つ場合（被告人質問）に、その前科を許容することには、別の問題がある。事実認定者はその前科を被告人の供述の信用性に限定して考慮するとは限らない。前科による悪性格を有罪認定の証拠にしてしまう危険性がある。最高裁判所は、「前科証拠は、単に証拠としての価値があるかどうか、言い換えれば自然的関連性があるかどうかのみによって証拠能力の有無が決せられるものではなく、前科証拠によって証明しようとする事実について、実証的根拠の乏しい人格評価によって誤った事実認定に至るおそれがないと認められるときに初めて証拠とすることが許される」と述べている[5]。この法理は前科や前歴によって被告人の供述を弾劾する場合にも当てはまる。

5　最二小判平24・9・7刑集66巻9号907、912頁。

弾劾証拠としての前科の許容性についてわが国の制定法には具体的な規制がない[6]。したがって、一般的な法律的関連性に関する裁判所の合理的な利益衡量に基づく判断に委ねられるということになる。すなわち、その前科証拠が持つ、証言の信用性判断における証拠価値と事実認定者に与える悪影響——予断・偏見、誤導、時間の無駄——とを比較衡量して、証拠価値が悪影響を凌駕するときに前科証拠を弾劾証拠として許容するということになる。被告人の供述の信用性を弾劾するために検察官がその前科や前歴を法廷に顕出しようとするとき、弁護人は直ちに異議を述べ、裁判所の適正な判断と措置を求めなければならない。必要があれば証拠排除決定を求めたり、裁判員に対する相当な説示[7]を求めたりしなければならない。

わが国においては、個人の前科や逮捕歴に関する情報は警察や検察に独占されていて、一般国民にはアクセスできない仕組みになっている。刑事裁判において、検察官は、しばしば弁護側の証人に対してその前科情報に基づいて弾劾尋問をしてくる。これに対して、弁護側が検察側証人に対してその前科による弾劾尋問を行うことはほとんどない。なぜなら、弁護側にはその情報が与えられていないからである。これはアンフェアな状況であると言わなければならない。わが国の法律は検察側証人予定者の前科調書や犯歴カードなどに対する弁護側の証拠開示請求権を明文で保障してはいない（刑訴法316条の15参照）。しかし、証人予定者の供述録取書等（刑訴法316条の15第5号イ）の記載事項のうち「前科前歴の有無」は「供述の証明力の判断に

6　アメリカ連邦証拠規則は弾劾証拠としての前科（有罪判決）の許容性について詳細なルールを定めている（FRE609.）。その概要は次のとおりである：(1) 証人が被告人以外の場合、法定刑が1年を超える拘禁刑又は死刑に相当する事件の有罪判決は許容される、(2) 証人が被告人である場合は、証拠価値が予断偏見の危険を凌駕するときに限り、法定刑が1年を超える拘禁刑又は死刑に相当する事件の有罪判決は許容される、(3) 法定刑に関係なく、犯罪の構成要件が不誠実な又は虚偽の陳述を含む犯罪の有罪判決は許容される、(4) 有罪判決又はその刑の執行のいずれか遅いものから10年を超える期間が経過した有罪判決は、個別的な事実や事情に基づく証拠価値が予断偏見の危険を実質的に凌駕するときに許容される、(5) 有罪判決に対して上訴がなされている場合でも上記のルールは適用される。許容されるのは「有罪判決」だけである。単なる逮捕歴や訴追歴は証人の信用性を弾劾する証拠として許容されない。

7　許容性のない前科を裁判員が聞いてしまったときは、「ただ今の前科への言及は証拠としては利用できません」という説示を求める。信用性判断について前科が許容されたときには、「前科は被告人の供述を評価するための証拠です。前科に基づいて被告人を有罪と判断することは許されません」という説示を求める。

第10章　弾劾尋問　179

あたって重要であると認められ、開示の必要性も肯定することができる」とした高裁判例がある[8]。検察官は証拠開示の際に、証人予定者の身上経歴調書の開示を拒んだり、供述録取書等の前科前歴に関する部分をマスキングしたりすることがある。こうした運用に対しては異議を申し立てるべきであり、必要に応じて不服申立て（刑訴法316条の26）を行うべきである。

　なお、正当防衛の主張をする事案で、被害者が先に攻撃をしてきたことを示す性格証拠として被害者の粗暴犯の前科や前歴が許容されることがある（アメリカ連邦証拠規則404（a）（2）（B）参照）。これは弾劾証拠ではない。この場合は、公判前整理手続のなかで正当防衛の主張をあらかじめ行い、主張関連証拠として被害者の前科前歴に関する証拠開示請求をすれば良い（刑訴法316条の20）。

【前科による弾劾尋問の例】

　弁護人：佐藤さん（検察側の証人）、あなたは平成26年3月に東京地方裁
　　　　　判所で詐欺の罪で有罪判決を受けましたね。

　佐　藤：はい。

　弁護人：懲役3年の実刑判決、そうでしたね。

　佐　藤：はい、そうです。

　弁護人：その有罪判決にあなたは控訴せず、判決は確定しましたね。

　佐　藤：はい。

　弁護人：その結果、あなたは今年の10月まで刑務所で服役していましたね。

　佐　藤：はい。

　証人が有罪判決を受けた事実を否定したらどうするか。証人が詐欺罪で有罪判決を受け服役したという事実は、証人の信用性に関連する事実であり、周辺的な事情とも言えない。したがって、弁護人はその事実を外的証拠によって立証しなければならない。手元に証人の前科調書があれば、その取調べ請求をすることになる。前科調書は刑訴法323条1号の公的証明文書である。前科調書が手元にない場合は、検察庁に証人の前科とその内容について公務所照会をするように裁判所に申し立てる（刑訴法279条）。こうした証拠調べ請求は、証人が前科を否定する証言をしたことによって必要となったので

8　東京高判平20・7・11東高刑時報59巻1〜12号65、67〜68頁。

あるから、「やむを得ない事由」（刑訴法316条の32）がある。

【被告人に対する前科による弾劾尋問の例】

　共犯者と共謀して被害者を殴って現金を奪い、被害者に怪我を負わせたという強盗致傷で起訴された被告人に対する反対尋問。

　検察官：あなたは平成25年4月に東京地方裁判所で、文書偽造罪で有罪
　　　　　判決を受けていますね。

　弁護人：異議あります。関連性のない質問です。

　検察官：被告人の供述の信用性に関連する質問です。

　弁護人：信用性に関連するとしても、5年前の有罪判決であり、その証拠
　　　　　価値は非常に低いものです。それに比べて、事実認定者が前科証
　　　　　拠による人格評価を本件訴因の有罪証拠として利用してしまう危
　　　　　険性が非常に高いものです。

　裁判長：異議は棄却します。被告人は答えてください。

　被告人：はい、受けました。

　弁護人：裁判長、裁判員と補充裁判員に向けて、この供述を有罪の証拠と
　　　　　することはできない旨の説示をお願いします。

　裁判長：わかりました。裁判員と補充裁判員の皆さんに申し上げます。た
　　　　　だ今の被告人の前科に関する供述は、被告人の供述が信頼できる
　　　　　かどうかを判断する際の資料とすることはできますが、被告人が
　　　　　本件で問題となっている強盗致傷の罪について有罪かどうかを判
　　　　　断する資料とすることはできません。

　弁護人は、検事の反対尋問で依頼人の前科が持ち出されることによる衝撃を和らげるために、主尋問の段階で前科に言及するという方法をとることもできる。

　弁護人：高校を卒業したあと何をしましたか。

　被告人：土地家屋調査士事務所の事務員として働きました。

　弁護人：どんな仕事ですか。

　被告人：最初は書類の整理でしたが、2年目からは測量の助手をするよう
　　　　　になりました。

第10章　弾劾尋問　181

弁護人：何年ぐらい働きましたか。

被告人：5年で退職しました。

弁護人：なぜ退職したのですか。

被告人：先生が交通事故で亡くなり事務所が解散になりました。

弁護人：新たな職は見つかりましたか。

被告人：調査士事務所で働きながら、勉強して資格を取りたかったのですが、当時は就職難でちゃんとした職を見つけることができませんでした。

弁護人：その頃に何か警察沙汰になったことがありますか。あったら教えてください。

被告人：はい、仕事がなかったものですから、亡くなった先生の名前を勝手に使って、測量図を作ったことがありました。それが、文書偽造だということで警察に捕まりました。

弁護人：その件は結局どうなりました。

被告人：執行猶予判決を受けました。

弁護人：あなたはその裁判では罪を争ったのですか。

被告人：いいえ。

弁護人：なぜですか。

被告人：やったことは間違いのないことですから、認めました。

弁護人：執行猶予の期間は何年ですか。

被告人：3年です。

弁護人：その期間はいつ終わりました。

被告人：昨年終わりました。

弁護人：この文書偽造以外に警察沙汰になったことはありますか。

被告人：いいえ。

弁護人：今裁判となっている強盗致傷については争っていますね。

被告人：はい、争っています。

弁護人：それはなぜですか。

被告人：身に覚えのないことだからです。

　弁護人が主尋問で被告人の前科を持ち出した場合、前科証拠の許容性を争うことはできなくなる。反対尋問で異議を出したが、それが棄却され、その後再主尋問で前科に言及した場合は、異議を撤回したことにはならない。上

訴審で裁判所の判断の適法性を争うことは可能である。

IV　相反する事実

　リンカーンの有名な「ムーン・クエスチョン」[9] を例に考えてみよう。深夜に照明設備のないブナの林の中で、150 フィート（約 50 メートル）も離れた場所から殺人を見たという検察側の目撃者は「満月の月明かりで見えた」と証言した。リンカーンはその時間帯に月は出ていなかったという事実（その証拠である月齢表付きの暦）を証人に突きつけてその信用性を粉砕した。これが「相反する事実」による弾劾尋問の典型例である。

　この弾劾尋問をするためには、事実上の基礎がなければならない。相反する事実があると信ずる合理的な根拠が全くないにもかかわらず、それがあるかのように**ほのめかす**ような尋問は「不相当な誘導尋問」（刑訴規則 199 条の 4 第 4 項）として制限される[10]。例えば、その時間帯に月が出ていなかったと信ずるに足る根拠が全くないにもかかわらず、「本当は、その時間帯に月は出ていないですよね」と問うことは許されない。言い換えると、この問いに対して証人が「いいえ」と答えたときには、尋問者側は許容性のある外的証拠によって相反事実を**立証しなければならず**、その立証がないときは尋問自体が許されなかったことになり、相手方の申立てによってその尋問の取消し決定がなされることになる（刑訴規則 205 条の 6 第 1 項）。こうしたほのめかし（不相当な誘導）にあたらない、単純な誘導尋問（「月は出ていなかったのではないですか」）に対して証人が「いいえ」と答えた場合には、この立証義務はない。

　相反事実を示す問に対して証人が「はい」と答えたら、この弾劾尋問は終了である。証人が「いいえ」と答えた場合に、その事実が周辺的な事実ではなく、証言の信用性に実質的な影響を与える事実であるならば、尋問者は外的証拠によってその相反事実を立証することができる。リンカーンが用意し

---

[9]　高野隆「証人尋問における書面や物の利用」日本弁護士連合会編『法廷弁護技術（第 2 版）』（日本評論社・2009）184 ～ 185 頁参照。

[10]　アメリカ法曹協会の「法律家職務模範規則」（Model Rules of Professional Conduct）3.4 は「許容性のある証拠による裏づけがない事項について**ほのめかすこと**」を禁じている。日本弁護士連合会訳『完全対訳 ABA 法律家職務模範規則』（第一法規・2006）180 頁（強調は引用者）。

第 10 章　弾劾尋問　183

た暦はまさにこの外的証拠である。そして、月齢表は刑事訴訟法323条3号によって伝聞例外として許容される証拠である。また、この外的証拠は証人が相反事実を否定したことによって初めてその必要性が生じたのであるから、「やむを得ない事由」（刑訴法316条の32）があることも明らかである。

【相反事実による弾劾尋問の例1】

　傷害致死事件における目撃証人の尋問。証人は主尋問では「現場から約10メートルの位置から見ていた」と証言した。

弁護人：あなたが喧嘩を目撃したのは「エイト・テン」の店舗の外にある
　　　　ゴミ箱の前辺りからですよね。

証　人：はい、そうです。

弁護人：証言を明確にする必要がありますので、採用済みの実況見分調書
　　　　添付の現場見取図3を利用して尋問することを許可してください。

裁判長：許可します。

弁護人：この図面が喧嘩のあった現場周辺の見取り図であることはわかり
　　　　ますか。

証　人：はい、わかります。

弁護人：あなたが喧嘩を目撃したときのあなたの位置はこの辺りですよね。
　　　　その部分を丸で示します。（タッチペンでモニターパネルに写っ
　　　　た図面に丸をつける。）

証　人：はい。

弁護人：そして、今度は喧嘩のあった位置を×で示しますね。（タッチペ
　　　　ンで「×」を書き込む。）ここではないですか。

証　人：はい、そうですね。

弁護人：あなたの位置から喧嘩のあった位置まで30メートル以上あるの
　　　　ではないですか。

証　人：……はい、確かにそうですね。

【相反事実による弾劾尋問の例2】

検察側の目撃証人に対する弁護人の反対尋問。

弁護人：「エイト・テン」に向かうまで、あなたは「呑んべえ」でお酒を

　　　　飲んでましたね。

証　　人：いいえ。

弁護人：「呑んべえ」でビールと酎ハイをジョッキで2～3杯ずつ飲みましたね。

証　　人：いいえ。

弁護人：あなたは足元がふらつくほど酔っ払っていたのではないですか。

証　　人：いいえ。

　弁護人はこの尋問の後で、当日夜「居酒屋呑んべえ」でその証人が飲酒しているのを目撃したという証人の尋問を請求した。その採否を巡る法廷でのやり取り。

検察官：弁護人は公判前整理手続において佐藤証人（目撃者）が直前に飲酒していたという主張をすることができたのに、していませんでした。加山証人（居酒屋で佐藤の飲酒を目撃した人）の尋問請求を公判前整理手続終結までにできなかったことがやむを得ないと言える事由はありません。また、佐藤証人の目撃証言の信用性は、事前の飲酒によってなんら影響されません。多少の影響があったとしても、わざわざ審理予定を変更して新しい証人の尋問を行うほどのことではありません。

弁護人：目撃証人の信用性を弾劾する事実をあらかじめ主張しなければならない理由はありません。そのようなことをすれば、反対尋問の効果はなくなってしまいます。佐藤証人が事実に反して飲酒を否定しなければ加山証人を申請する理由も必要もないのですから、公判前整理手続の終了までに加山証人の尋問を請求する必要はありません。そのようなことが要求されるなら、結果的に必要のない証人をあらかじめ多数請求しなければならなくなります。「審理予定」を立てること自体が無意味になります。そして、佐藤氏が大量に飲酒し、泥酔状態だったことは、彼の目撃証言の信用性に影響を与えることは明らかです。

裁判長：加山証人を採用します。弁護人、可能であれば明日か明後日の午後に尋問したいと思います。同行できますか。

弁護人：はい、明後日の午後なら大丈夫だと加山氏から伺っています。

第10章　弾劾尋問　185

【相反事実による弾劾尋問の例3】

正当防衛が主張されている事件の弁護側目撃証人に対する尋問。証人は被害者が被告人に殴りかかっていくのを見たと証言した。

検察官：あなたはいまメガネを掛けていますね。

証　人：はい。

検察官：視力は裸眼では左右とも 0.1 より悪いですね。

証　人：はい、確かに。

検察官：メガネを外すと 1 メートル先の人の顔もわかりませんね。

証　人：はい。

検察官：この事件を目撃した当時、あなたはメガネをしていなかった。そうですよね。

証　人：いいえ。

弁護人：異議あります。検察官のただ今の尋問は根拠のないほのめかしであり、不相当な誘導尋問です。

裁判長：検察官、証人がメガネをしていなかったと信ずるに足りる証拠はあるんでしょうか。

検察官：いいえ、私は証人に質問しただけです。

裁判長：異議を認めます。ただ今の検察官の質問を取り消します。裁判員並びに補充裁判員の皆さん、ただ今の検察官の最後の質問は取り消されました。その質問はなかったことになります。

V　文献

個別の専門分野で権威あるものとして通用している教科書、専門誌、学会報告に搭載された論文は伝聞例外として許容される（刑訴法 323 条 3 号）[11]。こうした論文と相反する証言をする専門家証人に対して文献を突きつける弾劾尋問は、伝統的な反対尋問の方法の 1 つである。

【文献による弾劾尋問の例】

嬰児殺事件で死体解剖を行った法医学者の証人尋問。証人は、嬰児の肺浮

11　アメリカ連邦証拠規則 803（18）はこれを明文で規定している。

揚試験が陽性だったので、生産児であると判断した；嬰児に人工呼吸が行われていたかどうかは結論に影響しないと証言した。

> 弁護人：出口先生、先生は先程、肺浮揚試験が陽性だったので生産児と判断したと証言されましたね。
>
> 出　口：はい。
>
> 弁護人：また、救急隊が人工呼吸をしていたとしてもその結論に影響はないとも証言されましたね。
>
> 出　口：はい。
>
> 弁護人：先生は金原出版から出版されている『現代の法医学』という教科書はご存知ですね。
>
> 出　口：もちろん知ってます。
>
> 弁護人：法医学者なら知らない人はいませんね。
>
> 出　口：はい。
>
> 弁護人：医学部の教科書として利用されている書物ですね。
>
> 出　口：そうです。
>
> 弁護人：先生も、この書物を参照することがありますね。
>
> 出　口：はい。
>
> 弁護人：先生の研究室の書棚にもありますね。
>
> 出　口：はい。
>
> 弁護人：先生の学生さんもこの教科書を読んでますね。
>
> 出　口：はい。
>
> 弁護人：先生に『現代の法医学』の262ページを示します。御覧ください。私が一部読み上げますから、確認してください。「なお、未呼吸児であっても人工呼吸を施行された場合には、肺浮揚試験陽性となることがある」。そう書いてありますね。
>
> 出　口：はい。

VI　自己矛盾供述

1　自己矛盾供述とは何か

　証人が法廷で述べたことと両立しない供述をしたという事実は、その理由は何であれ[12]、その証人が誤りを犯す可能性を示すものであるから、それ自

体法廷証言の真実性に疑問を投げかける。弾劾に用いられる自己矛盾供述は法廷外供述である場合がほとんどであるが、まれに法廷での証人尋問の間に相互に矛盾する証言をする証人がいる。弾劾尋問は、証人が両立し得ない供述をした事実を事実認定者の前に示すことが目的であり、その供述が真実であることを示すことを目的とするものではないから、たとえそれが法廷外供述であったとしても、伝聞証拠ではない（刑訴法328条）。

　自己矛盾供述には2つのタイプがある。1つは、法廷で「信号は赤だった」と言う証人が、過去に「信号は青だった」と供述していたというように、相容れない積極的な供述を過去にしていた場合である（「積極的自己矛盾」）。2つ目は、法廷で「信号は赤だった」と述べた目撃者が、事故直後の警察の事情聴取では信号機の色について何も語らなかったというように、過去においても法廷証言と同様の供述をするのが当然と思われる状況の下で、そのことを何も述べていないという場合——いわゆる「欠落」（omission）——である[13]。

　自己矛盾供述の存在形態にはさまざまなものがあり得る。本人の手紙、メモ、日記、Eメールなど本人が自ら記録したもの（「供述書」）のほか、捜査官が作成した供述調書や裁判所書記官が作成した証言調書のように他者が本人の供述を記録したもの（「供述録取書」）がある。110番通報の録音記録や取調べを録画したブルーレイ・ディスクなどの電磁的記録も自己矛盾供述として利用し得る。ドキュメントに記録されたものに限らず、証人が他人に口頭で語った内容が法廷証言と矛盾しているという場合もある。

2　自己矛盾供述の立証方法

　自己矛盾供述の存在は、許容性のある証拠に基いて厳格に証明されなければならない[14]。ここでわれわれが証明しなければならない事項は、① その供述が本人のものであること（供述の真正・成立の立証 authentication）と、② その供述が自己矛盾であること（inconsistency）、の2つである。この2つは段階的に証明してもよいし、一度に証明してもよい。

　本人の供述書であれば法廷でそれを本人に示して自ら作成したものである

12　自己矛盾の原因は、認知や記憶の不確実さ、証人の不誠実さなど、さまざまであり得る。

13　3 Wigmore, On Evidence 3rd ed., (1940), §1042; McCormick On Evidence 6th ed., (2006), §34.

14　最三小判平18・11・7刑集60巻9号561頁。

ことを認めさせるというのが最も簡便な方法である。供述録取書についても、それを証人に示してそれが本人の供述を録取した書面に間違いないかどうか、末尾の署名捺印が本人のものかどうかを本人に問い、本人がこれを肯定すれば良い。こうした文書の真正を本人の証言によって証明できたならば、その文書の中に自己矛盾供述があることを本人に示して——その部分を読んで聞かせて——確かにその記載があることを確認すれば良い[15]。いわゆる「欠落」の場合は、問題の供述がその書面にないことを本人に確認してもらうことになる[16]。

　音声や動画などの電磁的記録の場合は、その自己矛盾供述部分を法廷で再生して、自分の供述かどうかを証人に問えば良い。電磁的記録によって「欠落」を証明するためには、事実認定者に見えたり聞こえたりしないように、証人にヘッドホンを装着したり、証人にしか見えない小さなモニターを用意して、データを再生した上で、問題の供述が存在しないことを確認してもらうことになる。

　いかなる媒体にも記録されていない口頭の自己矛盾供述についても、弾劾尋問として証人にその事実を呈示することができる。例えば、「山田さん（証人）、あなたは事故を目撃した3日後ころに、加藤さんに『信号は見てなかった』と言ってますね」と問い、証人が「はい」と答えれば、自己矛盾供述の存在を立証したことになる。

　証人が自己矛盾供述を否定する場合、例えば、示された手紙やメモの作成を否定する；署名や押印が自分のものではないと言う；供述調書への署名が捜査官に強要されたものであり、記載は真意の供述ではないと言う；口頭発言を否定するなどの場合は、外的な証拠によって自己矛盾供述の存在を立証することになる。すなわち、証人の自己矛盾供述を聞いたという人、証人から事情聴取して調書を作成した警察官、証人の筆跡に詳しい親族あるいは筆跡鑑定人などを証人申請することになる。こうした外的証拠を公判前整理手続終結までに申請しなければならないというのは不当である。証人に突きつけるべき自己矛盾供述の内容をあらかじめ相手方に明らかにすれば、証人はあらかじめその言い訳や対策を用意して尋問に臨むことができるから、弾劾

15　Mauet, *supra* note 1, pp235–240; Steven Lubet, Modern Trial Advocacy 5th ed., (NITA, 2015), pp157–158.

16　Mauet, *supra* note 1, pp 243–247; Lubet, *supra* note 15, pp167–168.

第 10 章　弾劾尋問　189

の意味はなくなってしまうだろう。それは刑事被告人にとっては憲法上の権利（憲法 37 条 2 項）の侵害である。また、証人が自己矛盾供述を否定したために外的証拠によってそれを立証する必要が生じたのである。証人が自己矛盾供述の存在を肯定すればこの証人申請は必要なかったのである。したがって、公判段階でのこうした証人申請には「やむを得ない事由」（刑訴法 316 条の 32）がある。

　しかし、その自己矛盾供述が自然的関連性——証言の信用性を減殺する証拠価値——の認められるものであるとしても、矛盾が周辺的なものであり、新たな証人尋問をするほどの価値が認められないというときには、法律的関連性が認められない証拠として却下されることはあり得る。

3　自己矛盾供述による弾劾尋問の方法
(1)　自己矛盾の分類

　法廷証言と矛盾する従前供述が存在することは珍しいことではない。わが国の捜査実務では 1 人の参考人や被疑者に対して長期間にわたって繰り返し警察や検察が取調べを行い、複数の供述調書を作成するのが普通である。その間に供述の変遷が起こることはむしろ普通である。しかし、自己矛盾が存在するからといって常に弾劾尋問を行う必要があるとは限らない。こちら側のケース・セオリーに照らして法廷証言が有利な場合は、その証言の信用性を減殺する必要はないのであるから、弾劾尋問をするべきではない。しかし、法廷証言と比較して従前供述の方がさらに有利であるという場合に、弾劾尋問をすべきときもある。法廷証言も従前証言もともにこちらに不利なものであるときは、法廷証言の信用性を減殺するために弾劾尋問を行うことになる（図 10-1）。ただし、不利な度合いが従前供述の方が大きい場合は、弾劾尋問をするかどうか慎重に判断しなければならない。

　有利か不利かはケース・セオリーとの対比で決まる。弾劾尋問をするかしないかは、しかし、それだけでは決められない。自己矛盾の程度を検討する必要がある。矛盾が取るに足りない周辺的な事実である場合に弾劾尋問を行うと、逆効果ということもある。重箱の隅を突くような弾劾尋問をしてはいけない。そのような尋問は弁護人の訴訟活動の誠実さに疑問を投げかけることにもなりかねない。

図 10-1

自己矛盾の分類と弾劾尋問の選択

		法廷証言	
		有利	不利
従前供述	有利	△	○
	不利	×	○

(2) 文書

自己矛盾供述が文書——供述書又は供述録取書——に現れている場合の弾劾尋問のテクニックを解説しよう。

A　積極的自己矛盾供述による弾劾：CCC

ステップ１：Commit 肩入れ　　まず、証言を確認し、証人が後から証言の趣旨を変更したり言い逃れができないようにする。証人が身動きできないようにピンで留めるのである。効果的な方法の１つは、法廷証言の真実性を疑う尋問をして、証人自身にその証言を防衛させ、証言に肩入れさせることである。そして、最後に対面させる供述の表現をできる限り正確に引用してそれを否定させる。

> 弁護人：先ほどあなたはこの事故を目撃したとき、被告人の側の信号は赤
> 　　　　色だったとおっしゃいましたね。
> 証　人：はい、言いました。
> 弁護人：あなたは本当に信号機を見たのですか。
> 証　人：はい、見ました。
> 弁護人：本当は見ていないのではありませんか。
> 証　人：いいえ、確かに見ました。

第 10 章　弾劾尋問　191

弁護人：衝突音を聞いてから店を飛び出したので、衝突の際の信号の色は
　　　　見ていないのではないですか。

証　人：そんなことありません。店の窓から衝突の瞬間の状態を見ました。

　ステップ2：Credit 法廷外供述は信頼できる　　同じ事項について以前に
供述する機会があったことを証言させる。この供述の際に事実に反する供述
をした事情がないことを証人に認めさせる。そして、適切な場合には、こち
らに不利な法廷証言よりも、こちらに有利な従前供述の方が信用できる状況
を証人に供述させる[17]。

弁護人：あなたはこの事故を目撃した日に西早稲田警察署の警察官から事
　　　　情を聞かれていますね。

証　人：はい。

弁護人：目撃してから1時間も経っていないですね。

証　人：はい。

弁護人：警察に話したときには、目撃したときの様子はまだ鮮明に覚えて
　　　　いた。

証　人：そうですね。すぐに警察署に行きましたから。

弁護人：あなたは鮮明な記憶のままを警察官に話しましたか。

証　人：はい。

弁護人：特に、付け加えたり隠したりしませんでしたか。

証　人：ありのままを話しました。

弁護人：西早稲田署の刑事は、あなたから聞いたことを書類にまとめまし
　　　　たね。

証　人：はい。

弁護人：「供述調書」という書類ですね。

証　人：はい。

弁護人：刑事さんはあなたにその書類の内容を読んでくれましたね。

証　人：はい。

17　法廷証言も従前供述もともにこちらに不利であるが、両者が矛盾しているという場合
　　には、「従前供述の信用性を高める」テクニックは使えない。この場合は、同一事項に
　　ついて、正直に供述する機会があったことを確認するだけに留める。

弁護人：あなた自身も、調書を手にとって内容を確認しましたね。

証　人：はい。

弁護人：刑事さんは、訂正したいことがあれば、言ってくださいというようなことを言いましたね。

証　人：はい。

弁護人：あなたは訂正を求めましたか。

証　人：いいえ。

弁護人：あなたが述べたことが正確に記載されていることを確認しましたね。

証　人：はい。

弁護人：証人の平成26年3月9日付警察官調書を示します。この末尾にある「山田太郎」という署名はあなたのものですか。

証　人：はい。

弁護人：その横にある「山田」という印はあなたが捺印したものですか。

証　人：はい。

弁護人：これは事故当日に西早稲田警察署で警察官の事情聴取を受けた時に作成された供述調書に間違いありませんね。

証　人：はい。

ステップ3：Confront 対面　　自身の自己矛盾供述と証人を対面させる。自己矛盾供述が存在する頁数と行数を宣言して、該当部分を弁護人自身が朗読し、間違いないことを証人に確認させる。

弁護人：調書の2ページ7行目から8行目をご覧ください。私がその部分を読みますので、目で確認してください。読みます。「私は、そのとき店の中にいて、衝突音を聞いてから店を飛び出したので、衝突の際の信号の色は見ていません。」私は書かれているとおりに読みましたね。

証　人：はい、確かにそう書かれていますね。

　自己矛盾供述を証人自身に朗読させるのは避けた方が良い。証人ははっきりと朗読しないかもしれないし、とっさに言い逃れや説明を始めるかもしれないからである。尋問のコントロールを維持するためにも、弁護人が朗読し

第10章　弾劾尋問　193

証人にそれを確認させるべきである。朗読箇所は法廷証言と矛盾する供述部分に限定しなければならない。その前後の供述部分を含めると、事実認定者は自己矛盾供述を正確に理解できず、わかりづらい尋問になってしまう。

自己矛盾供述との対面（Confront）が終わったら、終了である。それ以上この点についての質問をしてはいけない。次のトピックに移る。自己矛盾供述をした理由を尋ねてはいけない。それは反対尋問者の仕事ではない。主尋問者が再主尋問で尋ねるべき事柄である。対面のあとに「本当は〜（調書の内容）ではないか」などと尋問してはいけない。これでは供述録取書を利用しての不当な誘導尋問（刑訴規則199条の4第4項）あるいは供述録取書を示しての記憶喚起である（同199条の11第1項）という異議を誘発することになる。

法廷証言に肩入れさせる尋問（Commit）の次に必ず法廷外供述がなされた状況（Credit）を尋ねなければならない。このステップを踏まずに、いきなり自己矛盾供述の内容を示すと（「警察官には信号機を見ていないと言ったのではないですか」）、証人は説明を始める（「そのときは興奮していて十分な説明ができなかった」、「被告人がそばにいたので本当のことは言いづらかった」、「言ったけど調書に書いてくれなかった」など、など）。自己矛盾供述の内容を証人に示す（Confront）のは、あくまでも一連の問いの最終段階でなければならない。

B　欠落による弾劾：CICC

ステップ1：Commit 肩入れ　　基本的には積極的自己矛盾供述の場合と同じである。証人に自らの法廷証言に肩入れさせる。

> 弁護人：先ほど、あなたは「佐藤が包丁を持って突進してきたので、とっさに身体を左にひねった」と証言しましたね。
> 証　人：はい、確かにそう証言しました。
> 弁護人：あなたは、実際には、佐藤さんとぶつかるまで包丁には気がつかなかった、だから、身体を左にひねったということもなかったのではありませんか。
> 証　人：いいえ、違います。

ステップ2：Important & Credit その時も言ったはず　　供述の欠落すな

重なることもある.

194

わち沈黙が自己矛盾供述の一種として弾劾の材料になるのは、その時も沈黙せずに語るのが自然だと言える場合である[18]。それを示すためには、語るべき事項が証人にとって重要な体験であり、それを語るべき状況であったことを証人に認めさせる必要がある。

捜査機関がんぬす席くほず

弁護人：あなたがとっさに体を左にひねったので、包丁はお腹の中心をそれて、脇の方に向かった。そういうことですか。

証　人：はい、そうです。

弁護人：あなたが体をひねらなければ、包丁はお腹の中に入り、内臓に刺さっていたかもしれない。

証　人：そのとおりです。

弁護人：あなたのとっさの判断と行動があなたの命を救った。そういうことですね。

証　人：はい、そうです。

弁護人：あなたの命を救った行動をあなたはよく覚えている。そうあなたは言いたいのですね。

証　人：そのとおりです。

弁護人：あなたは事件の9日後の平成27年11月24日に秋葉原警察署の警察官から事情を訊かれていますね。

証　人：はい。

弁護人：病院から退院した翌日ですね。

証　人：はい。

弁護人：まだ、傷口は縫合されていましたね。

証　人：はい。

弁護人：包丁で襲われたときの出来事は生々しく脳裏に残っていましたね。

証　人：はい。

弁護人：刑事さんはあなたに刺されたときのことを詳しく話してほしいと言ってあなたを事情聴取したんですね。

証　人：はい。

弁護人：犯人がどのように攻撃したかを訊いていました。

証　人：はい。

18　Wigmore, *supra* note 13, §1042.

第10章　弾劾尋問　195

弁護人：あなたは記憶のとおり話したんですね。

証　人：はい。

弁護人：刑事は、あなたがどのように防御したかも訊いてきましたよね。

証　人：はい。

弁護人：あなたはその問いにも記憶のとおり答えたんですね。

証　人：はい。

弁護人：何かを隠したり、付け加えたりしましたか。

証　人：いいえ、記憶のとおり話しました。

弁護人：証人の平成27年11月24日付警察官調書を示します。この調書
　　　　の末尾の「加藤健太」という署名はあなたのものですか。

証　人：はい。

弁護人：その横の捺印はあなたがご自身でなさったのですか。

証　人：はい、間違いありません。

弁護人：署名捺印の前に、調書の内容は読んで聞かせてもらいましたか。

証　人：はい。

弁護人：あなたが刑事に述べたとおりのことが記載されていることを確認
　　　　して、署名捺印したのですね。

証　人：はい。

ステップ3：Confront 対面　　積極的自己矛盾の場合とは対面の仕方が異
なる。証人は「不存在」「沈黙」と対面するのである。彼の供述を記録した
文書に法廷証言で熱く語られた事柄が「ないこと」を確認するのである。

弁護人：それではこの調書をお渡ししますので、声を出さずにお読みくだ
　　　　さい。

証　人：わかりました。（調書を黙読している。）

弁護人：この調書のどこかに、「とっさに体を左にひねった」という趣旨
　　　　のことが書かれていますか。

証　人：……。

弁護人：読み終わりましたか。

証　人：はい。

弁護人：どうですか。「とっさに体を左にひねった」と書いてありますか。

証　人：……書いてないです。

この対面が済んだら弾劾尋問は終わりである。決して説明を求めてはいけない。「本当はそんな事実はなかったのではないか」と供述の修正を求めてはいけない。

C　不利 v 不利型の自己矛盾

法廷証言と矛盾する法廷外供述が存在するが、いずれもこちらのケース・セオリーと矛盾する不利な事実であるということがある。証人はかつて法廷証言とは矛盾する供述をしていたのであるから、法廷証言は真実ではない可能性がある。したがって、この法廷外供述を弾劾尋問で使うのは理にかなったことである。しかし、単純に「法廷証言は虚偽である」というメッセージを事実認定者に伝えるだけでは足りない、「法廷外の自己矛盾供述も虚偽である」というメッセージも必要である。要するに、いずれも虚偽であるという文脈のなかに自己矛盾供述を位置づけなければならない。

【不利 v 不利型の弾劾尋問の例】

強制わいせつ致傷事件の自称被害者の尋問。女性は、被告人に自動車の後部座席に引きずり込まれ、横倒しにされた；助手席側が頭で運転席側が足だと証言した。被告人は、横倒しにしておらず、後部座席に2人で並んで座り、抱き合ってキスをしたり服の上から彼女の胸を触ったりしたと言っている。彼女は警察官に対しても横倒しにされたと言っているが、その調書では法廷証言とは逆に、運転席側が頭、助手席側が足となっている。

（Commit：肩入れ）

弁護人：愛子さん（自称被害者）、今日あなたは高橋くん（被告人）に自動車の後部座席に引きずり込まれ、横倒しにされたと言いましたか。

証　人：はい。

弁護人：本当はそんなことなかったのではありませんか。

証　人：いいえ、ありました。

弁護人：あなたは横になっていないのではないですか。

証　人：いいえ、仰向けに倒されました。

弁護人：車の後部座席に高橋君と並んで座り、抱き合ったのではないですか。

証　人：そんなことないです。横倒しにされました。

弁護人：どちらが頭でどちらが足かもう一度教えてください。

証　人：助手席側に頭があり、運転席側に足がありました。

弁護人：その逆、つまり、運転席の後ろに頭が来て、助手席の後ろに足が
　　　　来たということはないんですか。

証　人：ないです。

（Credit：記録は正確）

弁護人：あなたはその3日後に警察で話をしていますね。

証　人：はい。

弁護人：刑事さんは、今日の検察官と同じように、車のなかで何があった
　　　　のか聴かせてほしいと言ったのですね。

証　人：はい。

弁護人：あなたは刑事さんに問われるまま話をした。

証　人：はい。

弁護人：刑事さんはあなたの話を書面にまとめましたね。

証　人：はい。

弁護人：「供述調書」という書類ですね。

証　人：はい。

弁護人：刑事さんはあなたにその書類の内容を読んでくれましたね。

証　人：はい。

弁護人：あなた自身も、調書を手にとって内容を確認しましたね。

証　人：はい。

弁護人：刑事さんは、訂正したいことがあれば、言ってくださいというよ
　　　　うなことを言いましたね。

証　人：はい。

弁護人：あなたは訂正を求めましたか。

証　人：いいえ。

弁護人：あなたが述べたことが正確に記載されていることを確認しました
　　　　ね。

証　人：はい。

弁護人：証人の平成28年5月9日付警察官調書を示します。この末尾に
　　　　ある「渡辺愛子」という署名はあなたのものですか。

証　人：はい。

弁護人：その横にある「渡辺」という印はあなたが捺印したものですか。

証　人：はい。

弁護人：これは事故当日に警察署で警察官の事情聴取を受けた時に作成された供述調書に間違いありませんね。

証　人：はい。

（Confront：対面）

弁護人：調書の12ページ2行目から3行目をご覧ください。私がその部分を読みますので、目で確認してください。読みます。「私は、運転席側に頭、助手席側に足がくる形で横になりました。」私は書かれているとおりに読みましたね。

証　人：はい。

（3）　音声データによる自己矛盾供述

　自転車で帰宅途中に前かごにあったポーチをひったくられて転倒して怪我を負ったという強盗致傷の被害者の証人尋問。

（Commit：肩入れ）

弁護人：あなたは今日、犯人は青っぽい服を着た50代の男性だったと言いましたか。

証　人：はい。

弁護人：本当は、50代ではなく、もっと若い人ではないですか。

証　人：いいえ。

弁護人：服装も青ではなく、黄色ではないですか。

証　人：いいえ、青っぽかったです。

（Credit：法廷外供述は信頼できる）

弁護人：あなたは強盗の被害にあったすぐあとに110番通報しましたね。

証　人：はい、しました。

弁護人：それは被害に遭ってから5分も経ってませんね。

証　人：はい。

弁護人：通報を受けた警察官はあなたに犯人の特徴を訊いてきましたね。

第10章　弾劾尋問　199

証　人：はい。

弁護人：犯人の年齢も訊かれましたね。

証　人：はい。

弁護人：服装も訊いてきましたね。

証　人：はい。

弁護人：あなたは警察官に記憶のとおり答えましたか。

証　人：はい。

（Confront：対面）

弁護人：平成 28 年 5 月 10 日の証人の 110 番通報を録音したデータの 42
　　　　秒から 54 秒の部分を再生します。

　警察官：もしもし……犯人の特徴を言ってください。

　通報者：はい。

　警察官：年齢は何歳ぐらいですか。

　通報者：30 歳後半って感じです。

　警察官：服装は？

　通報者：黄色っぽい T シャツを着ていました。

　　　　　愛子さん、これはあなたの 110 番通報を録音したものですね。

証　人：はい、そうです。

　録音録画データを再生する準備として自己矛盾部分を秒数やカウンターなどで特定しておき、その部分だけを法廷に顕出できるようにしておかなければならない。

(4)　回復証拠

　公判証言が自己矛盾供述によって弾劾されると、相手方は公判証言と一致する法廷外供述を利用して公判証言の信用性を回復することができる[19]。言い換えると、自己矛盾供述による弾劾尋問は、公判証言と一致する法廷外供述を法廷に取り込む扉を開けることになる。弾劾尋問を行った結果、法廷証

---

[19]　東京高判昭 53・5・17 東高刑時報 29 巻 5 号 81 頁、東京高判昭 54・2・7 判タ 391 号
144 頁。自己矛盾供述による弾劾がないのに一致供述を公判証言の信用性を増強する証
拠として利用することは許されない。大阪高判平 2・10・9 判タ 765 号 266 頁、札幌高
判平 12・8・31 判タ 1292 号 93 頁。

言よりも強力な回復証拠が事実認定者の目に触れる結果になることもあり得る。もちろん、相手方法律家が回復証拠の存在に気づかずに再主尋問でその顕出を行わないまま証人尋問が終了するということもあり得る。弾劾尋問を行う尋問者はこうした可能性についても考慮しなければならない。

【回復証拠の呈示・顕出を行う尋問の例】

「被告人の信号機の色は赤だった」と証言した目撃者が事故直後に警察署で「信号機の色は見ていない」とする供述録取書に署名捺印していることが反対尋問で明らかになった。検察官の再生尋問。

検察官：山田さん、あなたは事故の1か月後に今度は検察庁で検事から事情を訊かれませんでしたか。
山　田：はい、検察庁からはがきが来て、話を聞きたいというので、うかがいました。
検察官：何について訊かれました。
山　田：交通事故を目撃したときの様子を詳しく訊かれました。
検察官：信号機の色についてはどうですか。
山　田：訊かれました。
検察官：検事から話を訊かれたとき、あなたの事故当時の記憶はどうでしたか。
山　田：問題ありません。
検察官：検事から訊かれたことについて記憶に基づいて答えることができましたか。
山　田：はい。
検察官：記憶に反することを述べたということはありますか。
山　田：いいえ。
検察官：検事はあなたの話を書類にまとめましたか。
山　田：そうだと思います。
検察官：できあがった書類を検事はどうしました。
山　田：私に読んでくれました。
検察官：他には？
山　田：私も手にとって読みました。
検察官：それで。

第10章　弾劾尋問　201

山　田：「訂正したいことがあった言ってください」と検事さんに言われました。

検察官：あなたはどう答えました。

山　田：訂正はありませんと答えました。

検察官：それであなたはどうしました。

山　田：署名しました。

検察官：捺印はどうですか。

山　田：判子も押しました。

検察官：証人の平成 26 年 6 月 10 日付検察官調書の末尾の署名捺印部分を示します。「山田太郎」と言う署名は誰のものですか。

山　田：私の署名です。

検察官：その横の「山田」という印は誰のものですか。

山　田：私が押したものです。

検察官：それではその調書の 5 ページ 12 行目を御覧ください。私が読みますので、確認してください。読みます。「どんという大きな衝突音がしたので、道路の方を見ました。横断歩道の少し先に人が倒れていて、交差点の中央に乗用車が少し斜めに止まっていました。とっさに信号機の色をみると、車道側の信号は赤色の表示でした。」私は記載のとおりに読みましたか。

山　田：はい、そう書いてあります。

検察官：今日のあなたの証言とこの検察官調書の記載との間にどこかに違いがありますか。

山　田：いいえ、私が今日述べたのはこの調書に書いてあるとおりのことです。

検察官：先ほど弁護人があなたに見せた事故当日の警察官調書には、「衝突の際の信号の色は見ていません」と書いてありましたね。

山　田：確かに。

検察官：なぜそのような記載になったのか、説明できますか。

山　田：はい、確かに衝突の瞬間は見てないのです。衝突音を聞いて直ぐに交差点の方を見ましたから、1 秒前後の遅れはあったかもしれません。

再主尋問では誘導尋問が原則できないことに注意する必要がある（刑訴規

則 199 条の 7 第 2 項、同条の 3 第 3 項)。

4　自己矛盾供述調書の呈示が合法であること[20]

　自己矛盾の供述調書を証人に呈示しようとすると、「供述録取書による誘導は許されない」という異議を述べる検察官がいる。検察官の異議を受け入れ、調書の呈示や朗読を認めない裁判官もいる。なかには、検事が異議を言う前に、調書の呈示や朗読を職権的に止めようとする裁判官もいる。「調書にこだわるのは調書裁判への逆行ではないか」などと説明をする裁判官もいる。しかし、自己矛盾調書を活用した反対尋問は「調書裁判」とは関係ない。むしろ、証人本人に自己矛盾を呈示して、公判廷でその証言態度を裁判官や裁判員に観察させる弾劾尋問は、公判中心主義・口頭主義の理念にかなったことである。

　自己矛盾供述調書の呈示は証人の記憶喚起の一種であり、原則として禁止され、裁判長の裁量で許可された時にのみ許されるという説もある[21]。しかし、弾劾尋問は証人の記憶を回復する手段ではない。証人に自己矛盾供述の存在を確認させ、法廷に顕出するための手続である。

　弾劾尋問が成功すれば，現在の自分と異なる話をしている過去の自分と対面させられた証人は、嘘つきな証人であれ、思い違いをした証人であれ、忘れっぽい証人であれ、多かれ少なかれ困惑し、圧迫を受け、居たたまれなくなっているであろう。だからといって、こうした尋問が「威嚇的な尋問」として許されない（刑訴規則 199 条の 13 第 2 項 1 号）ということにはならない。この尋問はそうした証人の姿を事実認定者の前に示すことによって証言の信ぴょう性について正当な判断を行い、真実を発見することを目的としているである。

　証人に対してまず調書を示さずに自己矛盾供述をしたかどうかを問わなければならず、その問いに対して証人が否定の答えをしたとき、又は、記憶がないなど曖昧な答えをしたときに初めて調書を呈示できるという説もある[22]。

20　詳細は、高野・前掲注 9、178 〜 182 頁、同「証人尋問と供述調書」三井誠ほか編『刑事手続の新展開（下）』（成文堂・2017）267 〜 287 頁を参照。

21　田中伸一「証人の検察官調書を示す尋問」判例タイムズ 1322 号（2010）30、34 〜 38 頁。

22　田中・前掲注 21、38 〜 39 頁、栗原正史「自己矛盾供述について——その存在の立証方法等を中心とした一考察」植村立郎判事退官記念論文集編集委員会編『植村立郎判事退官祈念論文集——現代刑事法の諸問題（第 2 巻）』（立花書房・2011）165、174 頁。

この説も誤りである。コモンロー諸国では、自己矛盾供述の存在と内容を証人に示さずに尋問することはアンフェアであり許されないとされている。1820年のキャロライン王妃事件に関する裁判官会議の諮問を起源とするコモンローのルールでは、自己矛盾供述によって証言を弾劾する前に、証人に対して供述を示して、証人にその供述を認めるか、否定するか、説明するかの機会を与えなければならないとされる[23]。1975年に制定されたアメリカ連邦証拠規則はこの要件を緩和した。必ずしも事前あるいは尋問中に示す必要はなく、相手方代理人の要求があったときに開示すればよいとされた（FRE613(a)）。いずれにしても、証人本人に自己矛盾供述を示してはならないなどというルールは存在しない。

　昭和24年の刑事訴訟法案の起草担当者は、自己矛盾供述を利用して証人を弾劾する場合には、「それによってその証人を矛盾せしめようとする部分に証人の注意を喚起しなければならぬ」と言い、その理由として、「少なくともその必要な部分に付証人の注意を喚起しないでやったのではフェアなやり方ではないからである」と説明している[24]。

　書面の朗読や供述録取書の呈示を禁じる刑事訴訟規則の規定は、証人が自分の記憶に基づいて証言する意欲を失い、書面の記載を肯定するだけになることを防止するものである。要するにこれらの規定は伝聞法則を潜脱する尋問を禁止するのである。自己矛盾供述の存在を証明するために、書面を朗読して「そう書いてありますね」と問う尋問がこれにあたらないことは明らかであろう。

【自己矛盾調書の呈示に異議が述べられた例】

　裁判長が検察官の異議を容れて調書の呈示を禁じた場合の対処例を掲げる。

弁護人：それでは調書の16ページ4行目を見てください。
検察官：異議あります。供述録取書の呈示や朗読は刑事訴訟規則により禁じられています。
弁護人：私は調書によって証人を誘導するつもりもありませんし、証人の

23　Queen Caroline's Case, 2 Br. & B. 284, 129 Eng. Rep. 976 (1820).
24　鈴木勇『証拠法を中心とする新刑事訴訟手続の解説』（近代書房・1948、印刷は1947）33頁、瀧川幸辰ほか『新刑事訴訟法解説』（大学書房・1948）355頁。

記憶を喚起しようとするつもりもありません。証人がその真正を認めた書類の中に自己矛盾があることを示そうとしているだけです。この尋問は刑事訴訟法328条によって当然許される尋問ですし、この弾劾尋問を行うことは刑事被告人の憲法上の権利でもあります。

裁判長：まず、調書を示さずにそうした供述をしているかどうかを証人に訊いてください。

弁護人：裁判長の裁定に対して異議を申し立てます。自己矛盾供述を顕出する方法は尋問者の自由なはずです。その方法を指図する権限は裁判所にはありません。裁判長の訴訟指揮は刑事訴訟法に違反し、かつ、刑事被告人の反対尋問権を不当に制限するものです。

裁判長：検察官、ご意見は？

検察官：異議には理由がありません。

裁判長：異議は棄却します。

弁護人：それでは裁判長の裁定に従ってお尋ねします。加藤さん、あなたは警察官に「信号の色は青だった」と述べたのではありませんか。

証　人：そんなはずはないです。

弁護人：先程あなたに署名捺印を確認していただいた供述調書にはそのように記載されているのですが、どうですか。

証　人：そこに書かれているならそうなんでしょうが……さあ、わかりませんね。

弁護人：調書の内容を確認したいですか。

証　人：ええ、そうですね。

弁護人：それでは証人の平成28年7月10日付警察官調書の16ページ4行目を示します。ここをご覧ください。朗読しますので目で追って確認してください。読みます。「衝突音を聞いてすぐ信号を見ました。信号の色は青でした」。私は記載のとおりに読みましたか。

証　人：はい、確かに。

■ 第11章 ■

再主尋問

I 再主尋問の目的

　再主尋問は、反対尋問によって弁護人のケース・セオリーが受けたダメージを回復させるためにするものである。検察官の反対尋問によって、証人は、弁護人のケース・ストーリーと整合しない（ように見える）事実を認めさせられることがある。弁護人のケース・ストーリーを構成する事実を語った証人について、その信用性を減殺する事実を認めさせられることもある。そのような場合、その証人自身が体験した事実を語ることをもって事実認定者に説明することにより、そのダメージの回復を図るのが、再主尋問の目的である。

II 質問の事項と方法

　再主尋問は、反対尋問に現れた事項及びこれに関連する事項について行うものとされている（刑訴規則199条の7第1項）。再主尋問の機会に新たな事項について尋問するためには、裁判長の許可が必要である（刑訴規則199条の7第3項、199条の5）。

　再主尋問は、主尋問と同様の規制を受ける（刑訴規則199条の7第2項）。したがって、誘導尋問は原則として禁止される。尋問者の誘導尋問に「はい」と答えさせることによって、反対尋問のダメージの回復を図ろうとする再主尋問もよく見かけられるが、そのような質問は許されないものなので、注意すべきである。

　効果的な再主尋問の方法は、基本的に、主尋問と同様である。ダメージの回復は、証人自身がストーリーを語ることにより、図られることになる。再主尋問では、反対尋問との関連性を明らかにする必要がある。まず、回復す

べきダメージを与えた反対尋問を簡潔に引用した上で、証人にストーリーを
語らせる質問を続けるのが、証人にとっても、事実認定者にとっても、わか
りやすいだろう。

弁護人：先ほど、検察官から、あなたは供述調書に署名する前に訂正を申
　　　　し立てていない、という指摘がありました。どうして訂正を申し
　　　　立てなかったのか、理由を説明してください。

証　人：この取調べの前の晩は全く眠ることができませんでした。調書に
　　　　サインしろと言われたのは午後10時過ぎで、眠くてどうしよう
　　　　もなく、私が話した内容と違うことはわかっていたのですが、訂
　　　　正を求めず、サインに応じてしまいました。

弁護人：話した内容と違う調書へのサインに応じた後、どうしようと思っ
　　　　ていたのですか。

証　人：次の日の取調べで、訂正してもらうことができると思っていまし
　　　　た。

弁護人：次の日の取調べで、どうしましたか。

証　人：検事さんに、昨日の調書の内容は違うので、訂正してほしいとお
　　　　願いしました。

弁護人：検察官の反応はどうでしたか。

証　人：「サインした調書を訂正できるわけがないだろ」と怒鳴られました。
　　　　「お前は昨日認めたことをもう変えようとするのか」とも言われ
　　　　ました。

　反対尋問において、自己矛盾供述による弾劾が行われたとき、再主尋問で
は、自己の一致供述を持ち出して、法廷供述の証明力の回復を図ることが許
容され得る（刑訴法328条）。例えば、証人が、反対尋問において、主尋問
における証言内容と矛盾する検察官調書を提示されて弾劾された場合、弁護
人の手元に、主尋問の供述内容と一致する警察官調書、証人が作成した被疑
者ノートや供述書があるときは、それらを提示して、主尋問における供述の
証明力の回復を図ることが考えられる。

弁護人：先ほど、検察官から、「報告書を提出する前に、会長の了承を受
　　　　けたことは間違いありません。」と記載された検察官調書を示さ

れましたね。

証　人：はい。

弁護人：あなたが最初に検察官の取調べを受けたのは、先ほどの検察官調書を作成した取調べから、どのくらい前のことでしたか。

証　人：約6か月前です。

弁護人：その最初の取調べでは、どのような質問を受けましたか。

証　人：報告書を提出した経緯について、事前に会長の了承は受けなかったのか、ということを含めて、質問を受けました。

弁護人：あなたは、どのような姿勢で、その取調べに臨んでいましたか。

証　人：記憶にあることを正直に説明するつもりで、取調べに臨みました。

弁護人：検察官は、どのような姿勢で、あなたの話を聴いていましたか。

証　人：このときは最初でしたので、私の説明を聴いてくれていました。

弁護人：その最初の取調べでは、報告書を提出する前に会長の了承を受けたかどうかについて、どのように説明しましたか。

証　人：今日と同じです。会長の了承を受けた記憶はないとご説明しました。

弁護人：その取調べで説明した内容は、何に記録されていますか。

証　人：このときも、検察官が供述調書を作成して、私が署名押印しています。

弁護人：証人の平成28年10月6日付け検察官調書末尾署名押印部分を示します。これは誰の署名ですか。

証　人：私の署名です。

弁護人：これは誰が押した印影ですか。

証　人：私が押しました。

弁護人：報告書を提出する前に会長の了承を受けたかどうかについては、どこに記載されていますか。

証　人：えーっと、……ありました。3頁の冒頭に書いてあります。

弁護人：何と書いてありますか。

証　人：「事前に会長の了承を受けなかったのか、というお尋ねがありましたが、私は会長の了承を受けたという記憶はありません」と書いてあります。

第11章　再主尋問　209

Ⅲ　再主尋問の効果と判断

　再主尋問は、反対尋問の後に行われるものであることから、新近効果により、事実認定者の記憶に残りやすい。そのため、効果的な再主尋問を行うことができれば、検察官の反対尋問によって受けたダメージを回復するばかりでなく、主尋問の効果が増強されることもあり得る。特に、ビジュアル・エイドを活用した再主尋問は、大きな効果を期待することができる。

　このことは同時に、再主尋問では失敗が許されないことを意味する。ダメージを回復するつもりで質問したものの、証人が上手く答えられなかったとき、ダメージは拡大し、そのことは事実認定者の記憶に残ることになる。

　再主尋問を行うか否かは、ダメージを回復する必要性の程度と、再主尋問によるダメージの回復に成功する見込みに基づいて判断することになる。

　再主尋問を行う場合、その最後に質問する事項は、特に記憶に残りやすいものであることに注意する必要がある。最後の質問は、ダメージを回復する上で重要であり、かつ、成功する確実性のある事項を選択するべきである。

■ 第 12 章 ■

専門家尋問

I 専門家証人とはなにか

　専門家証人は自分が体験した事実を語りに法廷に来るのではない。専門家証人は、事実ではなく、意見を述べるために召喚されるのである。訴訟の帰趨に影響を与える意見は、多くの場合事実認定者（裁判員と裁判官）自身が証拠に基づいて形づくるものである：目撃者の供述は信用できるか、被告人の自白は信頼に値するか、被害者はなぜ当初犯人は被告人だと言わなかったのか、など。こうした事柄に対する回答は、特別の訓練や知識や資格がなくても、通常人が法廷で、事実を体験した証人の話を聞いたり、証拠物を観察したりして、常識に従って獲得できる。事実認定者が自発的に判断できるものであり、自発的に判断すべき事柄であるから、体験事実を語る証人は意見を述べることが許されないのである[1]。しかし、事実認定者が持っている常識だけでは正しい意見を持つことができない事柄もある：被害者の頭の傷はどのような凶器によって作られたのか、死因は何か、被害者の着衣に付着した体液の DNA 型は被告人と一致したのか、被告人の精神障害は彼女の善悪識別能力やそれに従って行動する能力にどの程度の影響を与えていたのか、など。こうした事柄は、法医学者や DNA 鑑定人や精神科医の意見を聞かなければ正しい結論に至ることはほとんど不可能である。こうした事柄について、専門家を証人としてよび、その意見を聞くことは事実認定者が正しい事実認定を行うために必要なことであり、当然許される（刑訴法 156 条 2 項、刑訴規則 199 条の 13 第 2 項但書）[2]。

　専門家証人はどこまで意見を述べることができるか。事実認定者が決定す

1　最大判昭 24・6・13 刑集 3 巻 7 号 1039 頁、最二小判昭 26・3・30 刑集 5 巻 4 号 731 頁、刑訴規則 199 条の 13 第 2 項 3 号。

べき究極の問題についても専門家は意見を述べることができるか。例えば、精神科医は犯行当時の被告人の精神障害の内容とその程度を証言するなかで、被告人が心神喪失状態だったかどうかについて意見を述べることができるか。わが国の法にはこの点について規制したものはない。実務でも、これまで専門家は事実認定者が判断すべき究極の論点について意見を述べてきた。被告人の精神鑑定をした医師が、被告人の精神障害の有無や程度、それが被告人の行動に与えた影響についてだけではなく、犯行当時の責任能力の有無程度についても端的に意見を述べるのが普通であった。しかし、裁判員裁判の実施を前にして、「参考意見とはいいながら、精神医学の専門家である鑑定人が法律判断の一方に明示的に軍配を上げたときの裁判員に対する影響は相当に大きい」というようなことから、裁判所の職権による鑑定人の意見としては、責任能力の結論に直結するような形で弁識能力・統御能力の有無・程度に関する意見を示すことは避けるべきだという意見が職業裁判官の間から提起された[3]。かつてアメリカの多くの州で「究極論点ルール」(Ultimate Issue Rule) が行われていた。事実認定者（陪審）が判断すべき究極の論点について証人は意見を述べることができないというルールである。そうした証言は「陪審の領分を侵す」というのがその理由であった。しかし、実際のところこのルールは機能しなかった。何が「究極の論点」なのかを巡って議論が繰り返される一方で、法律家はさまざまな表現方法で究極の論点に肉薄する尋問を行い、それはかえって証言をわかりにくくした。1942年の模範証拠法典はこのルールの廃止を提案し、1972年に制定された連邦証拠規則は明文でそれを廃止した[4]。その後、レーガン大統領の暗殺を試みたジョン・

2　刑訴法156条2項は大正刑訴法206条2項を引き継いだものである。同項の「鑑定に属する」供述とは、「特別ノ智能ヲ以テ推測シタル事項ノ供述」という意味であり（法曹会『刑事訴訟法案理由書』（大正11年）137 ～ 138頁）、要するに、専門家証人の意見供述を意味する。大審院昭和2年9月23日判決は、傷害事件の被害者を診察した医師が、老人の歯は容易に脱落するもので、その被害者も周囲に別段の損傷なしに3枚の歯が歯根から抜けたものと考えられると証言したことについて、同項の証言として許容性があるとした（大判昭2・9・23刑集6巻365頁）。

3　司法研修所編『難解な法律概念と裁判員裁判』（法曹会・2009）、41 ～ 42頁。現在、裁判所の職権による精神鑑定では弁識能力・制御能力の有無程度に関する報告は求めないという運用が行われている。これに対して、検察庁の嘱託による起訴前精神鑑定ではそれらについても記載を求めている、とのことである。日弁連刑事弁護センター編『責任能力弁護の手引』（現代人文社・2015）32頁。

ヒンクリーが無罪になったのを受けて、1984年の改正で、「被告人が、訴追されている犯罪やそれに対する防御の要素となる精神状態にあったかどうか」[5]について、専門家は証言できないという但書が付け加えられた[6]。前述のように、わが国には「究極論点ルール」は最初から存在しておらず、専門家の意見が事実認定者の判断事項に及ぶというだけでそれを排除する理由はない。

専門家証言の許容性についても関連性の法則があてはまる。まず「自然的関連性」が問題になる。すなわち、その証拠（意見）がない場合と比較して、訴訟の帰趨に影響を与える事実の蓋然性を高めあるいは低めるといえるかということである。言い換えると、その専門家の専門的な知識が、事実認定者が証拠を理解したり争点について判断したりすることに役に立つと言える場合に、その専門家の意見は自然的関連性があるということができる。ここでいう「専門的な知識」というのは科学的な合理性や法則性に裏づけられたものでなければならない。また、「専門家」として意見を述べることが許されるのは、その分野について適格な教育や訓練を受けあるいは経験を積んだ人でなければならない[7]。しかし、その専門分野は必ずしも「科学」や「学問」として確立しているものに限られない。「技術」や「技能」に関する専門分野でも良い。また、専門家の認定について国家試験のような資格試験がある

4　FRE 704（a）：「意見は、究極の論点に関するというだけで異議の対象となるものではない。」

5　故意とか事前の認識などの犯罪の主観的要素、あるいは自己の行為の性質を認識していたか、自己の行為が悪であることを認識していかというような責任能力に関する主観的要素をいう。

6　FRE704（b）：「刑事裁判において、専門家証人は、被告人が訴追されている犯罪やそれに対する防御の要素となる精神状態にあったかどうかについて意見を述べてはならない。これらの事項は事実認定者だけのものである。」

7　最高裁第二小法廷平成12年7月17日決定（足利事件上告審決定）は、科捜研技官が実施したMCT118DNA型鑑定について、「その科学的原理が理論的正確性を有し、具体的な実施の方法も、その技術を習得した者により、科学的に信頼される方法で行われたと認められる」と述べて、その許容性を認めた（最二小決平12・7・17刑集54巻6号550、551頁）。宇都宮地裁平成22年3月26日判決（足利事件再審無罪判決）は、同じDNA型鑑定について、同じ基準に基づいて、DNA型鑑定の中核をなす異同識別判定の過程に疑問があるので、「具体的な実施の方法も、その技術を習得した者により、科学的に信頼される方法で行われた」と認めるには疑問が残るとして、その証拠能力を否定した（宇都宮地判平22・3・26判時2084号157、160〜161頁）。

ものに限られるわけではない[8]。この要件を満たす専門家にはさまざまな人があり得る。法医学者や精神科医、DNA 鑑定人、薬毒物の分析者などのいわば「常連」のほかに、筆跡や指紋の鑑定人、ポリグラフ検査者、臨床心理士、供述と記憶の研究者、繊維の研究者、画像解析の専門家、コンピュータ・プログラム専門家、宗教学者、社会心理学者、銃器鑑定人、火災の専門家、爆発物研究者など枚挙にいとまがない。覚せい剤の密輸事件で、被告人が国際麻薬密輸組織によっていわゆる「ブラインド・ミュール」（情を知らない運び屋）として利用された蓋然性が高いことを立証する証人として、DEA（連邦麻薬取締局）の元捜査官が採用されたことがある。また、外国人を日本語で取り調べた結果作成された検察官調書の許容性が争われた事件で、その供述者が調書に記載されている語彙や文章を理解し得なかったことを立証する証人として、外国人に対する日本語教育とその能力の検定に携わっている研究者（大学教授）が採用されたケースもある。

　専門家の意見も他の証言と同じように１つの証拠に過ぎない。それをどう評価するかは裁判員と裁判官の自由に任せられる（裁判員法 62 条）。事実認定者は専門家の意見に拘束されない。しかし、論理則や経験則に反するような不合理な証拠評価は許されないのであり、上訴審で破棄される。最高裁判所は精神科医による鑑定意見について、「鑑定人の公正さや能力に疑いが生じたり、鑑定の前提条件に問題があったりするなど、これを採用し得ない合理的な事情が認められるのでない限り、その意見を十分に尊重して認定すべきものというべきである」として、２人の精神科医が一致して心神喪失意見を述べているのに、これを排斥して心神耗弱の判断をした高裁判決を破棄した[9]。この論理は裁判所が職権で採用した鑑定人だけでなく、専門家証人一般にあてはまるであろう。

8　アメリカ連邦証拠規則（FRE702）は専門家証言の許容性の基準をこう定めている：「科学的、技術的又はその他の特殊な知識が、事実認定者をして証拠を理解し又は事実上の争点を判断するのを助ける場合には、その知識、技能、経験、訓練又は教育によって専門家としての資格を認められる証人は、それに関して意見又はその他の形式で証言することができる。」

9　最二小判平 20・4・25 刑集 62 巻 5 号 1559、1565 頁。

II　主尋問

1　証人尋問請求まで

　専門家をどうやって探すか。ほとんどの刑事事件に検察側専門家による意見証拠が登場する。法医学者の解剖鑑定、精神科医の精神鑑定、科学捜査研究所技官の薬物やDNA型鑑定などである。これらの証拠を検討するためには弁護士の知識だけでは足りない。素人である弁護士がインターネットや書籍で勉強してもたかが知れている。その分野の専門家の意見を直接聞く必要がある。こうして、刑事弁護士としてやっていくためには、親しく意見を聞くことができる法医学者や精神科医との交流が必要不可欠となる。彼らから検察側専門家の意見の欠陥や弱点をつぶさに指摘してもらうだけではなく、こちら側の専門家として彼らに証言してもらうこともあり得る。彼らがその分野の専門家でないとしても、彼らから適切な専門家を紹介してもらうこともできる。こうした紹介者がない場合どうするか。紹介者なしに連絡するしかない。文献等を調べて、その著者に手紙やEメールを送り、面会を求める。その人が証人になってくれない場合は、さらに別の人を紹介してもらう。

　望ましい専門家証人とはどのような人か。証言のテーマについて研究を重ね、多数の論文を書いたり教科書の監修をしたりしているような、その分野の第一人者とよばれる人が望ましいのは言うまでもない。しかし、学識や権威だけで決めないほうが良い。法廷という公開の場所で素人に対して熱意を持ってわかりやすく説明する意欲と能力を持った人でなければならない。大御所や大家とよばれる人の中には、素人に対するコミュニケーション能力の点で問題のある人もいる。法廷で尋問者を怒鳴りつけたり、「私の言いたいことはすべて鑑定書に書いてあるので、まずそれを証拠に採用して下さい。なぜ鑑定書を採用しないんですか」と裁判長に食ってかかるような人もいる。証人候補には、書面は証拠にならないことや口頭での説明の大切さを説明しよう。

　証人候補に必要な資料を提供して意見を聴取し、その意見の見通しが立った段階で証人として依頼することになる。証人申請をするためには、その意見の要旨を記載した書面を作成して相手方に開示しなければならない（刑訴法316条の18第2号）。あくまでも法廷で証言してもらうことが目的であり、書面はその証言の要旨にすぎない。ボリュームのある「鑑定書」を執筆して

第12章　専門家尋問　**215**

もらう必要はない。数頁以内の「意見書」が望ましい。必ずしも証人自身に書いてもらう必要はない。弁護人が専門家の意見の内容を要約して作成した書面でも良い。意見の基礎となった実験結果やデータは単に証言を明確にする資料として利用する（刑訴規則199条の12）だけでは足りず、独立証拠として証拠請求しておく必要がある場合が多いであろう。いずれにしても、それらを事前に相手方に開示しておかなければならない。証人予定者が許容性のある「専門家」であることを示すために、その人の経歴や業績を開示することも必要である。

　意見の前提として被告人に対する問診や各種検査が必要な場合がある。被告人が釈放されているならば問題はない。被告人が勾留されている場合どうするか。この点、現在のわが国の法と実務はわれわれ弁護人に対して甚だ不公平な運用をしており、過大な不便を強いている[10]。鑑定留置という制度は捜査訴追機関にしか利用できないことになっている（刑訴法224条[11]）。検査のために一定期間勾留の執行停止をするということが考えられる。しかし、今のところこれが認められたことはない（今後も諦めずに申立てを続けるべきではあるが）。警察や拘置所の接見室で専門家（精神科医など）に問診してもらうということになるが、立会いがつく上、接見時間の制約がある[12]。専門家に繰り返し拘禁施設まで出向いてもらうことにも限界がある。そこで、弁護人が代わって問診を行い、その様子をビデオに撮ってそれを専門家に見てもらうという方法が考えられる。これに対しても警察や拘置所は違法な接見だと苦情を言ってくることがある。施設側とトラブルになり、場合によっては途中で接見を中断させられるということも起こり得る。いずれにしても、依頼人が拘禁されたままでは脳のfMRIなどの検査をすることはできない[13]。

　相手方が当方の証人申請に反対したときどうするか。専門家証人が関連性を有すること——その専門家の意見を聞くことが、事実認定者が証拠を正しく評価し、あるいは、争点に関する正しい判断をすることに役立つこと（自

10　現状の問題点とその解決の方向について、金岡繁裕「刑事施設における弁護側専門家の面会等について」後藤昭ほか編著『現代の刑事弁護2：刑事弁護の現代的課題』（第一法規・2013）37頁以下を参照。

11　当事者のイニシアチブによる「鑑定留置」を捜査訴追側にしか認めないというのは、とういて公正な手続とは言えない。刑訴法224条の弁護側への準用を認めるべきである。それが許されないというのであれば、本文に述べたような勾留の執行停止などの代替手段を裁判所は積極的に認めるべきであろう。

12　拘置所や警察と交渉して1時間程度まで延長してもらうことは可能である。

然的関連性）——を裁判所に示す資料や書面を提出することになる。こうした自然的関連性が認められ、かつ、重複や時間の無駄でもなく、争点を拡散したり事実認定者に予断を与えたりする弊害も認められないのであれば——法律的関連性が否定されないのであれば——、裁判所は専門家証人を採用しなければならないはずである。それが証拠法の正しい解釈である。しかし、裁判官の中には「裁判員への負担」（裁判員法51条）や「証拠の厳選」（刑訴規則198条の2）を口実に「必要性」の立証を厳しく要求する人がいるので注意しよう。検察側の専門家証言に対して弁護側が専門家を立てて反証するというのは、当然の防御活動であり、一方的な意見だけではなく異なる見解を聞くことは裁判員にとっても有益であることを説明しよう[14]。

　検察官の中には、弁護側専門家の意見を詳細に引用して、その信用性を弾劾する意見書を提出する人がいる。こうした意見書に対して反論する（相手はさらにそれに再反論する）というようなことをすると、公判が始まる前に裁判官は一定の心証をとってしまう。しかし、公判前整理手続は裁判官の心証形成の場ではない。証拠の内容を引用する書面に対しては、公判前整理手続の範囲を逸脱し、事実認定者に予断を与え、裁判官と裁判員との間に情報格差を生み出すものであるとして異議を申し立て、証拠引用箇所の削除を求めるべきである。専門家証言の弾劾は公判廷で反対尋問のなかで行うべきである。

　弁護側専門家の意見の対象が検察官が立証責任を負う訴因の構成要素に関

13　被告人の精神状態が争点となり得る事件で、被告人の病的な言動を記録することは、弁護活動の基礎的な要素であって、憲法が保障する弁護人の援助を受ける権利（憲法37条3項）に含まれる。高野隆・趙誠峰『『接見ビデオ』を裁判員法廷で上映して心神喪失を主張」季刊刑事弁護65号（2011）124頁、葛野尋之「弁護人接見の電子的記録と接見時の電子通信機器の使用」季刊刑事弁護72号（2012）76頁、日弁連「面会室における写真撮影（録画を含む）及び録音についての意見書」（2011年1月20日）http://www.nichibenren.or.jp/library/ja/opinion/report/data/110120_3.pdfを参照。

14　「複数鑑定」は裁判員に難しい判断を求めることになるから極力避けるべきだという意見がある（司法研修所編・前掲注3、48～49頁）。これが1人の専門家証言しか許さないという趣旨であるとすると、およそ当事者主義訴訟における攻撃防御——とりわけ被告人の反証の権利——を否定するものであって、憲法上容認できない考え方だと言わなければならない。また、「裁判員に難しい」というのも根拠がない。1つの争点に対して異なる複数の観点からの意見を聞くというのは、むしろ問題点を深く理解し、正しい判断に到達することを助けるはずである。なお、趙誠峰「鑑定から専門家証言へ」後藤昭ほか編著・前掲注10、383～384頁を参照。

するものであるとき、それは弁護側の反証に過ぎないのであるから、その意見の帰結をあらかじめ「証明予定事実」として明示する必要はない。証拠申請書に検察官の立証に対する反証であることがわかるように立証趣旨を記載すれば良い。意見が犯罪の成立を妨げる積極的な抗弁（正当防衛や責任無能力など）に関するときは、あらかじめその主張を明示して、専門家証言との関係も明らかにしておく必要がある（刑訴法316条の17）。

2　採用決定後の準備

　証人尋問は学会発表ではないし、大学の講義でもない。聞き手は全くの素人であり、素人に専門的分野に関する結論とその理由を理解してもらうことが尋問の目的である。まずこのことを証人に説明しよう。従来から「鑑定人」としてしばしば法廷に登場してきた専門家——法医学者や精神科医など——は、分厚い鑑定書をあらかじめ作成し、それを手元において、専門用語を多用して証言するのが常であった。その話を聞く裁判官や法律家の方もあらかじめ勉強して尋問に臨むのが普通であった。証言が不十分でも、鑑定書が証拠として採用され、裁判官はあとからそれを読んでじっくり考えることができた。しかし、裁判員裁判では、普通の市民が全く予備知識なく白紙の状態で専門家の話を聞くのである。書面があとから採用されることはない。法廷のその場で見て聞いてわかる証言をしてもらわなければ、証言の意味はない。それどころか彼ら裁判員に苦痛に満ちた時間を押し付けることになる。

　証言を聞く人は素人であるとしても、尋問する人＝あなたは専門家でなければならない。専門家尋問も普通の証人尋問も、主尋問であれ反対尋問であれ、あらかじめ証人に言ってもらうことを考えそれを言わせること、すなわち証人をコントロールすることこそ、もっとも肝要な点である。専門家の証言をコントロールするためにはあなた自身が専門家にならなければならない。「専門家になる」といっても、学位を取得したり試験に合格したりする必要はない。証言の主題に関して徹底的に勉強するのである。こちら側の証人である専門家の指導を受けながら、関連する文献を網羅的に読む。分野によっては外国語の文献にも目を通す必要がある。証人自身が執筆した文献については確実に全部目を通しておかなければならない。証言要旨や意見書と矛盾するように見える部分については、証人に十分な説明を求める。対立する証人がいるときは、その証人の文献もすべて目を通す。こうした作業を通じて、主尋問の構成や強調すべきポイント、さらには予想される反対尋問のポイン

トが見えてくる。

　裁判員裁判がはじまってからいわゆる「プレゼン方式」の専門家証言が行われるようになった。当事者が冒頭に証人の経歴など前提的な尋問を数問しただけで、あとは「それでは先生、よろしくお願いします」と言って、証人に証言を丸投げする。証人はあらかじめ用意したスライドなどを使って切れ目なくプレゼンを行う。この方式にはいくつかの問題がある。最大の問題は尋問者が証言をコントロールできないことである。証人は証拠法に精通していないので、許容性のない事項（例えば、専門外の意見、争いのある事実についての推測や伝聞など）について証言してしまうかもしれない。相手方から異議を申し立てられ、裁判所がそれを容れて、その証言部分について排除決定するということになる。事実認定者の関心とは異なる事柄や高度な理論的な説明を延々として、彼らの集中力を減退させるかもしれない。逆に、重要なポイントについて説明が不十分であっても、その場で聞き返せない。こうした事態を防ぐために、あらかじめ詳細な原稿を書いてもらい、その内容をチェックしたり、練習を繰り返すということになる。しかし、その結果本番が滑らか過ぎてかえって印象の薄い証言になったりする。専門家証人の中には、その専門分野の第一人者ではあるが、素人の前で話をするのは不慣れだという人もいる。そうした証人に対しては、尋問者が供述の主題とその構成をあらかじめ組み立てておく必要があるし、答えの範囲が明確な具体的な問いを発することが不可欠である。専門家証言の主尋問もそれ以外の証人の主尋問と同様に、問答式の尋問をすべきである。

　後述のとおり、多くの専門家尋問においてビジュアル・エイド（視覚資料）は必須である。何をどのタイミングで使うかをあらかじめ決めておかなければならない。証人自身が作成したスライドなども、法的に許容できるものかどうか、そして、わかりやすい尋問に資するものかどうか、入念にチェックしておかなければならない。そして、使えないと判断したときには、そのことを説明し、作り直しを依頼しなければならない。尋問者自身が代案を提案することもときに必要である。法廷で利用する予定のビジュアル・エイドはあらかじめ相手方に閲覧の機会を与えなければならない（刑訴規則199条の10第2項、同条の12第2項）。

　相手方から事前に証人予定者の事情聴取をしたいという申し出を受けた場合、極力それに協力すべきである。先方の関心事や反対尋問の方向性を知る機会でもある。証人にもその旨説明して事情聴取に応じるように説得すべき

第12章　専門家尋問　219

である。そして、事情聴取には立ち会うようにする。

　裁判所から、裁判所の立会いで証人予定者を含めた打ち合わせ（「カンファレンス」）をしたいという申し出を受けることがある。事前に専門家の意見の問題点と尋問事項を整理しておき、裁判員にわかりやすい尋問を実現したいというのがその趣旨であるらしい[15]。しかし、事実認定者でもある裁判官にあらかじめ証言の概要を伝えたり、意見の問題点や尋問のポイントを教えたりするというのは、まさに事実認定者に予断を与えることにほかならない。しかも、事実認定の一翼を担う裁判員がいない場所で裁判官だけがこうした情報を持つということは、裁判官と裁判員との間に証拠に関する情報格差をもたらすものであり、裁判官が裁判員の心証を誘導する契機となる危険性をはらむものである。そして、「裁判員にわかりやすい尋問」というのは、裁判所の仕事ではなく、各当事者がその責任を担うべき事柄である[16]。裁判所からの「カンファレンス」の申し出は断るべきである[17]。

3　主尋問の構成

　専門家証言の信用性は次のような要素に分解できる（図12-1）。まず、証人が証言の主題について意見を述べる**資格**があることである。医師の資格がないのに、医学的な意見を述べることはできない。次に、証人の**公正さ**である。証人が単に当事者を手助けするために証言するのではなく、科学的な良心から証言しているのだということが伝わらなければ、事実認定者はその意見を尊重しないだろう。第3に、意見が**実証的な根拠**に基づいていることを示す必要がある。データに基づかない、単なる仮説を聞くのは時間の無駄である。第4に、意見が科学的に合理性が認められた**原理・法則**を適用した結果であることが示されなければならない。証人の意見がこうした4つの要素に基づくものであり、それゆえに信頼できるものであることをわかりやすく示すことが主尋問の目標である。

15　司法研修所編・前掲注3、46 〜 48頁。

16　高野隆「裁判官は弁護人の下手くそな尋問を止められるか」季刊刑事弁護81号（2015）43頁参照。

17　「カンファレンス」は当事者の了解のもとで実施すべきだと言われている。司法研修所編・前掲注3、47頁。仮に、弁護人不在の場所で、検察側の専門家、検察官と裁判官による打ち合わせが敢行されたとすれば、それはもはや公平な裁判所による公正な審理とは言えないであろう。

220

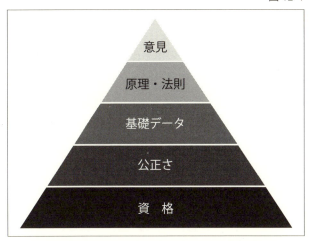

図 12-1

A　イントロダクション

　普通の主尋問と同じように、専門家証人に対する主尋問もイントロダクションから始まる。まず、証人が何をしている人かを簡単に述べてもらう。

弁護人：先生のお名前を教えて下さい。
証　人：大山健二です。
弁護人：現在の所属は？
証　人：横浜帝国大学医学部法医学教室の教授をしております。
弁護人：法医学教室の教授というのはどのようなお仕事ですか。
証　人：ご遺体を解剖したり、薬毒物の検査をしたりして、死因や怪我の状態、薬毒物の人体への影響などを明らかにするというのが法医学です。医学生に法医学の授業をしたり、警察などの依頼で死体解剖したり、薬毒物の検査をしたりするのが私の主な仕事です。それ以外に、自身の研究成果を論文に発表したり、教科書を執筆したりもしています。

　イントロダクションはあくまでも証人の人となりを事実認定者にわかってもらうのが主眼であり証言全体の入り口である。また、証人に法廷の雰囲気に慣れてもらうという意味もある。ここで細かな経歴や資格を語らせるべき

第 12 章　専門家尋問　221

ではない。

　簡単な自己紹介が終わったら、証言の主題を確認する。このあと証人の資格や意見の基礎など、前提的あるいは技術的な質問が続くことになるので、裁判員にそれらの質問がなぜ必要なのかを理解させるとともに、注意力を維持してもらうために、証言の核心部分をできるだけ早く予告しておくのである。

　　弁護人：今日は、亡くなられた斉藤太郎氏の怪我の状態とそれができた原因、そして彼の死亡の原因について、先生の医学的なご意見を伺うことになっております。
　　証　人：はい。
　　弁護人：ご意見をここで述べていただく準備はできていますか。
　　証　人：はい。できています。

B　資格

　意見を述べさせる前に、証人が意見を述べる資格を持っていることを明らかにしなければならない。それは証人の意見を証拠として許容するための必要条件である。資格は教育、訓練、認証、経験などによって具体的に示すことになる。通常それは、証人の経歴を明らかにすることである。

　　弁護人：先生のご意見を伺う前に、まず、先生の経歴を伺います。先生の大学以降の経歴を簡単にご紹介下さい。
　　証　人：平成3年に横浜医科大学医学部を卒業し、同年に医師国家試験に合格して医師になりました。そのときに横浜帝国大学法医学教室の助手に採用されました。平成17年に准教授、23年に教授になり、現在に至ります。
　　弁護人：在外研究、留学などの経験があればご紹介下さい。
　　証　人：平成6年から平成9年までの4年間、テキサス州立大学の法医科学研究センターで薬毒物関係の研究プロジェクトのプロジェクトリーダーをしていました。
　　弁護人：これまで死体解剖は何件くらい経験しましたか。
　　証　人：自ら執刀した解剖は2000体くらいです。
　　弁護人：裁判所で法医学専門家として証言した回数は何回くらいでしょうか。

証　人：50回くらいです。

　専門的意見を述べる資格——法医学者としてその意見が許容される要件——としては、この程度で十分である。しかし、証人が事件の争点に関する分野で特に業績のある人物であるならば、その点もここで紹介しておくべきである。論文や教科書の出版、受賞歴、所属学会なども紹介に値するものであれば、ここで訊く。事件の争点と無関係な研究業績や教育歴などを長々と尋問すべきではない。そうした「記録に残す」だけの退屈な尋問は事実認定者の注意力を阻害する。

C　意見の基礎

　イントロダクションと資格の尋問が終わったら、いよいよ本題に入る。結論（意見）とその説明（理由）を尋ねる前に、どのような経緯で意見を形成するに至ったかを明らかにしておく必要がある。証人自身が直接資料を検討して意見を形成したのであり、他人の意見を代弁しているのでもなく、また、一般論を述べているのでもないことを明らかにする。体験事実を語る証人に対して証言の基礎（foundation）を明らかにする尋問をする必要があるのと同じように[18]、専門家証人に対して意見の基礎を示す尋問をしておく必要があるのである。そうすることで、証人の意見が聞く価値があることを事実認定者に知らせるのである。この部分を抜きにいきなり意見を述べさせても、意見が宙に浮いてしまっている印象を与える。

　　弁護人：先生は今回証言するにあたって、どのような資料をご覧になった
　　　　　のですか。
　　証　人：弁護人から送っていただいた資料に目を通しました。
　　弁護人：その主な内容をおっしゃって下さい。
　　証　人：はい。解剖をされた加藤精一先生の鑑定書と解剖時の写真データ、
　　　　　それから、斎藤氏が救急搬送された横須賀医科大学病院の診療録
　　　　　やCTデータ等の諸検査記録を精査しました。

　もう1つ精神科医の例を挙げておこう。

---

[18]　本書80頁以下参照。

弁護人：先生は被告人滝本さんの精神状態を診断するにあたってどのような作業をしましたか。

証　人：弁護人から送っていただいた一件記録を読み、本人が勾留されている拘置所で4回接見して問診をしました。

弁護人：1回あたりの接見時間はどのくらいですか。

証　人：概ね1時間です。

弁護人：他にはどのようなことをされましたか。

証　人：弁護人が警察の接見室で撮影したビデオを見ました。また、川口医師の精神鑑定書特にその問診と諸検査結果を参照しました。それから、滝本さんのご両親からも、事件前の彼の様子などについて話を伺いました。

　この質問は、証人の意見が直接資料を精査したオリジナルなものであることを簡単に示すだけで良い。長々とやるべきではない。事実認定者が一刻も早く証人の意見を聞きたいと考えていることを忘れてはならない。

D　意見

　いよいよ証言の中核に入る。証人の意見とその説明である。その順番をどうするか。一般的には意見を先に訊くほうが良い。なぜなら、事実認定者はそれを知りたがっているからである。また、説明は複雑なことが多くかつ専門的な話が続くので、先にそれを聞かされるのは事実認定者にとって負担が大きすぎる。まずゴールを明確に示された上で、そこに至る道筋を示してもらう方がわかりやすい。

弁護人：まず結論を伺います。斉藤さんの死因は何ですか。

証　人：脳底部の動脈が断裂したことによるクモ膜下出血です。

弁護人：クモ膜下出血というのはどのような病気なのですか。

証　人：脳を覆うクモ膜という膜と脳との間に起こる出血です。

（以下用語の説明が続く）

弁護人：斉藤氏の脳底部の動脈が破れた原因はなんでしょうか。

証　人：頸部の過伸展すなわち過剰に伸びきってしまったか、あるいは異常捻転すなわち異常な方向に捻れてしまったために、動脈が伸びきって破裂したということです。

弁護人：路上にうつ伏せに倒れている斉藤さんの後頭部を足で踏みつけることで、今説明いただいたような頸部の過伸展や異常捻転は起こりますか。

証　人：いいえ、起こりません。

精神科医の例。

弁護人：本件当時の滝本さんの精神状態はどのようなものだったのですか。

証　人：妄想型統合失調症の急性期にあり、幻聴や幻視などの幻覚に突き動かされている状態でした。

弁護人：妄想型統合失調症とはどのような病気ですか。

（以下病気の説明が続く）

弁護人：当時の滝本さんには、自分の行動の是非善悪を判断する能力やその判断に従って自分の行動を制御する能力はどの程度あったのでしょうか。

証　人：是非善悪を判断する能力も、また、その判断に従って行動を制御する能力も、いずれも失われていたと判断します。

　これらの意見は証言の結論部分であり、事件の争点の判断に直結する。できるだけ明確に、そして力強い表現で語ってもらう必要がある。専門家はときとして「～と考えて矛盾はない」とか「私の観察したデータは～を示している」とか「～と考える合理的な根拠がある」というような表現をすることがある。専門家同士の会話ではこの表現は断定的な意見を公正に表しているということになる。しかし、こうした表現は、素人にとっては、結論に留保を付けた、曖昧な表現に聞こえるということを、あらかじめ専門家に説明しておこう。勿論、実際のところ明確な断定ができず可能性のレベルでしか語れないのであれば、そのように証言してもらわなければならない。

E　説明

　意見の内容を明らかにしたあとで、その意見が正しいことを示す根拠を尋ねることになる。それは実証的な**データ**すなわち事実としてのエピソードの部分と、その事実から意見を導く**理論**や**経験知**の部分に分かれる。データは証人が直接体験し収集したものの方が良いことは間違いないが、他の専門家

第12章　専門家尋問　225

が集めたデータであっても客観的に記録されたものであれば十分に説得力を持ち得る。このデータ部分は専門家証言の信頼性を支える重要な要素であるから欠かせない部分であるが、それと同時に、素人にはわかりづらい部分でもある。余分なものを省き、必要なデータを選択して、わかりやすく語ってもらわなければならない。スライドや写真を用意してそこに随時書き込みを行うなどのビジュアルな工夫が効果を発揮する場面でもある。

弁護人：脳底部の動脈が破けたと判断した根拠はなんでしょうか。

証　人：加藤先生の解剖所見を見ますと、脳底部すなわち脳の下の部分に血腫すなわち血の塊を伴う出血があります。そして、意識不明となって救急搬送された横須賀医科大学病院が撮った頭部のCT画像を見ると、これは搬送されてすぐの段階で脳幹部すなわち脳の中心部分ですね、その部分に大量の出血が見られます。これは脳底部にある太い動脈が切れてそこから一気に出血したことを示しています。

弁護人：脳の他の部位が傷ついて出血したという可能性はいかがでしょうか。

証　人：それはあり得ません。解剖所見には脳挫傷はありません。解剖写真を見ても脳に傷はありません。にもかかわらず、脳底部にあれだけの出血があるということは太い動脈が破れたとしか考えられません。すぐに救急車が呼ばれましたが、その段階で既に意識がないという状態もこれを裏づけています。

弁護人：それはどういうことですか。

証　人：脳挫傷に伴い細い血管が切れたというのであれば、すぐに意識を失うことはありません。動脈が破裂して一気に出血したので、直ちに意識を失ったのだと考えられます。

弁護人：弁4号証の写真を示します。大山先生、この写真はなんでしょうか。

証　人：加藤先生の解剖写真の1つで、斉藤氏の脳底部を撮影したものです。

弁護人：出血しているというのはどの部分ですか。

証　人：この赤黒い固まりが血腫ですね。脳の中心が一番激しく出血しているのがわかります。

226

弁護人：それでは、手元のタッチペンで、出血箇所を囲んで「出血」と記して下さい。

証　人：承知しました。

弁護人：弁5号証のCT画像ファイルを証人に示します。大山先生、この画像は何ですか。

証　人：横須賀医科大学病院が撮影した頭部CT画像ファイルです。ここに患者である斉藤さんの名前と撮影時刻があります。

弁護人：頭部CT画像というのはどのようなものですか。

証　人：頭部を上から下まで何十枚もスライス状に撮影したもので、脳の内部の状態を画像にすることできます。

弁護人：裁判長、証人の証言を明確にするためにCTビューワー装置を利用して尋問することを許可してください。

裁判長：検察官、ご意見は？

検察官：異議ありません。

弁護人：それではお手元のマウスを操作して、出血している箇所の画像をわれわれに示して下さい。

証　人：わかりました。……ええと、この辺ですね。この脳の中心部に白い影が写っていますが、これが出血です。CT画像では出血は白い影になります。

弁護人：それでは手元のタッチペンでその箇所を囲んで「出血」と記入して下さい。

証　人：はい。

弁護人：裁判長、証人の供述を明確にするために必要ですので、脳の医学用模型を利用して尋問することを許可して下さい。なお、模型については既に検察官に閲覧してもらっています。

裁判長：検察官のご意見は？

検察官：異議ありません。

裁判長：それでは許可します。

弁護人：大山先生、この模型は医学的に見て問題はありますか。

証　人：いいえ、これはわれわれが大学の講義でも使っているもので、とても精巧なもので、医学的に正しいものです。

弁護人：出血したと見られる脳底部の動脈を示していただけますか。

証　人：はい、ここにあるのが椎骨動脈という動脈、そしてこちらが脳底

動脈です。この2つの動脈のどちらかが破けたに違いありません。残念ながら解剖の際に出血箇所を特定する作業が行われなかったために、どちらかを決めることができません。私が解剖していれば、必ず出血箇所をピンポイントで特定するのですが……。

　理論はデータを意見に結びつけるものである。これも専門家証言の核心部分であり、その信頼性を支える重要な部分である。意見の科学的合理性をわかりやすく説明してもらうことが課題である。そして、その理論が一般的に承認されているものであり、多くの専門家がそれに依拠しているスタンダードなものであることを示すことも重要である。

弁護人：動脈の破裂の原因が頸部の過伸展又は異常捻転だというのはどうして言えるのですか。
証　人：脳の動脈が破裂する原因の典型例として、脳動脈瘤の破裂とか動脈解離と言われる血管の病気があります。しかし、解剖所見ではこうした血管の病気はなかったということでした。
弁護人：他にどのような原因があるのですか。
証　人：病的なものではないということになると、外傷性つまり外部からの力で動脈が引っ張られて切れたということになります。その典型例が頸部の過伸展又は異常捻転とされています。
弁護人：それは先生以外の法医学者も認めている考えなのですか。
証　人：法医学を学んだ者なら誰でも知っていると思います。教科書にも記述がありますし、論文も沢山あります。
弁護人：どういう場合に頸部の過伸展や異常捻転は起こるのでしょうか。
証　人：飲酒した人に起こりやすい現象だと言われています。今回の斉藤さんも相当に飲酒していたようで、血中から高濃度のアルコールが検出されています。
弁護人：なぜ飲酒した人に起こりやすいのでしょうか。
証　人：酒を飲んで酔った状態だと、頭部や顔面に打撃を受けたときに防御反射をするのが遅れるのです。だから、許容範囲を越えて首が伸びたり捻れたりするのです。そのために動脈が引っ張られて切れてしまうという現象が起こるのです。
弁護人：飲酒した人に起こりやすいという点も、一般に言われていること

なのでしょうか。

証　人：はい、それも教科書や論文に記載されている事柄です。

弁護人：うつ伏せに倒れた人の頭を上から足で踏みつけたのでは、この頭部の過伸展や異常捻転が起こらないというのはなぜですか。

証　人：首が過剰に移動する空間がないからです。

弁護人：完全にうつ伏せになっているのではなく、頭が多少浮いているとしたらどうでしょうか。

証　人：それでも過伸展や異常捻転は起こらないでしょう。頭を前向きに曲げると、地面に額が当たるか顎が胸に当たりますから、首が過剰に折れ曲がるということは物理的に不可能です。

　しかし、ときには普通の教科書には載っていない、証人自身が独自に行った実験をベースにした理論もある。技術系の専門家証人の場合は、証人の長年にわたる実務経験に基づく、固有の経験知による判断であることが多いであろう。そうした場合も、その実験や経験知が大方の賛同を得られるフェアなものであることを語ってもらう必要がある。実験結果が偏りのない十分な数量のものであること、あるいは、多くの同業者が同様の経験をしていることなどを証言してもらうのである。

　同じ争点について対立する意見の専門家が登場する場合には、その専門家の意見に対する反論をしてもらう必要がある。その場合には、決して人格攻撃や党派的な批判にならないようにしなければならない。冷静に、その意見の根拠が不十分であること——データ不足や理論の欠陥——を指摘してもらう。

弁護人：加藤医師は「うつ伏せに倒れた人の後頭部を踏みつけた場合でも外傷性くも膜下出血は起こり得る」とおっしゃっていますが、いかがでしょうか。

証　人：一般論としてはそのとおりです。しかし、それは斉藤さんのクモ膜下出血には当てはまりません。

弁護人：どういうことでしょうか。

証　人：後頭部であれ、前頭部であれ頭を強く打ち付ければ、脳が激しく揺れて脳挫傷が起こります。そしてそれに伴ってクモ膜と脳との間の小さな血管が切れてクモ膜下出血が起こります。その場合に

第12章　専門家尋問　229

は脳の損傷つまり脳挫傷がありますし、打ち付けた部分にも皮下出血などの傷があるはずです。しかし、斉藤さんの脳には脳挫傷は全くありませんでした。後頭部にも皮下出血などの傷はありませんでした。

弁護人：出血の部位や程度の違いはいかがでしょうか。

証　人：大きな違いがあります。脳がゆすられたことによるクモ膜下出血は徐々に生じるものです。したがって、急激に意識を失うということはありません。脳底部の動脈が切れた場合は一気に出血し、意識を失います。斉藤さんの解剖所見やCT画像は、先程示したように、脳底部の動脈が切れたことを示していますし、彼が一気に意識を失ったことも明らかです。

F　締めくくり

　最後に、証人の意見の主要なポイントを整理してまとめ、事実認定者の記憶に定着させる。

弁護人：最後に今日の証言の結論をおうかがいします。斎藤さんの死亡の原因は何でしょうか。

証　人：脳底部のクモ膜下出血です。

弁護人：その原因は何でしょうか。

証　人：頸部の過伸展又は異常捻転による脳底部の動脈の破裂です。

弁護人：うつ伏せになっている状態で頭を上から踏みつけたとして脳底部動脈の破裂は起こりますか。

証　人：起こりません。

4　スタイル
A　語りを適切な長さにする

　主尋問の主役は証人である。事実認定者が専門家の発言や立ち居振舞いに終始注目できるように、尋問者の問いは短くオープンなものにするべきである。しかし、一般の尋問と違って、専門家証言の場合は、厳格な言葉遣いによる理論的な説明が続くことが多い。専門家の語りをそのまま放置しておくと、どこかの段階で事実認定者の許容限界を超える。専門家の語りを適切な分量に抑える必要がある。そのために、見出し的な問を挿入したり、クロー

230

ズドな問い（はい・いいえで答えられる問い）を挟んだりする必要がある。

　語りの分量を抑える方法として、ナンバリングという方法もある。複数の項目を語るときに、証人にナンバリングをしてもらう。「その根拠は３つあります。第１は……」という具合に、項目に番号をふってもらう。証人が自発的にその工夫をしてくれるように、あらかじめ伝えておくと良い。尋問者が尋問中にナンバリングする方法もある。例えば、はじめに「根拠はいくつありますか」「３つあります」という問答をしてから、「それでは１つ目の根拠を説明して下さい」という具合に尋問していけば良い。

B　結論が先、説明はあと

　一般の尋問でも同じことが言えるが、問いに対する結論を言う前に、その根拠を説明する証人が多い。専門家証人の場合、話のゴールが見えないままに説明を聞かされることの苦痛は一般の場合よりもはるかに大きい。事実認定者の注意力を持続させるためには、専門家はまず結論を述べ、次にその説明をするという順序で語る必要がある。これは彼らの日常的な思考方法と逆である。法廷証言に慣れた専門家は自然とこの作法が身についているが、そうでない人も多いので、あらかじめ注意しておくのが良いであろう。

C　専門用語を少なく

　専門用語はできる限り使わないようにする。専門用語の中には言い換えが可能なものもたくさんある。そうしたものは最初から言い換えをする。例えば、「創傷」や「損傷」ではなく「怪我」「傷」を使う。「前頭部」ではなく「額」と言う。「上肢・下肢」ではなく「腕・足」、「上腕」ではなく「肩から肘」という具合である。

　しかし、どうしても専門用語を避けられない場合もある。その場合は、できるだけ早いタイミングで証人に説明をしてもらう。漢字表記を示してもらうことが理解を助ける場合が多いので、証人席にあるタッチパネルにタッチペンで書いてもらうと良い。

D　ビジュアル・エイド

　わかりやすい専門家尋問のための道具として、ビジュアル・エイド——図面、写真、模型、装置など——を積極的に活用すべきである。しかし、ビジュアル・エイドは、適切な場面で適切な方法で使わなければ、その効果は半

減してしまう。それどころか時間を浪費し尋問の流れを阻害してしまうことも ある。そうならないためには、あらかじめ十分な準備をしておく必要がある。

どの資料を使うのかをあらかじめ決めておかなければならない。現場で思いついて使用するというのはできるだけ避ける。利用の根拠となる法令——刑事訴訟規則 199 条の 10 ～ 12 のいずれか——を確認しておく必要もある。その資料が既に証拠として取調べ済みのものなのかどうかもチェックしておかなければならない。証人によって同一性や真正を証明して、法廷で採用決定をしてもらう必要のある資料であれば、その手順もきちんと確認しておこう。

法廷の施設——タッチパネル、タッチペン、書画カメラ、プリンターなど——がきちんと動作するかも、裁判所書記官を通じてあらかじめチェックしておく。「法廷 IT システム」の使用法に習熟しておくことは、専門家尋問を成功させる重要な要素といって良い。

死体の写真などのように裁判員の感情への配慮が必要な資料もある。センシティブな資料については、それが本当に必要かどうかよく検討しよう。相手方から異議が出たり、裁判所から「必要性」について釈明を求められたりする可能性のあるものを使う必要がある場合は、あらかじめ許容性について意見を準備しておく。

証人自身がパワーポイントなどのスライドを用意している場合もある。その場合も、あらかじめ法律家がその内容を点検しておくべきである。許容性のない資料は削除するように指導しなければならないし、裁判員により理解しやすい資料があるならば代案を示すべきである。スライドに頁を付すなど、形式面もチェックしておかなければならない。そして、あらかじめスライド全部を相手方の閲覧に供し、尋問前か開始直後に裁判所の包括的な許可（刑訴規則 199 条の 12）を得ておくのが良いだろう。尋問中に 1 枚 1 枚許可を得るのは煩雑すぎる。法廷でのスライド（PC）の操作は、証人自身が行う場合と、尋問者が証人の指示で行う場合があるが、証人に操作を任せたほうがスムーズである。その場合、呈示しているスライドのページ数を言ってからそれに言及するように[19] あらかじめ指導しておかなければならない。

19　どの証言の際にどのスライドを使用したかを尋問調書に正確に記録するために必要だと、書記官が要求してくる。

尋問中に使用したビジュアル・エイドを評議の際に利用できるように、公判調書への添付（刑訴規則49条）を求め、尋問終了後に写しを提出する。

III　反対尋問

1　事前準備
(1)　専門知識を得る
"あなた自身が専門家にならなければ、専門家を反対尋問してはいけない"（スティーブン・ルベット）。われわれは法律家であって、法医学者ではないし、精神科医でもない。われわれがどんなに努力しても彼らと同じレベルに達することはできない。しかし、刑事裁判は医師の国家試験ではない。裁判で問題になる専門領域は限定されている。あらゆる死因が問題になるのではなく、水中死体が溺死かどうか鑑別する方法；脳外科学全体の知識が問われるのではなく、脳底部のくも膜下出血の原因と出血部位の特定方法というように、特定のトピックに関する知識が問われるのである。そうであれば、われわれ素人も、専門家の助言と指導を仰ぎながら相手方専門家と同レベルの知識を得ることは決して不可能ではない。

問題となるトピックに関する教科書、論文、学会報告などはすべて入手して読む必要がある。日本語の文献だけではなく、海外文献を読まなければならないケースもある。現代はこうした文献検索は極めて容易である。Google Scholar など無料のインターネット検索でも論文を検索することができる。有料の文献検索・コピーサービスサイトも豊富にある。

文献を読むだけではなく、適切な専門家の助言を得るべきである。活字になっていない、臨床家の経験的な知見やルーティンというものがある。そうした知識が反対尋問で役立つことは少なくない。

(2)　相手方の専門家について調べる
反対尋問すべき相手方専門家についても知る必要がある。鑑定書や意見書には経歴書が添付されていることがある。それだけではもちろん不十分である。インターネットで検索するだけでも多くのことがわかる。学歴、職歴、所属学会、これまでに執筆した論文や教科書なども入手する。とりわけ、裁判のトピックに関する著作はすべて読む。過去に執筆した論文に今回の意見と異なる見解が記載されていることがある。これは反対尋問において強力な

第12章　専門家尋問　233

道具になることがある。

　証拠開示によってその専門家のすべての鑑定書、意見書、回答書、供述調書を入手する。最終的な鑑定書を作成するまでに中間的な報告書を作成していることは珍しくない。最終的な鑑定意見と矛盾する供述があれば、それを利用した弾劾尋問を検討することになる。

　その専門家がこれまでにどのような事件で鑑定や証言をしたのかを知ることも役に立つ。弁護士仲間や協力専門家から有益な情報を得られることがある。いつも検察の意向に沿う意見を言う専門家なのか、いずれの立場からの依頼にも応じ、フェアな意見を言う人なのか、怒りっぽいのか、クールなのかなど、証人の人となりを知っておくことは、証人の法廷での反応を予測する上で役に立つ。

2　反対尋問のターゲット
(1)　活かす反対尋問

　最終的な結論（意見）がこちらに不利なものであるとしても、こちらのケース・セオリーを支える事実や意見を述べてくれることがある。当方の専門家の意見に部分的に賛同してくれるということもある。あるいは、意見の前提となる事実関係を変えることで意見が変わり得ることを認める相手方専門家もいる。こうした事柄については、活かす反対尋問をすることになる。

【法医学者に対する活かす反対尋問の例：被害者の怪我】

　正当防衛を主張している傷害致死事件で、被害者の解剖をした法医学者に、被害者の攻撃の強さを裏づける痕跡を尋ねる。

　　弁護人：亡くなった佐藤さんの右手の中指の付け根の部分の骨が骨折して
　　　　　　いますね。
　　証　人：はい。
　　弁護人：中指の付け根の手の甲の部分の骨ですね。
　　証　人：はい、そうです。私の鑑定書で「右中手骨骨折」と記載している
　　　　　　ものです。
　　弁護人：この部分の骨折はボクサーとか空手をやる人によくあるものでは
　　　　　　ないですか。
　　証　人：はい、そうです。「ボクサー骨折」とよぶこともあります。

弁護人：この骨折は、佐藤さんが鈴木さんを殴ったときにできたと考える
　　　　ことができますね。

証　人：そう考えて良いと思います。

弁護人：佐藤さんの左手も、骨折はないものの、手の甲が赤黒く腫れ上が
　　　　ってましたね。

証　人：はい、広範囲に皮下出血があり腫脹がありました。

弁護人：「腫脹」というのは、要するに内部に出血があって手が腫れ上が
　　　　っていたということですね。

証　人：はい。

弁護人：この怪我も佐藤さんがゲンコツで鈴木さんを殴ったときにできた
　　　　と考えられますね。

証　人：そのとおりです。

【精神科医に対する活かす反対尋問の例：前提を変える】

弁護人：山田くん（被告人）は、「祖父（被害者）から電話があり、『どこ
　　　　に居ても必ずわかる。早く帰ってこい』と言われて、見つかるん
　　　　じゃないかと思った」。そう言ってましたね。

証　人：はい。その話を問診で聞きました。

弁護人：先生は、この体験があるので、動機はある程度了解可能である、
　　　　と判断されたんですね。

証　人：それだけではないですけど、これもそのうちの１つです。

弁護人：仮にこの電話のエピソードが事実ではない。山田くんの幻聴ある
　　　　いは妄想だとしたら、山田くんが当時統合失調症に罹っていたと
　　　　いう可能性が出てくるのではないですか。

証　人：それだけではなんとも言えません。

弁護人：そうした幻聴は妄想型統合失調症の診断をする１つの要素ではな
　　　　いですか。

証　人：それはそうです。

　検察側の専門家が弁護側の専門家の意見の一部を受け容れるということが
ある。その場合には一致点を確認する。また、自分の意見と異なる見解があ
り得ることを専門家自身が認めることがある。そうした場合には、最終判断
は事実認定者に委ねられるということを相手方専門家から引き出すこともで

第12章　専門家尋問　**235**

きる。

【精神科医に対する活かす反対尋問の例：意見は分かれ得る】

弁護人：精神科の診断は専門家同士でも異なることが良くあるのではない
　　　　ですか。

証　人：まあ、診断が分かれることはときにあります。

弁護人：優秀で権威のある精神科医同士でも症状の解釈や診断基準への当
　　　　てはめを巡って意見が分かれるということはありますよね。

証　人：はい。

弁護人：先生は清水航一郎先生（弁護側の専門家）をご存知ですか。

証　人：もちろん知ってます。

弁護人：精神医学者としての清水先生について、先生はどう評価されます
　　　　か。

証　人：大変に立派な先生です。先生の著作や鑑定書を私自身参考にさせ
　　　　ていただくこともあります。

弁護人：今回は、先生と清水先生の意見は分かれましたが、同じ意見とい
　　　　うケースももちろんありますね。

証　人：はい、もちろん。

弁護人：先生は今回の清水先生の意見書をお読みになって、その意見は精
　　　　神科医の意見としてあり得ないとお考えですか。

証　人：いいえ、私の意見とは異なりますが、十分成り立つ意見だと思い
　　　　ます。

(2)　殺す反対尋問

　専門家証言の信用性を基礎づける要素（図 12-1）は主尋問の構成を考え
る上で必須の要素であるが、それらは殺す反対尋問のターゲットとなる要素
でもある。

A　資格外：専門領域外　　まれなことであるが資格がない事項あるいは専

門領域に属さない事項について意見を述べようとする「専門家」がいる。薬
物犯罪の捜査に携わってきたが薬学や医学についてなんの資格もない警察官
が覚せい剤の人体への悪影響について語ろうとする；爆発物の鑑定を行って
いるが、医師の資格がない科捜研の技官が爆発による傷病について意見を述

べる、というようなことがある。こうした証言に対しては主尋問の段階で適切な異議を述べる（「証人には〜の点について意見を述べる資格はありません。」）必要がある。仮に異議が通らずに証人が意見を述べた場合には、彼が専門家としての資格がないことを指摘する反対尋問を行わなければならない。

　臨床経験のほとんどない「学者」的な専門家というのもいる。また、既に引退し、長年実務から遠ざかっている専門家もいる。逆に、まだ資格を得たばかりで専門家として法廷に立つのは初めてに近いという人もいる。こうした点を反対尋問で指摘するときに、考えなければならないのは、自分の専門家はどうかということである。自分の専門家がほとんど臨床経験のない「学者」的専門家に過ぎないのに、相手方専門家の臨床経験の少なさを指摘する反対尋問を行うのは説得力がない。

B　偏向・バイアス　　実際に鑑定に着手する前に一定の意見をマスコミなどに発表しているという専門家がいる。警察や検察からの依頼しか受けない専門家もいる。これも反対尋問のターゲットとなる。

【警察・検察からの依頼しか受けない専門家の例】
　弁護人：先生はこれまで法医学専門家として法廷で証言したことが30回
　　　　　ほどあるとのことでしたね。
　証　人：はい。
　弁護人：そのうち、弁護側の依頼で証人になったことは何回ありますか。
　証　人：ありません。
　弁護人：30回すべて検察側の依頼だということですか。
　証　人：そうです。
　弁護人：先生は、この事件で鑑定書をお書きになったほか、検察庁へ行っ
　　　　　て検事に口頭で説明していますね。
　証　人：はい。
　弁護人：その場に私は立ち会っていませんね。
　証　人：はい。
　弁護人：今回証言することが決まった後も、検事と打ち合わせをしていま
　　　　　すね。
　証　人：はい。
　弁護人：そこにも私は立ち会ってませんね。

第12章　専門家尋問　　237

証　人：はい。

弁護人：今回の件について、私の方から先生にお会いしてお話を聞かせて
　　　　ほしいというお願いをしたことがありましたね。

証　人：はい、ありました。

弁護人：そのお願いに対する先生のお返事はどうでしたかね。

証　人：お断りしました。

弁護人：先生は、弁護人と会うわけにはいかない、そうおっしゃいました
　　　　ね。

証　人：はい。

C　基礎データが不十分・偏っている　　専門家がやるべき検査をやってい
ない；データが不十分；情報源が偏っているという場合がある。

【データの不十分さを示す反対尋問の例】

　強制わいせつ致傷事件で被告人が自称被害者の首筋に付けた「キスマーク」
が「全治約10日間の皮下出血」と言えるかが争点の1つとなった事案。検
察側の法医学者は、事件の2時間後に自称被害者がスマートフォンで撮影し
た首筋の写真を根拠に彼女の主張に沿う証言をした。

弁護人：医師が自ら患者を診察しないで診断書を発行することを法律は禁
　　　　じていますね。

証　人：はい。

弁護人：この法律に違反して、患者を診察しないで診断書を発行したら刑
　　　　事罰を受けることもあり得ますね[20]。

証　人：はい。

弁護人：そういう決まりがあるのは、患者を直接診察しないでその病気や
　　　　怪我の診断を正確に下すことは医師であっても不可能だからです
　　　　よね。

証　人：……不可能ということはないです。

弁護人：絶対に不可能とは言えないにしても、不正確になるのではないで
　　　　すか。

20　医師法20条、33条の2第1号。

証　人：一般論としてはそうです。

弁護人：先生は山本愛子さんを診察しましたか。

証　人：いいえ。

弁護人：先生は彼女の首筋を肉眼で見ましたか。

証　人：いいえ。

弁護人：先生はそもそも彼女に会ったことがありますか。

証　人：いいえ、ありません。

弁護人：先生が診断の根拠にしたのは写真のカラーコピー1枚ですね。

証　人：はい、そうです。

弁護人：写真のデータファイルを入手してませんね。

証　人：してません。

弁護人：先生は画像データを使ってそれをパソコン上で拡大してみたりも
　　　　していない。

証　人：してません。

弁護人：先生がそのご意見の根拠にしたのは、警察から渡されたカラーコ
　　　　ピー1枚、そうですね。

証　人：そうです。

弁護人：先生は、若い男が若い女性の首筋に吸い付いて、どのくらいのキ
　　　　スマークができるのか、実験したことがありますか。

証　人：いいえ。

弁護人：キスマークが消えるのに、どのくらいの時間がかかるのか実験し
　　　　たことがありますか。

証　人：いいえ。

弁護人：男性が吸い付きながら女性が首を動かしたら、キスマークはどの
　　　　ようになるのか、実験したことがありますか。

証　人：いいえ。

弁護人：キスマークのでき方や消え方に関する論文や症例報告をお読みに
　　　　なったことがありますか。

証　人：いいえ。

　この事案では弁護側の専門家も本人を診察せずに写真に基づいて意見を述
べている。したがって、写真だけでは情報が不十分だというだけでは足りな
い。しかし、弁護側の専門家は実証実験を行っている。その違いを示し、弁

第12章　専門家尋問　239

護側専門家の意見の方が信頼性が高いことを示すために、検察側専門家は実証実験もしていないことを示す必要があるのである。

D　文献　　第10章で述べたように、権威ある文献や定評のある教科書の記述と矛盾する意見を述べる専門家に対しては、文献を利用して弾劾尋問を行う（文献を利用した弾劾尋問の例は187頁を参照）。その分野で一般的に通用している診断基準と矛盾する意見や一般的見解と異なる独自の理論を述べる専門家に対する反対尋問でも文献を利用した弾劾尋問が可能である。

E　自己矛盾　　専門家の法廷証言が彼女の鑑定書、意見書、中間回答書、供述調書などと矛盾するときは、自己矛盾供述を用いた弾劾尋問をすることができる。さらに、専門家が過去に出版した著作と矛盾する証言をした場合もその著作を自己矛盾供述として弾劾尋問をすることができる。CCCあるいはCICCの技法を用いて行うべきこと、小さな矛盾を取り上げるのではなく、結論に影響するインパクトのある矛盾を取り上げるべきことなどその方法論上の注意事項は一般の場合と同じである（自己矛盾供述による弾劾尋問の方法については190頁以下を参照）。

【証人の著作を用いた弾劾尋問の例】
　　弁護人：先生は先ほど溺死の60％に錐体内出血あるいはうっ血が見られるとおっしゃいましたか。
　　証　人：はい。
　　弁護人：溺死でも錐体内出血がない例が40％ほどあるということですね。
　　証　人：はい。
　　弁護人：実際には、40％よりも多いのではありませんか。
　　証　人：いいえ、私の解剖事例からは、40％ぐらいだったですね。
　　弁護人：先生は、「臨床スポーツ医学」という雑誌に、「錐体内出血、法医学の立場から」という論文を1989年に発表されていませんか。
　　証　人：ええ、多分発表してます。
　　弁護人：（論文の写しを検察官に1部交付する。）「臨床スポーツ医学」6巻7号の抜粋のコピーを示します。「錐体内出血、法医学の立場から」という論文ですが、これは先生がお書きになったもので間違いないですね。

240

証　人：はい。

弁護人：733ページをごらんください。私が一部朗読しますので、ご確認
　　　　ください。読みます。「溺死の場合、全例に錐体内出血が見られ
　　　　るのではなく、その出現率は50ないし60％で、錐体内出血のな
　　　　い溺死も40ないし50％ある。」そう書いてありますね。

証　人：そうですね、書いちゃってますね。

3　スタイル

　反対尋問のスタイルに関する注意事項は一般の場合と同じである。専門家
証人は最もコントロールしにくい証人である。しっかりとアイ・コンタクト
をとって、曖昧さのないできる限り具体的な「1つの事実」をクローズドな
問いで尋ねよう。どんなに誘導尋問をしても、専門家は答えをはぐらかした
り、問われていない事柄を長々と演説したりすることがある。もしも、その
問いに対する答えが明らかであり、それが重要なものであるときは、こちら
の問いに答えるまで同じ問いを繰り返さなければならない。

　専門家尋問は尋問者の知識をひけらかす場ではない。必要もないのに専門
用語を使ったり、うんちくを語ってはいけない。事実認定者はそういうこと
に興味はない。専門家と論争してはいけない。われわれはある専門領域のご
く限られたトピックに関して「一夜漬けの」勉強をしただけであることを知
るべきである。

第12章　専門家尋問　241

■ 第13章 ■

異　議

I　異議の目的と準備

　異議申立ての主たる目的は、われわれが目標とする判決に事実認定者を導く上で有害な情報が、不適法・不相当な方法により法廷に提出され、事実認定者に知覚されることを阻止することにある。そして、責問権を放棄したものと取り扱われないようにし、又は上訴審における審理に備えて、異議を訴訟記録に残すこと自体が、副次的な目的であるということができる。

　検察官、被告人又は弁護人は、「証拠調に関し」異議を申し立てることができるほか（刑訴法309条1項）、「裁判長の処分」に対しても、異議を申し立てることができる（同条2項）。前者の異議には、証人尋問における相手方の質問、冒頭陳述、証拠の採否に関する決定、証拠調べの範囲、順序、方法を定め又は変更する決定に対する異議が含まれる。後者の異議には、訴訟指揮権又は法廷警察権に基づく処分に対する異議が含まれる。弁護人にとって、最も頻繁に申し立てる機会があるのは、証人尋問における検察官の質問に対する異議である。

　いずれの異議も、時機に遅れることなく申し立てることが重要である。特に、証人尋問においては、尋問者が質問をすると、直ちに証人が証言し、事実認定者はそれを知覚することになる。したがって、有害な情報が事実認定者に知覚されることを阻止するためには、有害な情報が提出される前に、有害な情報が提出されることを察知し、瞬時に異議申立てをするか否かを判断をして、適切な方法で申し立てなければならない。

　異議申立てを効果的に行うためには、どのような質問等に対して異議を申し立てることができるのか、刑訴法及び刑訴規則の規定を熟知しておかなければならない。その事件において、どのような情報が阻止すべき有害なものであるのかを瞬時に判断するためには、基準となるケース・セオリーを明確

第13章　異　議　**243**

に確立しておく必要がある。さらに、検察官の主張や開示証拠の検討を通じて、検察官がどの証人に対し、どのような不適法・不相当な質問をするか、どの証人がどのような有害な情報を供述しようとするかをあらかじめ予測し、どのような異議申立てをするかを準備しておくことは、有益である。

II　異議申立ての判断

1　判断のプロセス

　異議を申し立てるか否かの判断は、①異議申立ての対象となる質問等を認識し、②法的に有効な異議理由を構成し、③異議を申し立てる価値があるか否かを判断する、という3つの段階を経るのが通常である。

2　異議の対象となる質問等の認識と有効な異議理由の構成

　異議申立ての対象となる質問等を見逃さずに認識し、法的に有効な異議理由を構成するためには、刑訴法及び刑訴規則の規定を熟知しておくことが必要である。刑訴法309条1項の異議申立ては、原則として「法令の違反があること又は相当でないこと」を理由としてすることができる（刑訴規則205条1項）。

　例えば、伝聞供述（「公判期日外における他の者の供述を内容とする供述」で、その原供述の内容に符合する事実を要証事実とする場合）を求める質問は、証拠能力のない証拠を法廷に提出しようとするものであるから、直ちに異議の対象として認識されるべきであり、そのような質問であること自体が有効な異議理由となる。そして、伝聞証言については、相手方当事者が異議を申し立てなかったことをもって同意したと認められることがあるから、多くの場合、異議を申し立てる価値がある。

　このほか、刑訴規則の明文上制限されている次のような尋問も、直ちに異議の対象として認識されるべきであり、異議理由も明白である。

○　関連性のない尋問（199条の3第1項、199条の4第1項）

　主尋問は「立証すべき事項及びこれに関連する事項」について、反対尋問は「主尋問に現われた事項及びこれに関連する事項並びに証人の供述の証明力を争うために必要な事項」について行うものとされており、これらの規定は、尋問の関連性を要求したものと解されている。刑訴法295条も、「事件

に関係のない事項にわたる」尋問は、制限することができるものとしている。関連性とは、証拠が要証事実の存否の証明に役立ち得る性質をいい、自然的関連性と法律的関連性に分けられる。関連性のない尋問のうち、弁護人にとって異議を申し立てる価値があるのは、多くの場合、法律的関連性のない、被告人の前科や悪性格等、事実認定者に偏見又は予断を生じさせるおそれのある事項についての質問である。

○　主尋問における誘導尋問（199条の3第3項）

　誘導尋問とは、尋問者が希望し又は期待している答えを暗示する質問と定義されている。尋問者が期待している答えを明示して「はい」と答えさせる質問も、当然、誘導尋問に該当する。これに対し、証人が「いいえ」と答えることを予期してする質問は、語調、態度、質問の長さ等に照らし、一定の答えが暗示されているときに、誘導尋問に該当することになる。主尋問では、誘導尋問は原則として禁止される。例外的に許されるのは、①証人の身分、経歴、交友関係等で、実質的な尋問に入るに先だって明らかにする必要のある準備的な事項に関するとき、②訴訟関係人に争のないことが明らかな事項に関するとき、③証人の記憶が明らかでない事項についてその記憶を喚起するため必要があるとき、④証人が主尋問者に対して敵意又は反感を示すとき、⑤証人が証言を避けようとする事項に関するとき、⑥証人が前の供述と相反するか又は実質的に異なる供述をした場合において、その供述した事項に関するとき、⑦その他誘導尋問を必要とする特別の事情があるとき、である。これは、再主尋問においても、同様である（刑訴規則199条の7第2項）。再主尋問では、「はい」と答えさせることによって、反対尋問のダメージの回復を図ろうとする質問がされることが少なくないので、注意が必要である。

○　相当でない誘導尋問（199条の3第5項、199条の4第4項）

　主尋問で例外的に誘導尋問が許される場合や反対尋問おいても、相当でない誘導尋問は制限の対象となる。相当でない誘導尋問の代表的なものは、誤導尋問（争いのある事実又はいまだ供述に現れていない事実を存在するものと前提し又は仮定してする質問）である。

○　主尋問の範囲外の反対尋問（199条の4第1項）

　反対尋問において質問することができるのは、「主尋問に現われた事項及

第13章　異議　245

びこれに関連する事項並びに証人の供述の証明力を争うために必要な事項」に限られる。自己の主張を支持する新たな事項について尋問するためには、裁判長の許可を受ける必要がある（刑訴規則199条の5）。

○　反対尋問の範囲外の再主尋問（199条の7第1項）

　再主尋問において質問することができるのは、「反対尋問に現われた事項及びこれに関連する事項」に限られる。自己の主張を支持する新たな事項について尋問するためには、裁判長の許可を受ける必要がある（刑訴規則199条の7第3項、199条の5）。

○　記憶喚起のために供述を録取した書面を示してする尋問（199条の11）

　供述調書に代表される供述を録取した書面は、記憶喚起のために示すことができる書面から除外されており、記憶喚起のために示して尋問することは許されない。

○　個別的かつ具体的でない尋問（199条の13第1項）

　訴訟関係人は、証人を尋問するにあたっては、できる限り個別的かつ具体的な尋問によらなければならない。これは、複合質問を禁止し、一問一答の方式が原則とされるべきことを意味すると解されている。

○　威嚇的又は侮辱的な尋問（199条の13第2項1号）

　威嚇的又は侮辱的な尋問は禁止されており、正当な理由によって許されることも想定されていない。

○　既にした尋問と重複する尋問（199条の13第2項2号）

　重複尋問は、正当な理由がある場合を除き、禁止されている。重複尋問とは、既に質問し、かつ証人が回答した場合を指す。主尋問で行われた尋問内容を反対尋問のために利用するような場合は、制限されない。

○　意見を求め又は議論にわたる尋問（199条の13第2項3号）

　意見を求め議論にわたる尋問も、正当な理由がある場合を除き、禁止されている。正当な理由がある場合としては、証人に「その実験した事実により推測した事項」を供述させる場合（刑訴法156条1項）が挙げられる。

○ **証人が直接経験しなかった事実についての尋問**（199条の13第2項4号）

証人が直接経験しなかった事実についての尋問も、正当な理由がある場合を除き、禁止されている。

相手方の質問には、例えば証人が直接経験しなかった事実についての誘導尋問のように、複合的な異議理由が含まれる場合もある。より有効な（認容されやすい）異議理由を見落とさないよう、注意が必要である。

刑訴規則の規定は禁止される尋問の例示であるから、これらに直接該当するものでなくても、不適法又は不相当な質問は、異議の対象として認識されるべきである。例えば、証人がある出来事を体験したことが証言に現れていないのに、その出来事を体験したことを前提としてする質問は、「証言の基礎」がないというべきである。この種の質問は、証人が直接経験しなかった事実についての証言、関連性のない証言や、意見を述べる証言を誘発する可能性があるから、異議の対象として認識されるべきであり、かつ「相当でない」ということができる。

異議の対象となる質問は、「証言」を求めるものに限られない。例えば、証人に身振り手振りによる犯行等の再現を求める質問も、異議の対象となり得る。

異議申立ての対象となる質問や証言を認識し、法的に有効な異議理由を構成できたとき、異議を申し立てる価値があるか否かの判断に進むことになる。

3　異議申立ての判断基準と考慮要素

異議を申し立てる価値があるか否かの判断基準は、ケース・セオリーである。すべての法廷弁護は、目標とする判決に事実認定者を導くために行うものであり、その判決をすることの正しさの根拠となるのが、ケース・セオリーだからである。有効な異議理由を構成することができ、ケース・セオリーに照らして有害な情報をもたらそうとする質問や証言に対しては、特段の事情のない限り、異議を申し立てるべきである。これに対し、弁護人のケース・セオリーに照らして無害な質問や証言に対しては、原則として異議を申し立てる必要がない。

異議を申し立てるか否かを判断するにあたっては、付随的な要素として、事実認定者及び相手方の反応を考慮すべきである。

異議申立ては、証拠調べの流れを妨げることがある。事実認定者に、証人

第13章　異　議　**247**

の証言ないし訴訟の進行を妨害しているという印象や、何かを隠したがっているという印象を与えることは、避けるべきであろう。相手方が質問を言い換えれば同じ有害な証言がなされてしまうような場合や、その有害な証言がなされても反対尋問や反証で十分に回復できるような場合は、あえて異議を申し立てないという判断もあり得る。しかし、異議は申し立てなければ記録に残らないし、異議を申し立てないことの効果として、訴訟手続の瑕疵が治癒されたと認められる場合もあることに注意しなければならない。

　裁判官が異議理由につき弁護人と異なる判断をした場合、異議は棄却されることになる。異議の棄却が繰り返された場合、事実認定者の弁護人に対する信頼が損ねられるおそれがあることも、考慮に入れるべきである。異議申立ては、裁判官に対しても、短時間での判断を要求するものであり、その判断には、異議を申し立てた当事者に対する信頼の程度が影響を及ぼす。それまでも有効な異議を的確に申し立ててきた弁護人の異議は認容されやすくなり、それまで理由のない異議を申し立ててきた弁護人の異議は、棄却されやすくなる。もっとも、伝聞供述やそれを求める質問については、棄却されるとしても、異議を申し立てて記録に残す必要がある。

　異議理由のある質問に異議を申し立てなければ、相手方は安心して、異議理由のある質問を続けることがある。例えば、主尋問における誘導尋問に弁護人が異議を申し立てないとき、検察官は誘導尋問を使用し続けることがある。異議を申し立てることによって、それ以降、相手方は異議理由のある質問は避けるように心がけるのが通常である。そこで、例えば、絶対に誘導尋問をされたくない事項がある場合には、それ以前から、相手方の誘導尋問に異議を申し立てておくことが考えられる。弁護人が検察官の尋問に対し頻繁に異議を申し立てた場合、検察官も弁護人の尋問に対し頻繁に異議を申し立てることがよくみられることも、一応考慮に入れておくべきであろう。もっとも、弁護人が異議理由のない質問をし、検察官の申立てに適切に対応すれば、問題はない。

III　異議申立ての方法

1　異議申立て

　異議を申し立てるときは、裁判長の目を見て、異議を申し立てる旨と異議の理由を述べるべきである。異議申立ては、裁判所の決定を求めるための手

続である。直接相手方に向かって異議を述べるような方法は、本来の異議申立ての方法ではないし、訴訟の進行を妨害しているといった印象を与え、事実認定者の信頼を損ねるおそれがある。

　まず、裁判長に対し、「異議があります。」と述べ、それから立ち上がって、異議理由を述べるべきである。有害な情報が事実認定者に知覚されることを阻止するためには、まず、進行を止めることが必要だからである。

　異議理由は、簡潔に述べるのが原則である。刑訴規則が明文で禁止している尋問については、例えば、「重複尋問です」「意見を求める尋問です」というように、その旨を端的に指摘するべきである。ただし、例えば、相当でない誘導尋問に含まれる誤導尋問は、その質問がどのような前提を欠いていることから誤導になるのか、簡潔に説明する必要がある。また、相当でないことを理由として異議を申し立てるときは、どうしてその質問が相当でないのかを、簡潔に説明しなければならない。裁判官によっては、刑訴規則の規定を正確に理解しておらず、又は刑訴規則によって禁止されている尋問を習慣的に許容していることがある。そのような場合は、例えば、単純な誘導尋問であっても、検察官が期待する回答を含んだ質問になっていることを簡潔に

第13章　異議　249

指摘したり、刑訴規則の例外規定のいずれにもあたらないことを簡潔に指摘したりすることが必要となる。

　異議申立ては、礼儀正しく、余裕を持って行うべきである。相手方を威嚇するような異議申立ては、事実認定者の信頼を損ねるおそれが大きい。机を叩きながら立ち上がるような異議申立ては、決してすべきでない。

　事実認定者が有害な情報を知覚することの阻止という異議申立ての目的に照らすと、質問者が質問を終える前に申し立てるべきであり、遅くとも、証言の意味が明らかになる前に申し立てなければならない。

　異議を申し立てて、立ち上がって異議理由を述べた後は、裁判長が裁定をするまで、座らずに立ち続けるのがよい。

【伝聞の異議の例】

検察官：玄関から出たところで、あなたは何を目にしましたか。

証　人：鈴木さんが血まみれになって座り込んでいたのを目にしました。

検察官：あなたは、鈴木さんに話しかけましたか。

証　人：はい。

検察官：鈴木さんは、何が起こったと言っていましたか。

弁護人：裁判長、異議があります。（立ち上がり、裁判長の目を見て）伝聞供述を求める質問です。

【誘導の異議の例】

検察官：あなたは、高橋社長から、どのような指示を受けていましたか。

証　人：業績目標を達成するよう、指示を受けていました。

検察官：どのような方法で業績目標を達成するようにとの指示だったのですか。

証　人：特に方法についての指示はありませんでした。

検察官：粉飾決算をしてでも、業績目標を達成するように、という趣旨の指示だったのではありませんか。

弁護人：裁判長、異議があります。（立ち上がり、裁判長の目を見て）誘導尋問です。検察官が、自ら期待する回答を述べています。

【再主尋問における誘導の異議の例】

検察官：証人は先ほど、弁護人の反対尋問で、記憶が定かでなく、前後の

事実関係から推測しているところもある、と言われましたが、今日の午前中お話しいただいた、被告人と架空取引の打合せをしたことについては、推測ではなく、記憶があるのですね。

弁護人：裁判長、異議があります。（立ち上がり、裁判長の目を見て）誘導尋問です。

2　異議申立てをめぐる意見

異議申立てをめぐる意見は、裁判所に対して述べるべきである。意見を述べる目的は、裁判所からその異議について有利な決定を得ることだからである。相手方と直接議論するのは、効果的でないし、見苦しくなることもある。

相手方が意見を述べた後、それに反論を述べる必要があるときは、裁判所が裁定をする前に、速やかに述べる必要がある。

意見は、確信を持って述べるべきである。そして、上訴審における審理に備えて記録に残すため、裁判所の決定を求めるべきである。

【伝聞の異議についての意見の例】

裁判長：検察官、ご意見は。

検察官：被害者の発言を証人が聞いた事実そのものを立証趣旨とするものですから、伝聞にはあたりません。

弁護人：（裁判長の目を見て）異議があります。発言内容の真実性を前提としないのであれば、鈴木さんの発言を証人が聞いたとしても、そのことは犯罪事実の存否と関連性がありません。

検察官：関連性はあると思料します。

裁判長：とりあえず続けて下さい。

弁護人：（裁判長の目を見て）異議申立てに対する決定をお願いします。

【誘導の異議についての意見の例】

裁判長：検察官、ご意見は。

検察官：記憶喚起のための誘導尋問です。

弁護人：（裁判長の目を見て）記憶喚起のための誘導尋問が許されるのは、証人の記憶が明らかでない事項について、その記憶を喚起するための必要性があるときです。証人は、方法についての指示はなかったと証言しており、記憶が明らかでないとはいえません。

第13章　異　議　251

【再主尋問における誘導の異議についての意見の例】

裁判長：検察官、ご意見は。

検察官：再主尋問ですから、誘導尋問も許されます。

弁護人：（裁判長の目を見て）「再主尋問については、主尋問の例による」
　　　　と定められていますから、主尋問と同様、誘導尋問は許されません。

3　決定後の対応

　裁判所が裁定した後は、ポーカーフェイスで着席するべきである。決して、
「ありがとうございます。」などと礼を述べるべきではない。異議を認容する
決定がなされた場合、異議が認容されたことに満足して次の同趣旨の質問を
見逃すことがないよう、注意しなければならない。

【誘導の異議の例】

裁判長：異議を認めます。誘導せずに質問して下さい。

検察官：では質問を変えます。当時、粉飾決算をすることなく業績目標を
　　　　達成することが可能な状況でしたか。

弁護人：異議があります。（立ち上がり、裁判長の目を見て）誘導尋問です。
　　　　検察官が、自ら期待する回答を述べています。

　証人が質問と無関係に証言してしまった場合のように、異議が認容された
にもかかわらず、事実認定者が見聞きすべきでない情報が法廷に提出されて
しまったときは、証拠排除の決定（刑訴規則 207 条）を申し立てるべきである。

【証拠排除決定の申立ての例】

検察官：鈴木さんを目にした後、あなたはどうしましたか。

証　人：「佐藤に包丁で刺された」と鈴木さんは言ってたんです。

弁護人：異議があります。伝聞供述です。

検察官：伝聞にはあたらないと思料します。

裁判長：異議を認めます。

弁護人：裁判長、ただいまの伝聞供述について、証拠排除の決定を申し立
　　　　てます。

　異議を棄却する決定がなされた場合であっても、例えば、他人の発言を含

252

む証言につき「証人がその発言を聞いたこと」に立証趣旨を限定して異議を棄却する決定がなされたようなときは、裁判長に対して、立証趣旨が限定されたことの意味を裁判員にわかりやすく説明するよう求める必要がある。

【裁判員に対する説明を求める例】

証　人：鈴木さんから「包丁で刺された。救急車を呼んでくれ」と言われました。

弁護人：異議があります。「包丁で刺された」と言われたという証言は伝聞供述です。

検察官：証人が被害者から、「包丁で刺された。救急車を呼んでくれ」と言われたという事実が立証趣旨ですから、伝聞ではありません。

裁判長：検察官が述べた立証趣旨を前提として、異議を棄却します。

弁護人：裁判長、証人は鈴木さんが刺されたのかどうかを見ていないのですから、ただいまの証言は、鈴木さんが刺されたことの証拠にはならないことを、裁判員の皆さんにご説明下さい。

裁判長：裁判員のみなさん、証人は、被害者から「包丁で刺された。救急車を呼んでくれ」と言われたと証言しましたが、法律上、この証言は、被害者が刺されたことの証拠とすることができませんので、注意してください。

IV　事実認定者の質問に対する異議申立て

1　問題の所在

　日本では、裁判官も積極的に証人や被告人に対する質問を行っており、裁判員にも質問の権限がある（裁判員法 56 条）。

　事実認定者の質問によって有害な情報が法廷に提出された場合、その悪影響は、検察官の質問による場合よりも大きいことが多い。また、裁判官のその時点の心証を前提とした質問は、それを聴く裁判員の心証に影響を与えるものであることにも、注意が必要である。

　他方、事実認定者の質問には、事実認定者が知りたいと意欲していることがあらわれている。したがって、事実認定者の質問に対して理由のない異議や不必要な異議を頻繁に申し立てることは、何かを隠したがっているという印象を与えるおそれが一段と大きい。

第 13 章　異　議　253

もっとも、伝聞供述を求める質問に対しては、棄却されるとしても異議を申し立て、記録に残す必要があることは、この場合も同様である。

2　異議申立ての判断

異議を申し立てるか否かの判断基準が弁護人のケース・セオリーであることは、相手方の質問に対する異議申立てと同様である。原則として、弁護人のケース・セオリーにとって有害な質問に対しては異議を申し立てるべきであるが、無害な質問に対して異議を申し立てる必要はない。

何かを隠したがっているという印象を与えることは、できる限り避ける必要がある。他方で、弁護人が異議を申し立てることによって、それ以降の不相当な質問が抑制され得ることも、考慮すべきであろう。

3　異議申立ての方法

事実認定者の質問に対する異議申立てにあたっては、相手方の質問に異議を申し立てるとき以上に、礼儀正しく、余裕を持って行わなければならない。用いる言葉だけでなく、態度や声のトーンにも気を配るべきである。

【裁判長の質問に対する異議の例】
　裁判長：あなたは、包丁を持ち出した時点で、被害者の対応によっては刺そうと思っていたのではないの。
　被告人：そんなことは思っていませんでした。包丁は、危ないと思ったときに見せれば殴られずにすむと思って、持って行くことにしたのです。
　裁判長：本当ですか。万一、被害者が殴りかかってきたときは、刺してやろうくらいの気持ちはあったのではないの。
　弁護人：裁判長、異議があります。（立ち上がり、裁判長の目を見て）被告人は「被害者の対応によっては刺そう」などとは思っていなかったと答えていますので、重ねて誘導尋問をすることは不相当です。

裁判員の質問に異議を申し立てるときは、どうしてその質問が許されないのか、裁判員も納得できるような言葉で説明する必要がある。そうすることによって、弁護人が何かを隠したがっているという印象を与えることを避け

254

ることができるし、そのような質問が尋問ルール上許されないことを、他の
裁判員にも知ってもらうことができる。説明するにあたっては、裁判長だけ
でなく、その質問をした裁判員にもアイ・コンタクトを心がけるべきであろう。

【裁判員の質問に対する異議の例】
　　裁判員：鈴木さんはどうして血まみれになっていたのですか。
　　弁護人：裁判長、異議があります。（立ち上がり、裁判長の目を見て）先
　　　　　　ほど、証人は、鈴木さんを見たときは、既に血まみれになってい
　　　　　　たと証言しました。（質問をした裁判員の目を見て）この証人は、
　　　　　　血まみれになった原因の出来事を見ていないのです。（裁判長の
　　　　　　目を見て）したがって、この証人は、鈴木さんがどうして血まみ
　　　　　　れになっていたのかを証言できる立場にはありません。

V　冒頭陳述及び論告に対する異議申立て

　弁護人が目標とする判決に事実認定者を導く上で有害な情報が、検察官の
冒頭陳述又は論告において、不適法・不相当な方法により法廷に提出されよ
うとし、又は提出された場合、その冒頭陳述又は論告に対し、異議を申し立
てることを検討すべきである。例えば、証拠に基づかない陳述、冒頭陳述に
おける被告人の前科への言及、黙秘権の行使を被告人に不利益に判断するこ
とを求める陳述等が、異議申立ての対象となり得る。冒頭陳述及び論告は当
事者の意見であるから、見解の相違に過ぎない理由で、異議申立てをすべき
ではない。認容されるべき異議に限って、申し立てられるべきである。異議
を申し立てるときは、裁判長の目を見て、異議を申し立てる旨と異議の理由
を述べるべきこと、礼儀正しく、余裕を持って行うべきことは、質問に対す
る異議の場合と同様である。害の程度が大きくないときは、検察官の陳述を
妨げていると受け取られないよう、検察官が陳述を終えてから、異議を申し
立てる方が適切な場合もある。

【論告に対する異議の例】
　　弁護人：裁判長、ただいまの検察官の論告に対し、異議があります。被告
　　　　　　人が黙秘権を行使したことを理由として「被告人の規範意識の鈍
　　　　　　磨は明らかであり、同種の再犯に及ぶおそれも認められる」とす

第13章　異　議　255

る検察官の主張は、黙秘権の行使を被告人に不利益に判断することを求めるものであり、憲法38条1項に違反します。

VI　異議を申し立てられたときの対応

　検察官の異議申立てへの対策として最も有効であり重要なのは、異議理由のない質問をすることである。刑訴法と刑訴規則の規定を熟知し、有効な異議を申し立てられないような質問をするべきである。

　検察官から異議を申し立てられたときは、礼儀正しく、余裕を持って対応すべきである。即座に反応するよりも、裁判長が意見を求めるのを待って、それから意見を述べるのがよい。

【誘導尋問に対する異議への対応の例】
　弁護人：田中さんは、高橋さんから粉飾決算をするよう指示を受けたことはないのですね。
　検察官：異議あり。誘導尋問です。証人は主尋問で被告人から業績目標の達成を指示されたと証言しています。
　裁判長：弁護人、ご意見は。
　弁護人：（裁判長の目を見て）反対尋問ですから、誘導尋問は許されています。粉飾決算をするよう指示を受けたことがあるかないかを尋ねることは、不相当でもありません。異議には理由がありません。

　意見はできる限り具体的に述べるべきである。例えば、非伝聞証拠として他人の発言を含む証言を求める質問をしたときは、裁判長に対し、その趣旨を明らかにしなければならない。

【伝聞の異議への対応の例】
　弁護人：田中さんは、伊藤さんから、高橋社長に不正会計はだめだと言われた、と聞いていたのではありませんか。
　検察官：異議。伝聞供述を求める質問です。
　裁判長：弁護人、ご意見は。
　弁護人：（裁判長の目を見て）不正会計をした田中さんが、それに先立って、伊藤さんの発言を聞いていたこと自体が要証事実ですから、伝聞

供述を求める質問ではありません。

　異議申立てに対して的確に対応するためには、異議を事前に予測して準備することが重要である。質問を言い換えることによって、異議の認容を避けることができる場合は、質問を撤回して、言い換えてしまうのも、1つの方法である。

　異議を棄却する決定がなされた場合、質問者は、証人が質問に回答することを確認しなければならない。これに対し、異議を認容する決定がなされた場合、質問者は、質問を変えるなどして、必要な情報が提供されるよう努めるべきである。いずれの場合も、証言が中断したことによって、前後の流れが事実認定者にわかりにくくなることがある。このようなときは、例えば、異議申立て前の証言の一部を質問に取り込んだループ・クエスチョンを用いるなどして、証言の流れの回復を図るべきである。

【異議棄却決定後の質問の例】

弁護人：伊藤さんが、最初に検察官の取調べを受けたのは、いつでしたか。

証　人：5月2日だったと記憶しています。

弁護人：取調べの冒頭で、どのようなことを言われましたか。

証　人：「私の仕事は、あなたの供述を変えさせることだ」と言われました。

弁護人：どのような意味であると理解しましたか。

検察官：異議があります。関連性がありません。

裁判長：弁護人、ご意見は。

弁護人：（裁判長の目を見て）証人が検察官から被告人の関与を認める供述をするよう働きかけを受けたことが立証事項ですから、関連性のある質問です。

検察官：証人がどう理解したかは関係ないでしょう。

弁護人：（裁判長の目を見て）証人が働きかけを受けたことが立証事項ですから、検察官の発言の意味を証人がどう理解したかは、関連性があります。

裁判長：異議を棄却します。

弁護人：では改めて質問します。5月2日の取調べの冒頭で、検察官から「私の仕事は、あなたの供述を変えさせることだ」と言われ、どのような意味であると理解しましたか。

第13章　異　議　257

■ 第 14 章 ■

最終弁論

I　最終弁論の目的

　すべての法廷弁護は、われわれが目標とする判決に事実認定者を導くためのものである。最終弁論も、目標とする判決に事実認定者を導くためにしなければならない。単に被告人の言い分をわかりやすく整理して伝えたり、認定してほしい事実を繰り返し述べたりすることは、目標とする判決に事実認定者を導く上で、効果的とはいえない。

　最終弁論は、弁護人が事実認定者に対し、直接語りかけることのできる最後の機会である。その場面は、証拠調べが終了した後、最終評議が開始される前に訪れる。判決の内容は、最終評議における事実認定者間の議論を経て、評決で決められるものである。目標とする判決を実現するためには、評決の場面で、原則として事実認定者の過半数が、その判決をすることに賛成していなければならない。そのためには、われわれが目標とする判決を支持する事実認定者が、評議室の中で議論を優勢に進め、賛同者を過半数以上に増やし、あるいは評決まで過半数を維持することが必要である。

　したがって、最終弁論においては、われわれが目標とする判決を支持する事実認定者が、評議において、熱心に議論し、反対側の説得に応じることのないよう、彼らを力づけることが必要である。そのためには、われわれが目標とする判決をすることが、法律上も、感情に照らしても、正しいという確信を深めてもらうことが重要である。その上で、彼らが評議を優勢に進めることができるよう、彼らの議論に役立つ情報を、彼らが使いやすい形式で提供することが、重要な課題となる。

　最終弁論を開始する時点で、われわれが目標とする判決を支持するに至っていない事実認定者が存在することも、当然想定される。事実認定者の多くは、彼らの信念や先入観、冒頭陳述、そして証拠に基づいて、一定の結論に

第 14 章　最終弁論　259

達しているであろうが、中には、結論に達しないまま、われわれの最終弁論を聴く人もいるかもしれない。彼らにわれわれが目標とする判決を支持してもらうためにするべきことは、われわれが目標とする判決を支持する事実認定者を力づけるためにするべきことと、同じである。被告人に不利益な判決を支持する結論に至っている事実認定者の意見を、最終弁論だけで変えることは容易でないが、優れた最終弁論は、彼らの意見を変えることもある。そのためにするべきことも、われわれが目標とする判決を支持する事実認定者を力づけるためにするべきことと、同じである。

II　語るべきこと

1　ケース・セオリー

　われわれが目標とする判決を支持する事実認定者を力づけるために必要な情報は、ケース・セオリーに含まれているはずである。ケース・セオリーは、「証拠」「事実」「法令」そしてそれらをつなぎ合わせ、判決を導く「論理」によって構成される。ケース・セオリーは、全ての証拠を合理的に説明できる論理を含むべきであり、事実認定者の感情や核となる信念と適合するものであるべきである。最終弁論では、ケース・セオリーに含まれる情報のうち、われわれが目標とする判決をすることが正しいという確信を深めてもらうために必要な事項を語り、想定される評議において、その判決を支持する事実認定者の議論に役立つ事項を語るべきである。

2　証拠と論理

　事実認定者は、われわれが最終弁論を始める前に証拠を見聴きしているが、そのすべてを正確に記憶し続けることは不可能である。もし、弁護人が何もしなければ、事実認定者の信念や先入観と適合する証拠や、論告によって記憶が喚起された証拠を中心に評議が進められることになる。評議がそのように進められたとき、弁護人にとって重要な証拠が軽視されて、判決内容が決められるおそれが大きくなる。われわれが目標とする判決に事実認定者を導くためには、その判決をするために必要な証拠が評議において軽視されないようにしなければならない。そのためには、目標とする判決に導く上で重要な証拠を事実認定者の記憶に刻み込む必要がある。

　最終弁論では、証拠を活用すべきである。取り調べられた証拠物、写真や

動画に口頭で言及するだけでなく、それらを実際に事実認定者に見聴きさせるべきである。そうすることが、重要な証拠が評議において軽視されないようにするために、必要である。冒頭陳述と異なり、最終弁論の時点では、証拠は取調べ済みである。取調べ済みの証拠を使用して弁論することが許されることは当然である。もちろん、何時間も要する証拠の取調べを最終弁論で繰り返すことは、相当でない陳述として制限され得る。そのような単なる繰り返しは、制限され得る以前に、効果的でないことが明らかである。

〔サンプル〕の最終弁論では、証拠書類の一部、写真や証人尋問において利用した図面を見せているほか、証拠である防犯カメラの動画を複数連続して再生している。証拠である動画や写真を見せながら、その証拠が示す事実を語ることは、効果的であり、その証拠は容易に無視できないものとなるだろう。

最終弁論において、すべての証拠に言及する必要はないし、そうすべきでもない。人が適切に処理し、記憶することのできる情報の数量には限界があるからである。われわれが目標とする判決を支持する事実認定者が確信を深め、かつ評議を優勢に進めるために重要な証拠を選別して、言及すべきである。言及すべき証拠は、有利な証拠に限られない。評議においては、当然、不利な証拠をめぐった議論も想定されるからである。

評議においては、証拠の信用性や証明力について、議論が行われる。したがって、最終弁論においては、われわれが目標とする判決を支持する事実認定者に対し、なぜ有利な証言を信用すべきであるのか、なぜ不利な証言を信用すべきでないのか、その証拠からどのような事実があったとみるべきなのか、その論理を提供することが重要である。冒頭陳述の場面と異なり、事実認定者は既に証拠を見聴きしているから、そうした論理も理解することが可能である。

〔サンプル〕では、相当な時間を、不利な証拠についての議論に費やしている。例えば、被告人の公判供述と供述調書の食い違いに言及し、説明を加えている。また、段った回数についての不利な証拠である伊藤（法医学者）、高橋及び田中（目撃者）の証言に言及し、それらの証言の信用性を否定すべき根拠を語っている。

証拠を誇張してはならないことは、冒頭陳述と同様である。事実認定者が証拠が誇張されていると感じ取ったとき、弁護人の情報源としての信頼性は失われることになる。

第14章　最終弁論　261

3　事実と論理

　最終弁論では、事実認定者が見聴きした証拠に基づいて、弁護人が目標とする判決をすべき根拠となる事実が認められることを確認し、検察官が証明しなければならなかった事実が認められないことを指摘して、その論理を事実認定者に提供する必要がある。

　〔サンプル〕では、「佐藤さんは鈴木さんの攻撃を予想していた」「佐藤さんはその機会を利用して専ら攻撃する意思で反撃した」「鈴木さんは佐藤さんの暴行によって死亡した」とする検察官の主張する事実は、いずれも「間違いない」と証明されていないことを指摘し、その論理を提供している。

　検察官が主張する判決を支持する事実認定者が存在することも想定して、その論理への反論も提供する必要がある。検察官が証明すべき事実を認定する論理は、検察官から冒頭陳述や論告で提供されるもの以外にも、裁判官から「経験則」などと称して提供されることがある。証拠に基づかずに獲得された信念や、事実関係の違いを捨象するパターン化された思考に過ぎないものを、あたかも裁判員が従うべきルールであるかのように示すことは、不公正であり、裁判員が刑事裁判に参加する意義を失わせるものである。裁判官から検察官が証明すべき事実と認定するための「経験則」が持ち出されることが想定される事件では、その「経験則」は不合理であること、その事件に適用するのは誤りであること、「経験則」はルールではなく従う必要のないものであることを、裁判員に伝えるべきである。場合によっては、裁判官に対して「経験則」を従うべきルールであるかのように持ち出すことのないよう、求めることも必要になる。

　事実認定者の多数があり得ないものとして拒絶するような事実を無理に主張すべきでないことは、冒頭陳述と同様である。

4　法令と論理

　最終弁論では、認定されるべき事実に法令を適用したときに、目標とする判決が導き出されることを伝え、受け容れ、記憶してもらう必要がある。必要に応じて、判例にも言及し、法令の解釈論を展開する必要もある。

　〔サンプル〕では、検察官が引用した因果関係についての最高裁判例に言及し、本件とは事案が異なることを論じている。

　裁判員裁判で無罪判決（一部無罪判決を含む）を目標とする場合、「合理的な疑いを差し挟む余地のない程度の立証」という証明基準は、最終弁論に

おいても、極めて重要な役割を果たす。証明基準は、有罪か無罪かの結論を直接左右するものであり、無罪判決をすることが正しいことの根拠として、極めて有力なものである。常識に従って判断したときに間違いないとはいえないということは、無罪判決を支持する裁判員が評議を優勢に進める武器となり、あるいは評決まで耐えきるための最後の砦となり得るものである。裁判員等選任手続において、裁判長から裁判員に対し、証明基準についての適切な説明が行われ、冒頭陳述でもそれを引用したときは、最終弁論でも、それを引用して語ることが最も効率的である。無罪判決をすることが正しいという確信を深めてもらうため、「不確かなことで人を処罰することは許されない」という証明基準の趣旨についても、改めて語るべきである。証明基準の不正確な引用をすべきでないことは、冒頭陳述と同様である。

〔サンプル〕では、冒頭で、立証責任の所在と「証拠を検討した結果、常識に従って判断し、被告人が有罪であることに1つでも疑問がのこれば、被告人は無罪です」という証明基準を語っている。その趣旨について、〔サンプル〕では当事者間の「力の差」を強調しているが、捜査機関が豊富な資源を有していることを強調することは、検察官に対する信頼感を高める場合もあることに、注意が必要である。間違って人を有罪とすることは、その人に極めて深刻な打撃を与えるものであり、重大な不正義であることを強調する方が、一般的には適切であろう。そして、〔サンプル〕でもそうしているように、証明基準はわれわれの社会が自由な社会であり続けるために、守られなければならない貴重なルールであることを語るべきである。

裁判員裁判では、裁判員の役割を語り、裁判員を勇気づけることが必要である。裁判員と裁判官の意見は平等であり、裁判員は裁判官に従うべき存在ではない。裁判員が、裁判官と異なった常識に従って意見を述べ、それによって裁判がされることに、裁判員制度の意義がある。裁判員の常識に従って判断し、間違いないかどうか、疑問が残らないかどうかを判断することが、罪を犯していない人を処罰しないために、必要とされるのである。

〔サンプル〕では、最後に、裁判員の役割を語り、裁判員を勇気づけている。上記のように、裁判員の役割を明示的に証明基準と関連づけて語ることも考えられる。

5 例え話

最終弁論では、論理を語る中で、例え話を適切に活用するべきである。例

え話には、聴き手にメッセージを受け容れさせる独特の効果があり、記憶にも残りやすい。例え話は、的確なものでなければならない。的外れな例え話をしていると聴き手が感じたとき、話し手の情報源としての信頼性は損ねられてしまう。

〔サンプル〕では、「地震の最中に緊急地震速報を聞いてもなんの意味もないでしょう。それと同じです。佐藤さんが鈴木さんの攻撃を知ったのはまさにその攻撃の最中だったのです。」「皆さんは、ローマがどこにあるか満足に答えない人をガイドにしてローマ旅行をしますか。富士山の登山口がどこにあるか教えてくれない人の案内で富士山を登りますか。視床がどこにあるか言えないような人に、視床出血の説明を受けますか。」といった例え話を活用している。これらの例え話は、「佐藤さんが鈴木さんの攻撃を知ったのは攻撃を受けたときであり、『予想』していたとはいえない」「視床の位置を説明しない伊藤証人は信用に値しない」というメッセージを受け容れさせ、記憶させる効果がある。

6　論告へのコメント

最終弁論は論告の後に行われることから、論告にコメントすることが可能である。論告において、検察官が常識に反する証拠の解釈や推論をしたときは、最終弁論において、すかさず指摘をすべきである。検察官がおかしな主張をしたときは、ユーモアを交えて指摘することが、効果的な場合もある。

7　結論

最終弁論では、結論を示す必要がある。無罪を目標とする事件では無罪判決をすべきことを、死刑回避を目標とする事件では死刑とすべきでないことを、執行猶予を目標とする事件では執行猶予付き判決をすべきことを述べることになる。

III　構成

最終弁論の構成は、事件や弁護人によって、さまざまなバリエーションがある。争点を中心に論じる構成、法令の要件を中心に論じる構成、証拠を中心に論じる構成、時系列に事実を論じる構成などが挙げられる。それぞれの事件で、目標とする判決を支持する事実認定者に必要な情報を伝達し、彼ら

を力づけるために最も効率的な構成を選択するべきである。いずれの構成をとる場合にも、評議において使いやすいように、情報を整理して提供すべきである。通常、評議は公判前整理手続で確認された争点を中心に議論が行われることから、争点を少なくとも意識して構成することが必要である。

初頭効果・新近効果により、最終弁論の最初と最後で語ることは、最も良く記憶されることになる。したがって、最初と最後には、弁護人が目標とする判決を導く上での重要性の程度が大きく、かつ、否定しがたい確実性のある証拠や法令を配置するのが適切である。

〔サンプル〕では、争点を中心に論じる構成を採用し、冒頭で立証責任の所在と証明基準、最後に裁判員の役割と勇気づけを語っている。冒頭で証明基準を語ることが、一般的に最適であるとは限らない。例えば、有力な証拠があるときは、その証拠から語り始めることがより効果的な場合もある。

IV　語り方

1　言葉

最終弁論も、冒頭陳述と同様、基本的に口頭で情報を伝達する場面である。口頭で情報を正確に伝達するためには、すべての聴き手が耳で聴いて理解できる言葉で語る必要がある。したがって、できる限り平易な日本語を用いなければならない。同音異義語がある場合は、なるべく他の言葉に言い換えるべきである。法律家の業界用語は用いるべきでない。専門用語は、できる限り平易な日本語に言い換える必要がある。どうしてもその専門用語を用いなければならないときは、その意味を平易な日本語で説明しなければならない。

語るべき事柄の呼称・表現は、弁護人が目標とする判決に事実認定者を導くという目的に照らして適切に選択し、公判を通じ一貫して用いるべきである。被告人や被告人側の証人については、通常、人間性を与えるため、「さん」付けの氏名で呼ぶべきである。被害の発生を争っているときに、「被害者」などと呼ぶべきではない。ケース・セオリーやテーマを想起させる言葉は、キーワードとして意識的に反復すべきである。

〔サンプル〕の事件では、「自業自得」がテーマとして設定されているが、あえてこの言葉を反復しておらず、最終弁論では全く言及していない。これは、亡くなった人物を非難するニュアンスを含むことから、繰り返し口にすることが不適切であり、かつ冒頭陳述の始めに述べただけで、十分に記憶に

第14章　最終弁論　265

残る性質のテーマであるからである。

耳で聴いて理解してもらうためには、簡潔なセンテンスを用いるべきである。人はセンテンスごとに意味を理解しようとするから、1つのセンテンスで1つの意味を伝えるようにすべきである。まわりくどい表現や冗長なセンテンスは、聴き手を混乱させ、誤解を与えるものである。

2　音声

法廷では、すべての事実認定者に伝わる音声を発しなければならない。明瞭な発音、聴き取りやすい大きさ、聴き取りやすい早さで語る必要がある。センテンスごと、トピックごとに、適切な間を置いて語ることも重要である。

重要な情報を語るときは、それが重要な情報であることを聴き手に伝えるために、音声をコントロールするべきである。間を置く、声を大きくする、ひそめる、ゆっくりと語る、一語一語区切る、ジェスチャーを加える等の方法がある。強調を多用しすぎると、本当に重要な情報を強調することにならないので、注意が必要である。

3　スタイル

基本的に、すべての事実認定者からほぼ等距離になる法廷の中心から、彼ら全員に語りかけるべきである。弁護人席は、反対側の端に座る裁判員からは、かなりの距離がある。足を肩幅に開き、リラックスして自然体で立つと、安定感がある。手は、身体の前で両手を重ねるのが自然に見える。

原稿を朗読するのではなく、聴き手とのアイ・コンタクトを心がけながら、彼らに語りかけるべきである。人は、他人の話を聴くとき、その人物の態度を観察し、情報源としての信頼性を判断している。原稿を棒読みしている人物は、通常、情報源として信頼されない。確信を持って、自分の言葉で語りかけることが、情報源としての信頼性を示すために必要である。聴き手とのアイ・コンタクトは、情報が伝わっているか、理解されているかを観察するためにも有用である。聴き手が理解していないことが表情にあらわれたとき、言い換えたり、説明を加えたりして、理解が得られるようにすべきである。

弁護人が何にも頼らず、流暢な最終弁論をすることができれば、確信を持って、自分の言葉で語りかけていることを端的に示すことができる。それが難しい多くの弁護人にとって最適な方法は、簡潔なアウトラインを用いながら語りかけることである。

最終弁論の間、無目的な動作をするべきでない。法廷をうろついたり、頭を振りながら話したり、手で神経質に書面をめくり続けるような無目的な動作は、聴き手の気をそらし、語り手の情報源としての信頼性も低下させる。動作は、話題を変えるときに移動するなど、目的を持って行うべきである。

4　記憶

　弁護人が目標とする判決を支持する事実認定者に評議を優勢に進めてもらうためには、最終弁論で提供する情報を記憶してもらわなければならない。しかし、耳で聴いた情報を記憶することは、決して容易ではない。重要な情報を記憶してもらうためには、どのように情報を伝達すれば、記憶されやすいかを知る必要がある。

　事実認定者に記憶させるべき重要な情報は、最終弁論の最初と最後に述べるべきである。人は、見聴きしたことのうち、最初と最後に見聴きしたことを最もよく記憶する傾向にある。これらは、初頭効果（primacy effect）及び新近効果（recency effect）と呼ばれている。したがって、最終弁論の最初と最後には、テーマや最も重要な証拠について語るべきである。最初と最後に意味のないことを語るのは無駄であり、不利なことを語るのは致命傷となりかねない。あえて不利な事実に言及するときも、最初と最後は避けるべきである。

　事実認定者に記憶してもらうべき重要な情報は、意識的に反復して語るべきである。繰り返し耳にしたことは、人の記憶に残りやすいからである。例えば、テーマを最終弁論の最初、中盤、最後に言及することによって、そのテーマを強調し、事実認定者の記憶に残すことができる。反復するべき情報は、厳選しなければならない。すべてを強調することは、何も強調しないのと同じだからである。

　情報のまとまり（チャンク）を作ることによって、より多くの情報を記憶してもらうことができる。人は、例えば電話番号、五十音、アルファベットなど、短期記憶の限界と言われる 7 を超える数量の情報を、いくつかのまとまりに分けることによって記憶している。最終弁論においても、情報をいくつかのまとまりに分け、見出しをつけ、ビジュアル・エイドを活用することによって、より多くの重要な情報を記憶してもらうことができる。

　〔サンプル〕では、「本件で問われていること」を 3 つに分け、見出しをつけ、ビジュアル・エイドを活用している。

第 14 章　最終弁論　267

V　ビジュアル・エイド

　初めて接する話を耳から聴くだけで理解することは困難である。それを記憶することは、さらに困難である。最終弁論において、事実認定者にその内容を理解し、重要な情報を記憶してもらうためには、ビジュアル・エイドを活用することが必須である。聴覚と視覚という複数の感覚から得られた情報は、より良く記憶されることになる。

　ビジュアル・エイドは、弁護人が書面に頼らずに最終弁論をすることも助けるものである。必ず語るべき重要な情報と関連するものが、そこに表示されているからである。

　ビジュアル・エイドを活用する上で重要なのは、そこに表示すべき情報の選択である。何もかもをビジュアル・エイドに表示することは、ナンセンスである。すべてを強調することは何も強調しないことと同じである。不利な情報をビジュアル・エイドに表示すれば、不利な情報が記憶に残されることになる。

　人が視覚で物を読もうとしているとき、聴覚からの情報は遮断されてしまう。事実認定者が読もうとしなければならないような、多くの文字情報をビジュアル・エイドに表示するべきではない。語る言葉に耳を傾けてもらいたいときには、ビジュアル・エイドの表示を消すことも必要となる。

　ビジュアル・エイドの種類としては、パワーポイントに代表されるプレゼンテーションソフト、パネル、フリップボード、ホワイトボード、マグネットシート、メジャー、模型等を挙げることができる。事件や場面に応じて、最適なビジュアル・エイドを選択するべきである。プレゼンテーションソフトは、容易に見やすいものを作成することができ、直前まで修正することができるという利点がある。パネルやフリップボードは、事前に完成させる必要があるが、置き場を選ぶことができ、叩いたり、貼ったり、はがしたりする動作と音で、重要な情報に注目を集めることもできる。ホワイトボードやマグネットシートは、読みやすい字や図を書くことができれば、臨機応変に内容を変更することができるビジュアル・エイドである。メジャーや模型は、われわれが語る事柄を具体的に理解し、記憶してもらうために役に立つ。

　最終弁論では、冒頭陳述のときと異なり、証拠は取調べ済みである。取調べ済みの証拠は、最も効果的なビジュアル・エイドとなる。証拠そのものを

事実認定者に見せ、聴かせることによって、証拠の議論は、わかりやすく、より説得的なものとなる。われわれのケース・セオリーにおいて重要な証拠そのものを事実認定者に見せ、聴かせることは、その証拠が軽視されないようにするためにも、必要である。

〔サンプル〕の最終弁論では、証拠書類の一部、写真、図面、動画という証拠のほか、見出しやフローチャートをスライドで表示している。表示したスライドから話題が変わったときは、画面を真っ黒にして、言葉に耳を傾けてもらう工夫をしている。

VI　書面の配布

　事実認定者の記憶には限界があり、最終弁論で得た情報の記憶を保持し続けるのは困難である。検察官は、論告の要旨を記載した書面を事実認定者に配布している。これに対し、弁護人が書面を配布しなければ、事実認定者は、評議において、手元に置かれた検察官の論告を参照しながら議論を進める危険が大きい。われわれが目標とする判決を実現するためには、評議において優勢を保ち、評決で勝たなければならない。われわれが目標とする判決を支持する事実認定者の意見表明を支援するためにも、弁護人の最終弁論の記憶を喚起する刺激となるような書面を配布するべきである。

　書面には、弁護人が最終弁論で語った重要な事実、証拠、法令と論理を記載すべきである。事実認定者が評議で活用しやすいよう、一覧性のある形式で、それらの情報を整理して簡潔に記載する必要がある。最終弁論で用いたビジュアル・エイドを再現することは、最終弁論の記憶を喚起するために効果的である。

〔サンプル〕

　次のサンプルは、第4章（冒頭陳述）と同じ、裁判員裁判で正当防衛が認められ、無罪判決が言い渡された傷害致死被告事件の弁護人の最終弁論である。

　　　はじめに、刑事裁判のルールを再確認します。刑事裁判は被告人の粗探しをするものではありません。刑事裁判は被告人の前歴をあげつらう場でもありません。そもそも、刑事裁判は被告人の主張が認められるか

どうかを確かめるためにあるのではありません。刑事裁判は被告人の言い分と検察官の言い分のどちらが正しいかを決めるものでもありません。そもそも、被告人は自分が無罪であることを証明する必要はないのです。刑事裁判で証明責任を負うのは検察官です。被告人が有罪であることは間違いないということを検察官が証明しない限り、被告人は無罪です。証拠を検討した結果、常識に従って判断し、被告人が有罪であることに１つでも疑問がのこれば、被告人は無罪です。

　なぜこのようなルールが必要なのでしょうか？　刑事裁判の当事者は決して対等ではありません。訴える側は国です。訴えられる側は一個人にすぎません。刑事裁判において国は法廷において優秀な法律家である検察官がその利益を代表しています。それだけではありません。検察官のために警察が組織をあげて証拠を集めてくれます。警察には証拠を差押えたり、容疑者を逮捕して供述を得たり、さまざまな、そして強力な権限が与えられています。そのために膨大な税金が使われています。大勢の専門的な捜査官が仕事をしています。これに対して、被告人には何も特別な権限が与えられていないのです。被告人には弁護人の援助を受ける権利が与えられています。しかし、弁護人も１人の個人にすぎません。証拠を探索したり、証人から供述を得るために特別の権限は何一つ与えられていません。そのための費用も与えられていないのです。ひとことで言うならば、刑事裁判における当事者には圧倒的な力の差があるのです。それにもかかわらず被告人の側で自分の無罪を証明しなければならないとしたら、被告人は捜査機関が集めた有罪の証拠に圧倒されてしまいます。たとえ無実であっても、それを証明できないために有罪とされてしまうでしょう。冤罪が沢山生まれることになります。もはやわれわれの社会は自由ではなくなります。ですから、法は刑事裁判においては国の側が被告人の有罪を証明しない限り被告人を無罪としなければならないというルールを定めたのです。このルールは決して刑事被告人だけのためにあるのではありません。われわれの社会が自由な社会であり続けるために、守られなければならない貴重なルールなのです。それはわれわれ１人ひとりにとってかけがえのないルールなのです。

　刑事裁判は、検察官がこの有罪の証明ができたかどうかを検討するものです。刑事裁判は検察官の主張が間違いなく認められるかどうかを、証拠に基づいて、証拠のみに基づいて検討するものです。

さて、本件における検察官の主張を見てみましょう。検察官は佐藤さんが有罪である理由として、次の３つの主張をしています。第１に、佐藤さんは鈴木さんの攻撃を予想していたと、検察官は主張しています。第２に、検察官は、佐藤さんは、その機会を利用して専ら攻撃する意思で反撃したと主張しています。この第１と第２の主張が認められるので、正当防衛は成立しないのだ、と検察官は言っているのです。そして、第３に、検察官は、鈴木さんは佐藤さんの暴行によって死亡した、と主張しています。だから、傷害致死罪が成立するというわけです。そうすると、われわれがこの裁判で検討すべきなのは、これらの主張が証拠によって間違いなく認められるのか、それとも疑問が残るのか、ということです。整理すると、こういうことです。

本件で問われていること

Ⅰ　佐藤さんは鈴木さんの攻撃を予想していたと
　　間違いなく言えるのか？

Ⅱ　佐藤さんはその機会を利用して専ら攻撃する
　　意思で反撃したと間違いなく言えるのか？

Ⅲ　鈴木さんは佐藤さんの暴行によって死亡した
　　と間違いなく言えるのか？

　「佐藤さんは鈴木さんの攻撃を予想していたと間違いなく言えるのか」「佐藤さんはその機会を利用して専ら攻撃する意思で反撃したと間違いなく言えるのか」「鈴木さんは佐藤さんの暴行によって死亡したと間違いなく言えるのか」そういうことです。

第14章　最終弁論　271

Ⅰ　佐藤さんは鈴木さんの攻撃を予想してい
たと間違いなく言えるのか？

　まず最初の主張すなわち「佐藤さんは鈴木さんの攻撃を予想していた」
というのは間違いないかという点を検討して行きましょう。Ｔパーキン
グ前で、自転車に乗った佐藤さんは、いきなり、鈴木さんから怒鳴られ、
体当たりされ、首を摑まれ、メガネを取られそうになりました。この攻
撃が予想外の出来事であることは言うまでもありません。佐藤さんと鈴
木さんは進行方向が全く逆です。佐藤さんは西から東へつまりＦマート
のある方に向かって自転車を運転していました。鈴木さんは、東から西
つまり国際ホテルの方に向かって歩いていたのです。たとえいざこざが
あったとしても、それが終わったら、お互いにそのまま進行すると考え
るのが常識ではないでしょうか。佐藤さんは鈴木さんの手を振り払って
すぐに自転車でＦマートの方に向かいました。鈴木さんもそのまま西に
向かっていくだろう。佐藤さんは当然そう考えました。Ｔパーキングの
斜め前にあるマンションの防犯カメラがあります。その映像によれば、
佐藤さんの自転車がこのマンションの前を西から東に通過するのは 10
時 24 分 48 秒です。鈴木さんがここを歩いて通過するのはその 34 秒後、
10 時 25 分 22 秒です。つまり、鈴木さんは、自転車で立ち去る佐藤さ
んに「この野郎、ぶっ殺してやる」などと罵声を浴びせたものの、すぐ
に佐藤さんを追跡し始めたのではなく、しばらくの間Ｔパーキングにと
どまり、それから進行方向をかえて、佐藤さんを徒歩で追いかけ始めた
のです。このことも鈴木さんの追跡が予想外だったことを示しています。
一度理不尽な攻撃を仕掛けられた人が、もう一度攻撃されるに違いない
と思ったら、その相手のことを注視するのではないでしょうか。相手の
動きを見ながら相手から離れるのではないでしょうか。攻撃を仕掛けて
くるかもしれない相手に背を向けて立ち去るなんてことは決してないで

しょう。これを御覧ください。

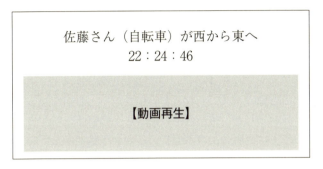

　Ｔパーキング前から自転車で走り去る佐藤さんの映像です。彼は普通に前を見て自転車を漕いでいます。一度も振り返りません。

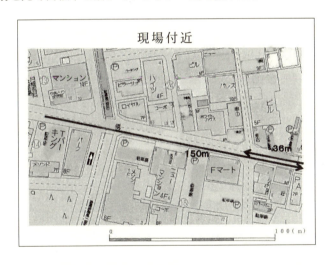

　佐藤さんが最初に鈴木さんに襲われたＴパーキングから自宅マンションまでの距離は約 150 メートルです。そして、マンションからＦマートまでは約 36 メートルです。佐藤さんは自宅前まで行ってＵターンをしてＦマートに自転車を止めました。この間 150 ＋ 36 ＝ 186 メートル自転車を運転したことになります。ゆっくり、時速 8 キロくらいのスピード（秒速 2.2 メートル）で運転したとして、この間の時間は 85 秒とい

うことになります。1分と25秒です。このわずかの時間に、佐藤さんが鈴木さんの再度の攻撃を予測できた場面があったでしょうか。どこにもありません。そのような証拠はありません。佐藤さんが鈴木さんに気づいたのは、Ｆマートの横に自転車を止めて、その入り口に向かおうとした時です。高橋さんの証言、田中さんの証言、そして佐藤さんの証言が一致して示しているように、その直後に鈴木さんは、「見つけたぞ」とか「この野郎、テメエ」などと叫びながら、血相をかえて佐藤さんに向かって行きました。佐藤さんが鈴木さんの姿を見てから、攻撃を仕掛けられるまでは一瞬の出来事です。このとき鈴木さんが自分を攻撃しようとしていると理解したとして、それを「予想」と呼ぶのは非常識な話です。地震の最中に緊急地震速報を聞いてもなんの意味もないでしょう。それと同じです。佐藤さんが鈴木さんの攻撃を知ったのはまさにその攻撃の最中だったのです。

本件で問われていること

Ⅰ　佐藤さんは鈴木さんの攻撃を予想していたと
　　間違いなく言えるのか？

答え：いいえ。

　佐藤さんが鈴木さんの攻撃をあらかじめ予想していたという検察官の主張は、「間違いない」どころか、全く事実に反するのです。Ｆマート前交差点で鈴木さんから攻撃を受けたのは、佐藤さんにとって全く予想外の出来事だったのです。この問に対する答えはNOです。

> Ⅱ　佐藤さんはその機会を利用して専ら攻撃
> 　する意思で反撃したと間違いなく言えるの
> 　か？

　それでは検察官第2の主張「佐藤さんはその機会を利用して専ら攻撃する意思で反撃した」というのは間違いないのか、という問題に移りましょう。ここで言う「専ら」というのは、要するに、鈴木さんの攻撃に対する防御という意味合いは全くなく、単に鈴木さんを痛めつけるための攻撃、いわば攻撃のための攻撃ということです。佐藤さんの暴行は、果たして鈴木さんを痛めつけるためだけの暴行だったんでしょうか。鈴木さんの攻撃に対する防御としての意味は全くなかったんでしょうか。

　まず、鈴木さんの攻撃がどのようなものだったのか振り返ってみましょう。検察官は、鈴木さんは半年前の人工骨頭置換術や当日の飲酒のせいで、運動機能が障害されていたと言っています。本当にそうでしょうか。こちらを御覧ください。

> コンビニ・イレブンを出る鈴木さん
> 22：19：59
>
> 【動画再生】

第14章　最終弁論　275

レジでの鈴木さん
22：15：16

【動画再生】

コンビニ・イレブンを出る鈴木さん
22：19：59

【動画再生】

東から西へ向かう鈴木さん
22：22：11

【動画再生】

西から東へ向かう鈴木さん
22：25：22

【動画再生】

鈴木さんの足取りは軽やか。全くふらふらしていない。普通の人であれば泥酔になるほどのアルコールを飲みながら、鈴木さんは正常な歩き方をしています。最後の場面では、大股で早歩きに近い歩き方です。先ほど検討したように、Tパーキング前を出て約85秒後に、佐藤さんはFマート前交差点の中央付近を歩いている鈴木さんに気づきました。この位置はTパーキング前から約115メートルです。

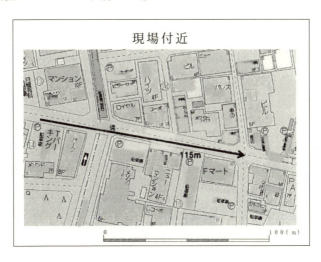

　鈴木さんは佐藤さんに約30秒遅れてTパーキングを出ています。そうすると、約55秒で115メートル歩いたことになります。秒速2.0メートルです。これは成人男性が少し早歩きしたときの速度です。先ほどご覧いただいたマンション前を西から東に歩く鈴木さんの様子——大股でやや早歩きする姿に一致します。
　交差点で佐藤さんを発見した鈴木さんはどうしたでしょうか。佐藤さんはこう証言します。「僕と目と目があうと、見つけたぞとかぶっ殺してやると叫びながら、小走りで突進してきました。タックルするように、右手で拳をつくって殴りかかってきました。」田中さんも、「鈴木さんは何か大声で怒鳴りながら、体当りするような感じで佐藤さんの方に向かって行った」と証言しました。

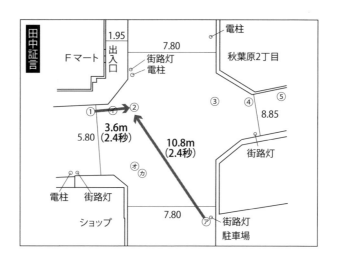

　これは田中さんが法廷で書いた図面です。田中さんは高橋さんと並んで歩いていました。彼らが①から②に普通のスピードで歩いている間に、㋐付近にいた鈴木さんが自分たちの横まで来たというのです。この図上で①から②は約 3.6 メートル。大人の平均的な歩行速度は秒速約 1.5 メートルですから、田中さんは約 2.4 秒でこの間を歩いたことになります。一方鈴木さんはこの 2.4 秒の間に㋐から②の横辺りまで 10.8 メートルを移動しました。その速度は、秒速 4.5 メートルです。これは 50 メートルを 11 秒の速さで走るのに相当します。まさに駆け足です。

　ところで、高橋さんは、田中さんや佐藤さんの証言とは反対に、鈴木さんは「ゆっくり目に歩いていた」と証言しました。しかし、この証言は信用できません。

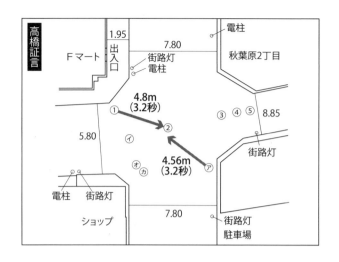

　これは高橋さんが法廷で作成した図面です。彼が①から②に歩く間に、鈴木さんが㋐から自分たちの横に来たということです。この図を前提にすれば、鈴木さんは高橋さんよりもゆっくり歩いたことになります。しかし、これは非常におかしな図面です。高橋さんの証言では、50代半ばの男が「この野郎」などと罵声を浴びせながら自分たちの方に迫ってきた、絡まれると思った、と証言しています。ところが、彼の図面では彼らはわざわざ鈴木さんの方に近づいたことになっています。この図は真実を反映していないのです。

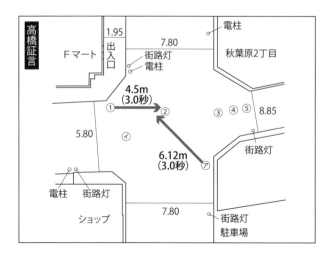

第14章　最終弁論　279

高橋さんも田中さんと同じにまっすぐ歩いたとすると、どうでしょうか。これを見てください。こちらの図で計算すると、鈴木さんは3秒間に6.12メートル移動したことになります。秒速2メートルを超えます。早歩きになります。

　ところで、警察官が、佐藤さんを逮捕した後、12月2日の未明に作成した佐藤さんの供述調書には、鈴木さんが「殴りかかってきた」という記載はなく、「いきなり両手でつかみかかってきた」と書かれています。この調書には他にも法廷証言と微妙に食い違うところがあります。供述調書というのは本人の述べたことを録音機のようにそのまま記録するのではありません。捜査官が本人の言葉を一人称で作文するのです。ですから、本人が述べてもいないことを捜査官が書いて、本人に署名させることも可能です。考えても見てください。この調書が作られたのは、佐藤さんが警察に逮捕された翌日の午前3時過ぎです。佐藤さんは、自分が殴ったために相手の男性に思わぬ大怪我を負わせてしまったと不安にかられていました。これから自分はどうなるんだろうか、仕事はどうなるんだろうか。佐藤さんが法廷で述べたように、彼は動揺し、焦り、混乱していました。ひととおりの話をすることはできたとしても、事件の詳細について明確な話ができなかったとしても当然です。また、警察官が「こうではなかったか」と誘導したのに対して、それに反論したり訂正したりする気力はなかったでしょう。捜査官が作文した調書の内容を仔細に検討する余裕などなくて当たり前です。その証拠に、事件の第1現場、最初に鈴木さんに絡まれた場所について、誤った記述があるままの調書に佐藤さんはサインしています。公開の法廷で述べた供述よりも、警察官が密室で作文した調書の方を信用すべき理由はどこにもありません。要するに、Fマート前交差点で佐藤さんを発見した鈴木さんは、「この野郎」「ぶっ殺してやる」と大声で叫びながら、小走りで佐藤さんに突進し、殴りかかってきたのです。

　では、その後の鈴木さんの暴力はどのようなものだったでしょうか。佐藤さんの証言によれば、鈴木さんは左右の拳で10発ぐらい連打してきました。とっさに佐藤さんは身を屈めて両腕でガードしました。鈴木さんの拳は佐藤さんの腕や胸や腹に当たりました。鈴木さんは佐藤さんの脛を蹴って来ました。さらに、左右の拳で交互に殴って来ました。佐藤さんは両腕を使って上下に鈴木さんの腕を払いのけましたが、それで

も鈴木さんの拳は何発か佐藤さんの体に当たりました。佐藤さんは、鈴木さんとの間合いを取るために、鈴木さんの左太ももの付け根辺りを前蹴りしました。それでも鈴木さんはファイティングポーズを取りながら、佐藤さんに殴りかかって来ました。この鈴木さんの執拗な攻撃、繰り返される暴力を裏づける客観的な証拠があります。鈴木さんを解剖した伊藤証人によれば、鈴木さんの左右の手には高度の皮下出血があります。

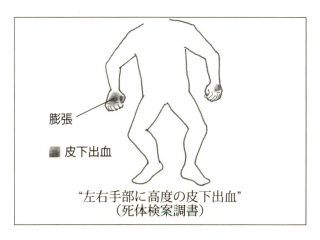

"左右手部に高度の皮下出血"
（死体検案調書）

　そして、右手の背面は大きく腫れ上がり、その中指の骨（第3中手骨）が折れていました。

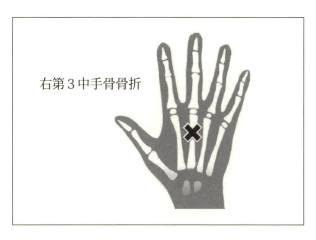

右第3中手骨骨折

第14章　最終弁論　281

これは、鈴木さんの左右のパンチが佐藤さんの体に当たったことを示しています。特に右手で強いパンチを繰り出したことが明らかでしょう。ちなみに、高橋さんも田中さんも、鈴木さんが何度もパンチを繰り出していたと証言しています。そして、鈴木さんの攻撃は最後まで続いていたと、２人は一致して証言しています。要するに、鈴木さんは、佐藤さんを見つけるや佐藤さん目掛けて突進して殴りかかり、繰り返し執拗に殴る蹴るの暴行を続けたのです。

　それでは、次に佐藤さんの側の暴行について検討しましょう。このように執拗に繰り返される鈴木さんの暴力に対して、それを「利用」して「専ら積極的に」攻撃するなどということは、一体誰にできるでしょうか。そんなことができる人がいった何人いるでしょうか？　小学生と大人ならば、可能かもしれません。大人の男同士でそのようなことが可能なのは、両者に圧倒的な力の差がある時だけです。鈴木さんはアルコールを沢山飲んでいましたが、足元がふらつくことなどありませんでした。大声で叫びながら佐藤さんに突進して殴りかかり、何発も拳骨で殴ったのです。対する佐藤さんは、確かに年齢は鈴木さんより若いですが、格闘家でもないしスポーツ選手でもありません。そもそも、佐藤さんは鈴木さんに関わりたくなかったのです。30分後には自分のプロダクションの所属タレントがテレビ出演します。彼はテレビでそれを見る必要がありました。酔っぱらいと喧嘩している場合ではありません。Ｔパーキングで鈴木さんに摑みかかられたとき、佐藤さんはこの男とかかわるのはやめようと思い、すぐに自転車に乗ってその場を立ち去ったのです。佐藤さんはＦマートでタバコを買って、マンションに戻ることしか考えていませんでした。もしも、鈴木さんの攻撃に腹が立って殴ってやりたいと思ったのなら、その場で殴っていてもおかしくありません。佐藤さんはそうしませんでした。そういうつもりがなかったからです。彼の行動が彼の気持ちを如実に語っています。

　さて、検察官は、佐藤さんは鈴木さんを拳骨で３回殴ったと主張し、その根拠として法医学者の伊藤証人の証言と目撃者である高橋さんや田中さんの証言を挙げています。これらの証拠を詳しく検討しましょう。確かに伊藤証人は、殴った回数は「３回以上」と言いました。しかし、

この証言を額面どおりに受け取ることはとうていできません。伊藤証人は、鈴木さんの顔面の損傷についてこう書いています。

"性状不明の鈍体による打撲傷"

「性状不明の鈍体による打撲傷」と。つまり、材質や形が不明な、鋭利でない物による打撲傷によるというのが鑑定結果です。伊藤証人は法廷で「正確にはそういうことだ」と認めました。

ではなぜ、伊藤証人は「3回以上殴った」などと証言したんでしょうか。伊藤証人はこう言いました。「検事から争点整理の結果、殴打の回数が1回か3回かが争点だと聞かされたから」だと。要するに、検察官の示唆によって、顔面の損傷は人が殴ったことによることは争いはなく、ただその回数だけが争点だと、伊藤証人は思い込んだのです。このような示唆をする検察官も検察官ですが、伊藤証人の思い込みもおよそ科学者とは思えないものです。

伊藤証言にはさらに重大な問題があります。伊藤証人が「顔面打撲」の根拠としているのは、大小の皮下出血です。健康な人であれば、皮下出血があれば打撲だと推測できるのかもしれません。しかし、鈴木さんの場合は違います。山本先生が証言したように、血小板減少症の患者は体のさまざまな部位で皮下出血をするのです。当時の鈴木さんの血小板数は1万を切っていました。大量にアルコールを飲んでいました。血圧も高かったのです。少しの圧力が加わっただけでも皮下出血や粘膜の出血を起こしやすい状態でした。伊藤証人も認めるように、殴ったことが明らかなのは挫裂創（表面が裂けた潰れたりしている傷）を伴う皮下出血です。鈴木さんの顔面の傷のうち左唇から頬にかけての傷が挫裂創を伴う皮下出血です。他にはありません。

第14章　最終弁論　283

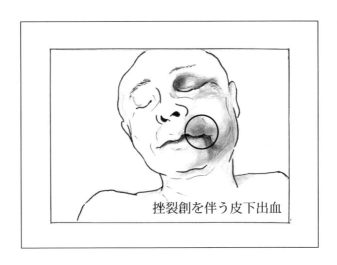
挫裂創を伴う皮下出血

　そして、この傷は拳骨で1回殴っただけでできるものです。顔面の損傷状態から、拳骨によって3回以上殴ったことは間違いないなどとは言えないのです。「鈍体」にはいろいろな物が考えられます。拳骨や腕、肘、頭などの佐藤さんの肉体の一部が鈴木さんに当たったことは十分にあり得ます。佐藤さんと鈴木さんは至近距離でもみ合っています。鈴木さんは佐藤さんの体に接近して両腕で殴っています。これに対して佐藤さんは両腕を使って鈴木さんの手を振り払おうとしました。鈴木さんの身長は佐藤さんよりも10センチ低いのです。振り払った際の佐藤さんの腕や拳や肘が鈴木さんの顔面に当たったとして不思議ではありません。さらに、このとき佐藤さんは左手にセカンドポーチを持っていました。セカンドポーチを持ったまま、佐藤さんは腕を振り回しました。また、セカンドポーチを持った左手で鈴木さんの肩の辺りを押しました。セカンドポーチが鈴木さんの顔面に当たったとしても不思議ではありません。

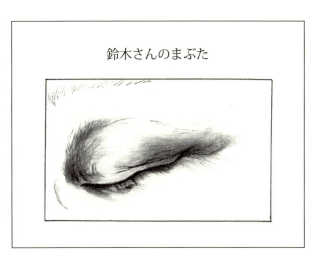

鈴木さんのまぶた

　これは鈴木さんの左まぶたを拡大したものです。ここに新しい擦過傷が２つあります。１つは上まぶたにある線状の擦過傷です。もう１つは下まぶたにある豆粒ぐらいの大きさの表皮剝脱です。これは何時できたんでしょうか。伊藤証人はこの傷に全く気づいていません。この傷は明らかに何か固いもの、金属かガラス、プラスティックのようなものが擦れたりぶつかった跡です。佐藤さんの拳骨でできる傷ではありません。これはセカンドポーチのチャックの部分かチャックのつまみについていたガラスの飾りが擦ったものではないでしょうか。

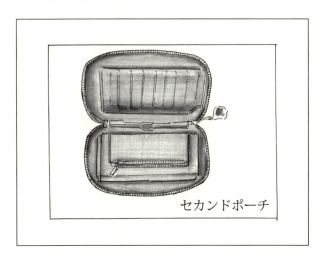

セカンドポーチ

伊藤証人は、このセカンドポーチでは唇にある挫裂創はできないと言いました。しかし、彼は他の損傷との関係を何も言いませんでした。確かにこのセカンドポーチはビジネスカバンのような重いものではないですから、左頬から唇にかけての挫裂創を生じさせるのは難しいでしょう。しかし、

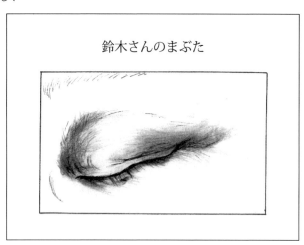

　この左目にあるような小さな皮下出血を生じさせることは十分に可能です。伊藤証人も、この左目の傷について、殴ったとすれば、眼窩の部分には骨があるので、拳骨と骨に挟まれた部分に挫創（傷口が開いた傷）ができたり大きな表皮剥脱ができることが多いが、鈴木さんにはそうした傷がなかったと言っています。要するに、この左目の傷は拳骨でパンチを入れた傷ではないのです。鈴木さんの顔面の傷は、決して3発以上のパンチでできたとは言えないのです。執拗な鈴木さんの攻撃に対して佐藤さんが防御をしている最中にできた傷である可能性は大いにあります。佐藤さんが意図的に殴った回数が1回だとしても、これらの傷は生じ得るということです。

　次に、「2発当たるのを見た」とか「3発当たるのを見た」という高橋さんと田中さんの証言を検討することにします。皆さん、目撃証言というものは最も危険な証拠です。アメリカでは過去20年間に死刑を含む重罪事件で有罪判決を受けた人が280人以上も、DNA鑑定の結果、無

実であったことが証明されました。そして、これらの事件の実に75％で、誤判の原因は誤った目撃証言であったと言われています。なぜ目撃証言は危険なのでしょうか。それは、人間の記憶というものが移ろいやすいものだからです。人は映画をみるように、犯罪を目撃するのではありません。全く予期せずに、突然、目の前で犯罪が行われ、それは一瞬で終わってしまいます。事件の一部をほんの数秒見ただけなのに、何度も思い返しているうち、一部始終を完全に見たように思えてきます。警察から犯人像や事件像についての暗示を与えられれば、それに沿って記憶は変化していきます。これを御覧ください。心理学の教科書に載っている図版です。

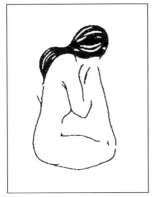

G. Fisher, "Ambiguity of Form: Old and New", Perception and Psychophysics 4, 189-192 (1968).

あなたが脳裏に残った像がこのようなものだったとしても、誰からか「君がみたおじさんはどんな顔だった？」という暗示を伴った質問をされると、あなたは自分がおじさんの顔をはっきり見たという記憶を持ってしまいます。この同じ像を見たあなたは、今度は「あなたが見たのは泣いている女性だった」といわれます。すると、あなたは、泣いている女性を自分ははっきりと見た確信してしまうでしょう。

　さて、本件の目撃者たちにはどんなことが起こったのでしょうか。まず指摘したいのは、2人の目撃時間は非常に短かったということです。この事件そのものがとても短いものです。マンション前を午後10時24分46秒に自転車で通過した佐藤さんがFーマートの横に自転車を止めたのは、その85秒後の10時26分11秒ころです。山田さんが佐藤さんの依頼を受けて119番通報したのが10時27分です。そうすると、鈴木さんが佐藤さんに飛びかかっていき、2人が揉みあいとなり、鈴木さんが路上に転倒するまでの時間は、10秒とか20秒とか、長くても30秒くらいでしょう。それでは高橋さんと田中さんは一体どれくらいの時間この出来事を目撃したのでしょうか。高橋さんは「1分前後」と言いましたが、それがあり得ないことは既に明らかです。

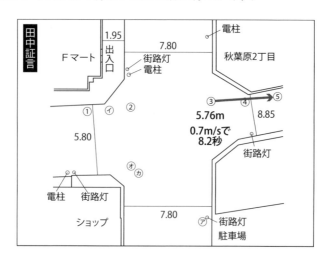

　田中さんの証言によると、この図の③から⑤にかけてゆっくり歩きな

がら振り返って見たということです。③から⑤までの距離は5.76メートルです。成人が歩く速さは秒速1.5メートルです。田中さんは通常の半分以下の速度・秒速0.7mで歩いていたとすると、彼の目撃時間は8.2秒です。田中さんは20〜30秒間見たと言いましたが、これはあり得ないでしょう。③から⑤を20秒かけて歩くというのは、1秒間に28センチしか動いていないことになります。それほど遅いスピードで歩くというのは、不自然でしょう。田中さんを現場に立ち会わせた渡辺警察官は、田中さんは「終始歩きながら見た。途中でスピードを緩めたとは言っていなかった」と証言しました。田中さんが通常のスピードで歩いていたのだとすれば、目撃時間はさらに短くなります。3.8秒に過ぎません。要するに、彼らの目撃時間は数秒からどんなに長くても10秒を超えることはなかったのです。

　さらに悪いことに、彼らは警察から決定的な暗示と予断を与えられました。警察は彼らに、「年上の男性が頭を打って死んだ」；若い方の男がその「犯人」だ；犯人は逮捕された、と告げました。そして、彼らが目撃した人物について「被害者」と「加害者」「犯人」と呼ばせました。警察は、犯人が被害者にどのような暴行を加えたのかばかりを尋ねました。逆に被害者が犯人にどのような暴行をしたのかについてはほとんど全く話題になりませんでした。現場で目撃状況を再現したときも同じでした。こうして、高橋さんと田中さんは、年上の男性を被害者・若い男性を加害者として位置づけ、加害者が被害者に加えた暴行だけを繰り返し思い起こすことになりました。そしてさらに、警察官は、佐藤さんが右手の拳骨で鈴木さんの左頬を殴るシーンを自分たちが演じ、それを本来目撃者には見えない方向からアップで写真に撮りました。その上で、検察官がこの写真を彼らに見せて再度の取調べを行ったのです。

警察官が演技をし、写真に撮り、
それを目撃者に見せる。

　これほど手の込んだ方法で暗示を受けて、一方的な場面ばかり思い起こすことを繰り返せば、高橋さんも田中さんも、「フックパンチが何度も繰り出された」とか「フックパンチが2発当たるのが見えた」と考えるようになるのは当然でしょう。しかし、それは純粋に彼らが現場で獲得した記憶ではありません。あとから捜査官の暗示と予断によって作られた偽りの記憶なのです。彼らが実際には数秒間しか目撃していないにもかかわらず、1分前後見たなどとあり得ない証言をするのは、記憶が捏造されて実際には見ていない細部まで思い描くことができるので、長い時間見たような気がするからです。高橋さんが、最初は「2発殴るのを見た」としか言っていなかったのに、法廷では「4〜5回殴るのを見た」と言ったのは、捜査官の思い描く事件像によって彼の記憶が歪んでしまったことを示すのです。
　高橋さん田中さんの証言と佐藤さんの証言を重ね合わせれば、次のような可能性が浮かび上がってきます。高橋さんと田中さんが目撃したのは、鈴木さんから執拗に殴られながら、両手で鈴木さんの腕を振り払おうとしている佐藤さんの姿だったということです。

佐藤さんの防御姿勢

　その腕は鈴木さんの腕や顔面と何度も交錯したでしょう。ときには体に当たったでしょう。高橋さんと田中さんは、この情景を見たのです。警察の徹底的な暗示にしたがって、それがフックパンチを何度も繰り返す姿として記憶されてしまったのです。
　佐藤さんが鈴木さんの顔面を3回も殴っていないことを示す客観的な証拠があります。これを見てください。

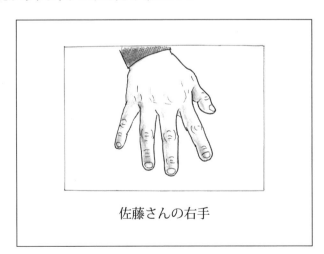

佐藤さんの右手

第14章　最終弁論

佐藤さんの右手は全然腫れていません。指の骨折もありません。3発以上殴っていれば、その右手は腫れているはず。佐藤さんは、鈴木さんを1発しか殴っていないのです。

　これまでの話を要約します。佐藤さんは、鈴木さんの執拗な攻撃に対して懸命に防戦していたのです。佐藤さんには、この機会を「利用」するとか、「専ら積極的な攻撃」をするなどという余裕は全然ありませんでした。実際にもそのような攻撃などしていません。鈴木さんの顔面の傷は佐藤さんの1発の拳骨によるパンチと、2人がもみ合っている間に起こった接触の機会に生じたのです。しかし、1発の拳骨以外は意図的なものではありません。鈴木さんがFマートの方からインテリアショップの方に移動したのは、佐藤さんが一方的に暴力を振るっていたからではありません。もしも、高橋さんや田中さんが言うように、左顔面を右フックで巻き込むように殴られてその拍子に移動したならば、鈴木さんは左側に移動するはずです。彼らが見たように後ろに移動することはないでしょう。なぜ鈴木さんは後ろに移動したのか。それは、佐藤さんが証言するように、前蹴りをしたためです。そして、佐藤さんの1発のパンチの勢いでふらふらと後ずさりして、尻餅をつきながら倒れたからです。本当に鈴木さんが一方的にやられていて、路上に転倒したのなら、高橋さんも田中さんもその場に立ち止まって注視していたでしょう。そして、警察に連絡するとか救急車を呼ぶなどの行動をとるでしょう。彼らはそうしませんでした。立ち止まることもなく、歩き続け、そのまま駅に向かいました。

本件で問われていること

Ⅰ　佐藤さんは鈴木さんの攻撃を予想していたと間違いなく言えるのか？
　　　　　　　　答え：いいえ。

Ⅱ　佐藤さんはその機会を利用して専ら攻撃する意思で反撃したと間違いなく言えるのか？
　　　　　　　　答え：いいえ。

「佐藤さんはその機会を利用して専ら攻撃する意思で反撃したと間違いなく言えるのか」答えは NO です。佐藤さんは鈴木さんの理不尽で執拗な攻撃から自分の身を守るために反撃していたに過ぎないのです。

では第 3 の問題に移ります。

Ⅲ　鈴木さんは佐藤さんの暴行によって死亡したと間違いなく言えるのか？

鈴木さんの脳には 2 種類の出血がありました。

急性硬膜下血腫

視床出血

脳挫傷による急性硬膜下血腫と視床出血です。急性硬膜下血腫は、鈴木さんが後頭部を路面に激突したことで発生した外因性の出血です。これに対して、視床出血は頭部打撲によって起こることはありません。これは、鈴木さんの持病である血小板減少症に加え、急激なアルコール摂取や高血圧によって引き起こされた可能性が大いにあります。

伊藤証人は、鈴木さんの死因として、主因は硬膜下血腫であり、視床出血は従因に過ぎないと言いました。しかし、彼は、なぜそう判断したのか、その理由を全く説明しませんでした。彼が行った唯一の説明は「脳外科医がそう言っていたから」というものです。これでは何の説明にもなっていません。伊藤証人は死因を判定する専門家としてこの法廷に来

第 14 章　最終弁論　293

たのです。われわれは彼からその結論だけでなく、結論に至った理由を聞くために、彼を尋問したのです。彼から説明を受けられなければ証人尋問の意味はありません。伊藤証人ほどこの法廷を侮辱した証人はいません。彼は、自分が答えたいことには答えるが、答えたくないことにはあれこれと難癖をつけて証言を拒否しました。視床の位置についてすらちゃんと答えようとしませんでした。鑑定書の内容についての質問にもなかなか応じず、「まず鑑定書を採用しろ」などという傲慢な発言までしました。証人には証言を拒否する自由などありません。すべての証人は、あらかじめ宣誓したように、何事も隠さず真実を述べなければならないのです。大学教授であれ、居酒屋のアルバイトであれ、尋問されたことには答える義務があるのです。尋問に答えないのはそれ自体証言拒絶罪という犯罪です。皆さんは、ローマがどこにあるか満足に答えない人をガイドにしてローマ旅行をしますか。富士山の登山口がどこにあるか教えてくれない人の案内で富士山を登りますか。視床がどこにあるか言えないような人に、視床出血の説明を受けますか。常識で考えてください。

　伊藤証人は、視床出血が生じたのは手術で硬膜下血腫を除去したことによって起こった「再灌流」である、だからそれは「外因」による出血なのだと言いました。この説明は客観的な事実に反します。鈴木さんの視床出血は、手術の前からありました。

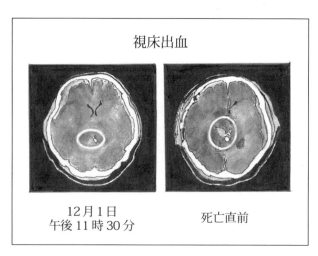

手術の2時間前の画像にはっきりと視床出血が写っています。死亡直前の画像を見ると出血の量が増えています。この増大が何のために起きたのか、結局伊藤証人は説明しませんでした。視床出血は、頭部外傷によって生じることはありません。それは出血傾向が高い病気にかかっている人が、何らの外傷もなしに発症することがある病気なのです。そして、視床出血は極めて危険な病気です。一命を取りとめたとしても重大な後遺症が残ります。放置すればそれだけで死に至ります。伊藤証人が集めた論文でもそのような症例が報告されています。鈴木さんは、特発性血小板減少性紫斑病とアルコール性血小板減少症を併発していました。本件当時大量の飲酒をしていました。高血圧の状態でした。頭部外傷とは無関係に視床出血を生じた可能性は大いにあるのです。そして、そのために死んだ可能性もあるのです。

　急性硬膜下血腫というのは決して不治の病ではありません。頭を打って頭蓋骨を骨折し急性硬膜下血腫と診断され、手術を受けて回復し数週間で退院してそれまでと同じ生活をしている人は沢山います。本件と同程度の打撲で急性硬膜下血腫が生じても、手術で回復することは全然珍しいことではありません。伊藤証人もそれを認めています。本件では、事故後すぐに救急車が呼ばれ、迅速に血腫の除去手術が行われました。血腫は綺麗に除去されました。手術は成功したのです。ところが、術後にさらに出血が起こりました。執刀医が止血措置をとらなかったなどということはあり得ない話です。止血をしたにもかかわらず、出血がまた起こったということです。なぜでしょうか。繰り返し述べているように、血小板減少症とアルコール、そして高血圧のために手術後にも出血が起こったのです。ここで鈴木さんはなぜ亡くなったのかを整理しておきましょう。この図を御覧ください。

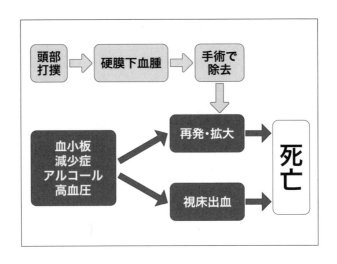

　鈴木さんは佐藤さんのパンチが原因で路面に後頭部を打ちつけて脳挫傷を負い、急性硬膜血腫を発症しました。緊急手術が行われて血腫は除去されました。しかし、血小板減少症やアルコール、高血圧のために、術後に硬膜下血腫が再発し拡大しました。また、それとは別に、血小板減少症等のために、鈴木さんは視床出血も発症しました。この再発拡大した硬膜下血腫と手術前から発症していた視床出血によって鈴木さんは亡くなったのです。検察官は、60年前と40年前の判例を引用して、最高裁は「暴行が被害者の持病と相まって死の結果をもたらした場合でも暴行と死亡との因果関係が認められる」と言っている、われわれはこれらの判例に従うべきだ、と主張しています。まず、私が申し上げたいのは、因果関係に関する最高裁判所の判例は20件くらいあるということです。最高裁判所は、一つひとつの事件に妥当な結論を与えるために、その事件について必要な説明をしているだけです。別の事件を審理するわれわれがその判断に拘束されなければならない理由はありません。今皆さんが審理している佐藤被告の事件は、検察官が引用した判例のケースとは全く異なるものです。

　昭和25年3月31日の判例は、賭博仲間同士が喧嘩になり、被告人が、脳梅毒を患っていた被害者の目を足で蹴ったところ、被害者の脳の組織が崩壊して死亡してしまったというケースです。被告人と被害者は賭博仲間です。知り合いです。脳梅毒というのは梅毒菌が脳神経を侵す病気

です。被告人もそのことに気づいていた可能性が高いのです。さらに言えば、目を足で強く蹴れば、脳梅毒にかかっていなくても、脳に損傷を生じさせる可能性は大いにあります。全く見ず知らずの人に殴りかかられたので顔面を殴ったという本件とは全然違います。

　昭和46年6月27日の判例は、被告人が家主の64歳の妻に家賃を返せと因縁をつけて、断られたら、鼻と口を手で抑えたり首を締めつけたりした上、頭から布団をかぶせて抑えつけたところ、老女は急性心不全で亡くなったという事件です。この被告人は被害者である老女が心臓を患っていたことを知っていました。そして、心臓病を患っていなくても、被告人の行為によって被害者は窒息死した可能性が多いにあります。見ず知らずの人の顔面を殴っただけの本件とは全く異なります。

　本件の因果の流れをもう一度見てみましょう。

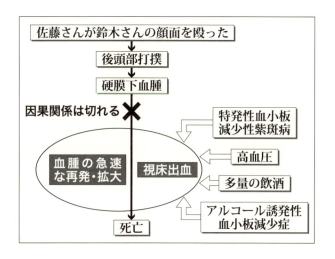

　検察官の考え方はこうです。死亡の結果に対するインパクトがどんなに小さくとも、殴ったことが出発点になっている以上、殴った人は死亡の結果に責任を負うべきだというのです。死亡に対する影響力が殴ったことが5％で、病気の影響力が95％だったとしても、殴った人は有罪だと言うのです。われわれはこのような考え方に賛成すべきでしょうか？　それは皆さんの常識に沿うでしょうか？　われわれの常識は検察官の考え方には違和感を覚えるはずです。病気のインパクトが殴ったことのイ

ンパクトよりも圧倒的に大きい、本件においては、殴ったことと死亡との因果関係は切断される。そう考えるのがわれわれの常識に合っています。鈴木さんは、視床出血と硬膜下血腫のいずれか、あるいはその両方が原因で亡くなったのです。その原因は、佐藤さんの拳骨ではありません。佐藤さんの拳骨だけで鈴木さんが死ぬことはありませんでした。鈴木さんは、病気のために亡くなったのです。病気によって発症した脳の病的な出血のためになくなったのです。

本件で問われていること

I　佐藤さんは鈴木さんの攻撃を予想していたと間違いなく言えるのか？
　　　　　　　答え：いいえ。

II　佐藤さんはその機会を利用して専ら攻撃する意思で反撃したと間違いなく言えるのか？
　　　　　　　答え：いいえ。

III　鈴木さんは佐藤さんの暴行によって死亡したと間違いなく言えるのか？
　　　　　　　答え：いいえ。

　われわれの3つ目の問いに対する答えも、「いいえ」です。
　こうして、検察官の主張はすべて成り立たないことがわかりました。佐藤さんに対しては無罪判決が言い渡されなければなりません。
　ここで、正当防衛ということについて、少し考えてみたいと思います。われわれはみな、神から与えられた命を全うし守る権利があります。他人が理不尽な暴力をふるってきたとき、われわれは自分の生命や身体を守るために、反撃する権利があります。たとえその反撃の結果、相手が死んだとしても、われわれは罪に問われることはありません。これが正当防衛です。この正当防衛の権利はすべての人に平等に保障されています。性別や職業や社会的身分に関係なく、すべての個人は、自分の命と

健康を守るために不正な攻撃に立ち向かう権利が保障されているのです。前科や前歴のある人には正当防衛の権利がないというようなことがあってはなりません。正当防衛というのは、不正な攻撃に対する反撃でなければなりません。ですから、反撃に名を借りて、攻撃のための攻撃をすることは許されません。例えば、相手が自分を攻撃してくることを予想して、ナイフを持って相手を待ちぶせして、相手が来たらそのナイフで切りつけるなどということは許されません。しかし、相手が攻撃を仕掛けてきたときに、相手の攻撃力を冷静に分析してそれに見合う程度の攻撃しかしてはいけないということはありません。そもそもそんなことは不可能です。街を歩いていて突然酔っ払いから「この野郎、ぶっ殺してやる」と怒鳴られ、殴りかかられたら、皆さんはどうしますか。そのときに、どの程度の力で殴ったらいいのかなどと考えている余裕はありますか。ありません。私なら、渾身の力を振り絞って相手を殴ることしかできません。1発殴ってもダメなら2発でも3発でも殴るでしょう。その結果相手が死んでもそれは正当防衛です。われわれには相手の攻撃力を分析する義務などありません。相手の攻撃から逃げる義務もありません。われわれは相手が理不尽な攻撃をしてきたら、その場に立ち止まり、反撃する権利があるのです。

　佐藤さんは、Ｆマートでタバコを買い、家に帰って所属タレントが出演するテレビ番組を見る予定でした。その予定は完全に狂ってしまいました。なぜか。自宅の150メートル手前で、鈴木さんに出会ってしまったからです。飲み過ぎて店の中で大声で怒鳴り声を上げ、他の客にも迷惑をかけていた客は、ついにママさんからボトルを取り上げられ、店から追い出されました。佐藤さんはその男に、因縁を付けられ、体当たりをされ、首を摑まれたのです。それでも佐藤さんは冷静に対処しました。男を振り払って自宅に向かいました。ところが、その男は佐藤さんに2度目の攻撃を仕掛けてきました。今度は、本格的にファイティングポーズをとって、左右の拳で連打してきました。佐藤さんは両腕でガードし、男のパンチを振り払いました。それでもなお、男はパンチを繰り出し、蹴りを入れてきました。佐藤さんは間合いをとるために、前蹴りをしましたが、決して手を出しませんでした。最後の最後、男が大きく振りかぶって来たとき、パンチを出しました。相手のパンチよりも先に佐藤さんのパンチが相手に当たりました。もしも、これが正当防衛ではないと

第14章　最終弁論　299

いうのなら、正当防衛などという制度はやめてしまった方がいいでしょう。

　最後に裁判員の皆さんに一言申し上げます。皆さんは貴重な時間を割いてこの法廷に来られました。それはこの国の司法の要を支える裁判員という崇高な仕事をするためです。皆さんは裁判員です。皆さんは裁判所の職員ではありません。皆さんは裁判官の手助けをするために裁判所に来たのではありません。皆さんは裁判官から裁判のやり方を教えてもらうためにそこに座っているのではありません。皆さんは、裁判官から証拠の見方を教えてもらうためにここにいるのではありません。皆さんは１人ひとり独立の個人として、独立の裁判員として、この裁判に参加しておられるのです。皆さんは自分の意見を言うためにここにきているのです。これまで取り調べられた証拠に基づいて皆さんは自分の意見というものを持っているはずです。その意見を評議室で述べてください。裁判官も裁判員も評議室の中では平等です。裁判官の意見だからというだけで、特別なものは何もありません。もしも裁判官の言うことがいつも正しいのなら、皆さんが、仕事や家族を犠牲にして法廷に来る必要はありません。正しい裁判をするためには、皆さん一人ひとりの知恵が必要なのです。皆さんの理性と常識と経験が正義を実現するためには必要なのです。自分の意見を述べてください。他の人と議論をしてください。納得できるまで決して意見を変えないでください。議論の結果、自分の意見よりほかの人の意見が正しいと思ったら、どうぞ意見を変えてください。意見を変えることは恥ずかしいことではありません。正しい判断をしてください。証拠と常識と正義にかなった判断をしてください。皆さんの判断が１人の男性の運命を決めてしまうのですから。

　私の弁論はこれで終わります。私の依頼人の佐藤さんの運命は今皆さんの掌の中にあります。どうかその手を握りつぶすようなことはなさらないでください。ありがとうございました。

■ 第 15 章 ■
最終陳述

I 最終陳述の目的

　最終陳述は、公判審理の最後に被告人に与えられる陳述の機会である。刑事裁判において、被告人の言い分を述べ尽くすことが何よりも重要と考えるのであれば、最終陳述では、被告人が言いたいと思うことを、言いたいだけ言わせるべきことになる。しかし、すべての法廷弁護は、われわれが目標とする判決に事実認定者を導くためにするものである。この立場からは、最終陳述は、被告人が言いたいことを言う場面ではない。最終陳述も、目標とする判決に事実認定者を導くために行われるべきである。弁護人は、依頼人に対し、目標とする判決に事実認定者を導くため、どのように振る舞うべきかを助言しなければならない。

II 最終陳述の内容と方法

　被告人の最終陳述は、弁護人の最終弁論の後に行われる。被告人の最終陳述によって、最終弁論の効果が阻害されることは、避けなければならない。被告人がケース・セオリーと矛盾した発言をすれば、最終弁論の効果は確実に阻害される。被告人が長々と陳述することも、最終弁論でわれわれが事実認定者に伝えた情報の記憶の保持を妨げるおそれがある。

　被告人質問を行った場合、被告人が体験した物語は既に語られているはずである。それを繰り返す必要はない。被告人質問を行わなかった場合、最終陳述は、冒頭手続以来の陳述の機会ということになる。しかし、反対当事者からの質問を経ない陳述が証拠として重視されることは、期待できない。

　被告人の最終陳述は、簡潔なメッセージを伝えるものに留めるべきである。書面を用意して読み上げることは、一般に適切ではない。

第 15 章　最終陳述　301

事実認定者は、被告人の言葉だけではなく、態度にも注目する。したがっ
て、どのような態度で、どのような言葉を述べるべきかを助言する必要があ
る。どのような態度で、どのような言葉を述べるべきかは、ケース・セオリ
ーによって決まる。例えば、正当防衛の事案においては、毅然とした態度で、
身を守るためにやむを得ずにした行為であったことを述べることが考えられ
る。執行猶予判決を目標とする事案においては、責任を自覚した態度で、生
活を立て直し、2度と罪を犯さない意思を表明することが考えられる。

【正当防衛の事件における最終陳述の例】
　「鈴木さんが亡くなられたことについては、お悔やみを申し上げます。こ
のような結果となったのは本当に残念ですが、あのとき自分の身を守るため
には、こうするしかありませんでした。どうか、当時の切迫した状況をご理
解いただきたいと思います。」

【執行猶予付き判決を目標とする事件における最終陳述の例】
　「今回の犯行について、改めてお詫び申し上げます。このような私を雇っ
てくれた社長に恩返しするためにも、必ず生活を立て直し、2度と罪を犯す
ことはいたしません。」

【郵便不正・厚生労働省元局長事件における最終陳述】
　「私は、本件の証明書の偽造には一切かかわっておりません。いわゆる『議
員案件』というものに対して、役所が事の善悪を考えず、『結論ありき』で、
法律や規則をまげて処理をするということは、実際の行政の実態とあまりに
かけ離れています。私は、昨年の6月14日に逮捕され、7月4日に起訴さ
れました。その後、11月24日に保釈されるまで、5か月以上拘置所で暮ら
しました。その間、夫やふたりの娘達にも大変な心労をかけました。起訴さ
れたことによって、役所は休職という形になり、それまで30年以上続けて
きた仕事から既に1年以上離れることを余儀なくされています。私は、1日
も早く無実であることが明らかになり、社会に復帰でき、『普通の暮らし』
ができる日が来ることを心から願っています。」

索　引

Alphabet

CCC　191
CICC　194
SFE の法則　151, 169
TT チャート　27

あ

アイ・コンタクト　2, 43, 49, 255, 266
相反する事実　183
　　——による弾劾尋問　183
アウトライン　49, 266
悪性格　178
あり得ないものとして拒絶される事実
　47
活かす反対尋問　146, 168
異議　243
　　——の対象となる質問等の認識と有効
　な異議理由の構成　244
　　——の目的と準備　243
異議申立て　248
　　——の判断　244, 254
　　——の判断基準と考慮要素　247
　　——の方法　248, 254
　　——をめぐる意見　251
異議理由　244, 247, 249
異議を申し立てられたときの対応　256
意見証人（opinion witness）　81
意見陳述　32
インターネット　3

イントロダクション　67
ウォーミングアップ　68
エンディング　74
オープン・エンドな質問　78
オープンに訊く　165
音声　48, 189, 266
　　——をコントロール　49, 266

か

外的証拠（extrinsic evidence）　173,
　180, 190
回復した現在の記憶（present
　recollection revived）　138
回復証拠　200, 201
確実性　210, 265
確証バイアス　39
核となる信念　47, 260
過去の記憶の記録（record of past
　recollection）　123, 138, 141
仮説　39-41, 43-44, 46-49, 52-53
語り方　42, 48, 265
語り過ぎ　47
語るべきこと　41, 260
語るべき事実　41
語るべきでないこと　46
感情　41, 43, 259, 260
間接事実　16
　　——による主要事実の認定　16
カンファレンス　220
関連性（relevancy）　113, 207, 244, 245
キーワード　48, 265

索　引　303

記憶　42, 44, 49, 51, 52, 210, 260, 267-269, 301

記憶喚起　246

究極論点ルール（Ultimate Issue Rule）212

業界用語　48, 265

供述書　131, 188

供述調書　246

供述の真正・成立の立証（authentication）189

供述録取書　131, 188

供述録取書の呈示　128

供述を録取した書面　131, 246

恐怖　41

経験則　214, 262

ケース・ストーリー　42

ケース・ストーリーの主人公　42

ケース・セオリー　41, 48, 207, 243, 247, 254, 260, 265, 301-302

決定後の対応　252

欠落　188, 194

現在の記憶　135

口頭　48, 265

口頭の自己矛盾供述　189

公判前整理手順　217

合理的な疑いを差し挟む余地のない程度の立証　45, 262

五感を意識する　83

呼称・表現　48, 265

答えのわからない質問　164

誤導尋問　245, 249

言葉　48, 265

殺す反対尋問　148, 168

さ

再現見分　89

再現写真　90

最終陳述　301
　　——の内容と方法　301
　　——の目的　301

最終弁論　259
　　——の目的　259
　　——の構成　264

再主尋問　207, 245, 252
　　——の効果と判断　210
　　——の目的　207

裁判員裁判　45, 263

裁判員制度の意義　263

裁判員の役割　263, 265

裁判官裁判　46

サンプル　53, 269

視覚　51, 268

時間を厳守　2

自己紹介　67

自己の一致供述　208

自己矛盾供述　102, 169, 188, 208

自己矛盾の分類　190

事実と論理　262

事実認定者　1
　　——の質問に対する異議申立て　253

自然的関連性　178, 190, 213, 216-217, 245

実況見分調書　90

質問の事項と方法　207

自白　103

示して尋問する（閲読）　131

修飾語　48

周辺的な（collateral）事情　173, 180

主題　69

主張　41, 45

証言しない権利　100

証言する権利　99

証言対象を限定する　82

証言の基礎（foundation）　81, 223, 247
　　——がない尋問　94

証言をコントロール　218-219

証拠と論理　260

証拠の真正　113

証拠の内容の引用や評価　44

証拠排除の決定　252

招待型　85

証人テスト　140

証人とのアイ・コンタクト　161

証人のコントロール　163, 165, 218

証人の従前供述　169

情報格差　220

情報源としての信頼性　42-43, 47, 49, 261, 266

情報源の信頼性　47

情報の数量　42, 44, 47, 261

証明基準　45, 262, 265

　　——の趣旨　45, 263

　　——の不正確な引用　263

　　——の不正確な引用や過度の依存　47

証明されない事実や証拠の誇張　46

証明力　261

ジョーク　10

職権宣誓（*Oath Ex Officio*）　100

初頭効果（primary effect）　50, 65, 165, 265, 267

書面の配布　52, 269

書面の朗読　127, 131

新近効果（recentry effect）　50, 65, 165, 210, 265, 267

人定質問　32

信念　39, 260, 262

尋問受忍義務　100

尋問のコントロール　194

信用性　261

信頼　248

スタイル　49, 266

ストーリー　42-43, 207

　　——の視点　43

——を語る　42

図面　91

スローモーション　87, 157

精密化する　156

積極的抗弁（affirmative defense）　63

積極的自己矛盾　188, 191, 196

説示　179

前科・前歴　178

先入観　39, 260

専門用語　48, 265

装置　91

た

ターゲット　151

　　——に集中する　152

　　——を選択する　151

大から小へ　73, 84

態度　30, 302

対比　158

ダジャレ　10

例え話　263

弾劾尋問（impeachment）　171

弾劾の物語　148, 159

探索的な尋問　167

単純質問　85

力づけ　259-260

チャンク　50, 267

中間評議　53

聴覚　51, 268

調書添付　90

重複尋問　246

ディテール　47

テーマ　43, 48, 50, 265, 267

出来事の証人（occurrence witness）　81

敵性証人　63, 145

電磁的記録　188, 189

伝聞供述　244, 248, 254

索　引　305

伝聞例外に該当することの立証　122
問いの形式　162
同一性　113
同一性・真正の証明　114
同音異義語　48, 265
動画　189
動機　174
動作　73

な

ナンバリング　231
二重否定質問　86
人間性　41, 48, 265

は

ハプニング　169
反対尋問　207
判断のプロセス　244
反復　50, 267
判例　262
被疑者ノート　140
非行　178
被告人質問　301
「被告人」という記号　6
ビジュアル　226
ビジュアル・エイド（視覚資料）　50-51,
　53, 72, 210, 219, 231, 268-269
　――の種類　52, 268
1つの問いには1つの事実　163
評価　46
　――や議論　46
評議　52-53, 259-261, 263, 267, 269,
評決　52, 259, 263, 269
表札　25
複合質問　246
複合尋問　163

舞台設定　71
普通の日本語（Plain Japanese）　10
不利益事実の承認　103
不利な事実　23, 41
　――があっても勝てる理由　24
不利な証拠　261
不利 v 不利型の自己矛盾　197
ブレイン・ストーミング　21
プレゼン方式　219
文献　186
平易な日本語　48, 265
偏見　174
　――又は予断　245
法廷 IT システム　89, 232
冒頭陳述　39
　――及び論告に対する異議申立て
　255
　――の目的　39
法律的関連性　173, 190, 217, 245
法令　41, 44-46, 53, 260, 269
　――と論理　262
　――の解釈論　262
　判決を導き出す――　44
ポーカーフェイス　3
保管の連鎖（chain of custody）　114
北海盆歌尋問　83
ボディ・ランゲージ　9
ほのめかし　183, 186
ほのめかす尋問　172, 183

ま

間　49, 266
見出し　69
ムーン・クエスチョン　183
命令型　85
メモ　77, 140
目標とする判決　39-44, 46, 48-49, 52,

306

243, 259-261, 265, 267, 269, 301
模型　91
物語　14
問題の所在　253

や

やむを得ない事由　111
勇気づけ　263
誘導尋問　79, 207, 245, 249
　　──の規制　79
ユーモア　11, 264
有利な事実　22, 146
　　──の理由　24
呼び捨て　6

読み聞かせ（朗読）　131

ら

利害関係　174
立証趣旨　253
ルーピング　86
ループ・クエスチョン　257
礼儀　250, 255-256
礼節　1
　　──を保つ　165
論告に対する異議の例　255
論告へのコメント　264
論理　260-263, 269
論理則　214

◆執筆者一覧

高野　隆（たかの　たかし）

1956年生まれ。1979年早稲田大学法学部卒業。1982年弁護士登録。1987年サザン・メソジスト大学ロースクール卒業（LL.M）。2004～09年早稲田大学大学院法務研究科教授、2006～14年日本弁護士連合会裁判員本部法廷技術に関するプロジェクトチーム座長、2014～15年日弁連刑事弁護センター・法廷技術小委員会委員長などを歴任。2013年より一般社団法人東京法廷技術アカデミー代表理事を務める。主な著書に、埼玉陪審フォーラム編『国vs伊藤　陪審裁判──その実践』（イクオリティ・1989　共編著）、埼玉陪審フォーラム編『陪審評議』（同・1993　共編著）、憲法の刑事手続研究会編『憲法的刑事手続』（日本評論社・1997　分担執筆）、キース・エヴァンス『弁護のゴールデン・ルール』（現代人文社・2000　翻訳）、高野隆他『偽りの記憶──本庄保険金殺人事件の真相』（同・2004　共著）、高野隆編著『ケースブック刑事証拠法』（同・2008）、木村晋介監修『激論！「裁判員」問題』（朝日新聞出版・2008　分担執筆）、日本弁護士連合会編『法廷弁護技術　第2版』（日本評論社・2009　分担執筆）、『実務大系　現代の刑事弁護1～3』（第一法規・2013～14　共編著）、木谷明責任編集『シリーズ刑事司法を考える　第5巻　裁判所は何を判断するか』（岩波書店・2017　分担執筆）、三井誠ほか編『刑事手続の新展開　下巻』（成文堂・2017　分担執筆）、木谷明責任編集『憲法的刑事弁護──弁護士高野隆の実践』（日本評論社・2017　分担執筆）。

河津博史（かわつ　ひろし）

1972年生まれ。1995年早稲田大学法学部卒業。1999年弁護士登録。2003～04年カリフォルニア大学バークレー校客員研究員。2007年～18年早稲田大学大学院法務研究科非常勤講師、2008～14年日本弁護士連合会司法改革調査室室長、2016年より日本弁護士連合会司法調査室副室長、青山学院大学法務研究科特任教授を務める。主な著書に、日本弁護士連合会裁判員制度実施本部編『公判前整理手続を活かす』（現代人文社・2005　分担執筆）、日本弁護士連合会編『法廷弁護技術　第2版』（日本評論社・2009　分担執筆）、日本弁護士連合会編『裁判員裁判における弁護活動──その思想と戦略』（同・2009　分担執筆）、後藤昭他編『実務体系　現代の刑事弁護2　刑事弁護の現代的課題』（第一法規・2013　分担執筆）、三井誠他編『刑事手続の新展開　上巻』（成文堂・2017　分担執筆）。

けい じ ほうていべん ご ぎじゅつ
刑事法廷弁護技術
2018年2月20日　第1版第1刷発行

編著者——高野　隆・河津博史
発行者——串崎　浩
発行所——株式会社　日本評論社
　　　　　〒170-8474　東京都豊島区南大塚3-12-4
　　　　　　　　　電話 03-3987-8621（販売：FAX -8590）
　　　　　　　　　03-3987-8592（編集）
　　　　　　　　　https://www.nippyo.co.jp/　振替 00100-3-16
印刷所——平文社
製本所——井上製本所
装　丁——図工ファイブ

検印省略　ⓒ2018　T. Takano, H. Kawatsu
ISBN 978-4-535-52287-9　　　　　　　　　　　　　　Printed in Japan

JCOPY 〈(社)出版者著作権管理機構　委託出版物〉
本書の無断複写は、著作権法上での例外を除き、禁じられています。複写される場合は、
そのつど事前に、(社)出版者著作権管理機構（電話 03-3513-6969、FAX 03-3513-6979、
e-mail：info@jcopy.or.jp）の許諾を得てください。
また、本書を代行業者等の第三者に依頼してスキャニング等の行為によりデジタル化する
ことは、個人の家庭内の利用であっても、一切認められておりません。